Ingo Müller

Theodor Maunz

Biografie einer Karriere

utzverlag · München

utzverlag

Münchner Beiträge zur Geschichtswissenschaft
herausgegeben von
Prof. Dr. Hans-Michael Körner und Prof. Dr. Claudia Märtl
Ludwig-Maximilians-Universität München
Band 10

Bei Fragen zur Produktsicherheit wenden Sie sich bitte an unsere Adresse: utzverlag GmbH · Herr Matthias Hoffmann·
Nymphenburger Straße 91 · 80636 München · Telefon: 0049-89-27779100 oder www.utzverlag.de

Zugl.: Diss., München, Univ., 2021
Bibliographische Information der Deutschen Nationalbibliothek
Die Deutsche Nationalbibliothek verzeichnet diese Publikation
in der Deutschen Nationalbibliographie; detaillierte bibliographische Daten
sind im Internet über http://dnb.d-nb.de abrufbar.

ISBN Print 978-3-8316-4993-8
ISBN Ebook 978-3-8316-7765-8
Printed in EU
utzverlag GmbH, München
089-277791-00 · www.utzverlag.de

Inhaltsverzeichnis

Vorwort

Bei der vorliegenden Studie handelt es sich um meine Dissertation, die im Juni 2021 von der Fakultät für Geschichts- und Kunstwissenschaften der Ludwig-Maximilians-Universität München angenommen wurde. Ohne vielfältige Unterstützung hätte sie nicht verwirklicht werden können.

Meinem Doktorvater Herrn Prof. Dr. Hans-Michael Körner danke ich für die Betreuung meines Vorhabens und die Förderung, die er dem Werk in allen Stadien der Entstehung hat zuteilwerden lassen. Darüber hinaus bedanke ich mich bei Herrn Prof. Dr. Andreas Wirsching für die Übernahme des Zweitgutachtens und die Möglichkeit, inhaltliche und methodische Fragen der Untersuchung im Oberseminar des Instituts für Zeitgeschichte diskutieren zu können.

Für die Aufnahme in die Reihe der „Münchner Beiträge zur Geschichtswissenschaft“ möchte ich mich bei den beiden Herausgebern, Herrn Prof. Dr. Hans-Michael Körner und Frau Prof. Dr. Claudia Märtl, bedanken.

Ein Dankeschön gilt zudem meinen Eltern, die mir ideell und finanziell zur Seite standen. Meine Frau Corinna hat das Werk nicht nur korrekturgelesen, sondern es von Anfang bis zum Schluss mit verständnisvollem Wohlwollen begleitet. Auf vielfältige Weise hat sie mich unterstützt. Ihr und unserer Tochter Lara ist die Arbeit gewidmet.

Ansbach im November 2023 — Ingo Müller

Einleitung

Erkenntnisinteresse und Überlegungen zur Biografie

Theodor Maunz ist das Paradebeispiel einer erfolgreichen personellen Kontinuität im 20. Jahrhundert. Ihm ist es gelungen, sich über die Epochenbrüche hinweg in den deutschen Funktionseliten zu behaupten. In der Weimarer Republik arbeitete er als bayerischer Ministerialbeamter und Privatdozent, im Nationalsozialismus stieg er schnell zu einem führenden Verwaltungsrechtler des Dritten Reiches auf und nach Kriegsende gehörte er dann zu den Vätern der badischen Verfassung von 1947 und zu den Delegierten des Verfassungskonvents auf Herrenchiemsee. Er wechselte auf einen Lehrstuhl nach München, wurde Rechtsberater der bayerischen Staatsregierung, einer der einflussreichsten Staatsrechtler der Bundesrepublik, Verfasser eines klassischen juristischen Lehrbuchs, Herausgeber eines führenden Grundgesetzkommentars. Im Amt des bayerischen Kultusministers, das er seit 1957 innehatte, hielt er sich länger als all seine Vorgänger seit 1945.

Was auf den ersten Blick wie eine stabile Erfolgsgeschichte aussieht, war in Wirklichkeit äußerst fragil. An mehreren Stellen stand Maunz' Karriere vor dem Scheitern: Im Nationalsozialismus gab es gegen seine Ernennung zum ordentlichen Professor politische Bedenken. Nach dem Krieg war Maunz ebenfalls aus politischen Gründen suspendiert und musste gegen die Ablehnung mehrerer Hochschulen kämpfen. Auch gegen seine Ernennung zum bayerischen Kultusminister regte sich von Anfang an Widerstand.

Die vorliegende Biografie will nach den Erfolgsfaktoren fragen, die Maunz über die großen politischen und gesellschaftlichen Transformationen des 20. Jahrhunderts hinweg zur gesellschaftlichen Spitze, zur Verwaltungs-, Wissenschafts- und Politikelite, zählen ließ. Wie gelang ihm diese beispiellose Kontinuität? Welche Faktoren begünstigten Aufstieg und Statuserhalt? Wie überwand er Karrierebarrieren? Die Fragen sollen eine Schneise in das Dickicht der Überlieferung schlagen und den Weg zu einer Biografie freimachen, die von der Wiege bis zur Bahre reicht. Die Arbeit will dabei ausdrücklich keine umfassende juristische Werkexegese leisten. Sie will nicht beantworten, inwieweit naturrechtliche Einflüsse in Maunz' juristischem

Werk neben positivrechtlichen stehen. Ebenso wenig will sie seine Politik als Kultusminister hell ausleuchten. Sie ist weder Werk- noch politische Biografie, sie ist Karrierebiografie. Das heißt selbstverständlich nicht, dass Maunz' juristische Schriften und seine Politik als bayerischer Kultusminister keine Rolle spielen. Das werden sie. Aber insbesondere dort, wo sie Wirkung auf seine Laufbahn zeitigten, sie voranbrachten, stabilisierten oder gefährdeten.

Der Karriereschwerpunkt hat zwei Vorteile. Zum einen ermöglicht er die Integration der einzelnen Lebensteile zu einem Ganzen. Würde man sich auf eine bestimmte Profession oder einen zeitlichen Abschnitt konzentrieren, würde man Maunz' Vita an einer bestimmten Stelle aus dem Zusammenhang reißen. Man würde missachten, dass der Politiker aus dem Wissenschaftler und der Wissenschaftler aus dem Verwaltungsbeamten hervorgingen. Es wäre unmöglich, langfristige Kontinuitäten aufzuzeigen und umgekehrt liefe man Gefahr, falsche Kontinuitäten anzunehmen. Zum anderen war das Bemühen um beruflichen und gesellschaftlichen Erfolg, die Karriere, für das Leben von Theodor Maunz essenziell. Maunz war im Wortsinn „Karrierist". Ob als Schüler, Beamter, Wissenschaftler oder Politiker, er ordnete seiner Laufbahn annähernd alle Lebensbereiche unter. Und so wird das, was Maunz zu Lebzeiten wichtig war, auch in seiner Biografie als wichtig abgebildet.

Mit karrieretypischen Erfolgsfaktoren beschäftigen sich insbesondere die Elite-[1] und Wirtschaftssoziologie,[2] in geringerem Maße auch die Sozialgeschichte.[3] Ihr methodologisches Vorgehen ähnelt in vielen Fällen dem von Biografen: Individuen werden auf ihre soziale Herkunft, Bildungs- und Berufslauflaufbahn, Netzwerke sowie ihre Persönlichkeitsmerkmale hin untersucht.[4] Die Engführung von historischer Biografie und Karriere scheint also besonders praktikabel und sie wird natürlich auch schon in aller Vielfalt praktiziert: So gut wie jede historische Biografie hat einen karrieretypischen

1 Vgl. Michael Hartmann, Elitesoziologie. Eine Einführung, Frankfurt a. M. 2004.

2 Vgl. Susanne Stehling, Erfolgsfaktoren der Karriere. Eine Analyse objektiv erfassbarer Prädikatoren des beruflichen Erfolgs bei deutschen Akademikern, München und Mering 2009.

3 Vgl. Volker R. Berghahn, Stefan Unger, Dieter Ziegler (Hrsg.), Die deutsche Wirtschaftselite im 20. Jahrhundert. Kontinuität und Mentalität, Essen 2003.

4 Eine guten Überblick gibt: Michael Hartmann, Der Mythos von den Leistungseliten. Spitzenkarrieren und soziale Herkunft in Wirtschaft, Politik, Justiz und Wissenschaft, Frankfurt 2002.

Schwerpunkt, sobald sie nach dem Muster „Aufstieg und Fall“ erzählt. Oder, wenn sie es nur nach dem des „Aufstiegs“ oder des „Falls“ tut. Dafür muss sie den Karriereschwerpunkt nicht explizit machen.

Daneben gibt es geschichtswissenschaftliche Arbeiten, die Karrierebiografien weniger inkognito analysieren. Wo es um die Frage nach personellen Kontinuitäten nach 1945 geht, liegen sie in den letzten Jahren sogar außerordentlich im Trend. „Karrieren im Zwielicht“ heißt ein programmatischer Titel Norbert Freis.[5] Und im Rahmen der Aufarbeitung der Vergangenheit des Auswärtigen Amtes, des Bundesamts für Verfassungsschutz und des Bundesjustizministeriums untersuchten Historiker auch ganz speziell deren personelle Kontinuitäten.[6] Und was sind personelle Kontinuitäten nach 1945 anderes als gelungene Karrierebiografien über die politisch-gesellschaftliche Nachkriegsbarriere hinweg?

Ein soziologisches Modell, mit dessen Hilfe man soziale Auf- und Abstiege sowie Positionserhalte (und damit auch Kontinuitäten) erklären kann, ist Pierre Bourdieus „Kapital-Theorem“. Es lässt sich gut in eine Biografie integrieren und soll dabei helfen, hinter Maunz’ Erfolgsrezept zu kommen. Bourdieu, der Jahrhundertsoziologe, definiert „Kapital“ als „soziale Energie“.[7] Diese Energie wird in Bezug auf soziale Felder wirksam, steht also immer in Beziehung zur Gesellschaft. Neben dem ökonomischen Kapital, dem materiellen Besitz, gibt es drei weitere klassische Kapitalsorten: Kulturelles Kapital, etwa in Form von Bildung als Besitz von bestimmten Fähigkeiten und Fertigkeiten oder in institutionalisierter Form als Titel oder Zeugnisse, soziales Kapital in Gestalt von Freundschaften, Beziehungen oder Mitgliedschaften, und symbolisches Kapital, das Prestige. Die Kapitalausstattung eines Menschen ist für Bourdieu entscheidend für seinen Status und seine gesellschaftliche Position. Eine hohe und relevante Kapitalausstattung erhöht die Wahr-

5 Norbert Frei, Karrieren im Zwielicht. Hitlers Eliten nach 1945, Frankfurt a. M. 2001.

6 Vgl. Eckart Conze, Norbert Frei, Peter Hayes (u. a.), Das Amt und die Vergangenheit. Deutsche Diplomaten im Dritten Reich und der Bundesrepublik, München 2010; Constantin Goschler, Michael Wala, Keine neue Gestapo. Das Bundesamt für Verfassungsschutz und die NS-Vergangenheit, Reinbek 2015; Manfred Görtemaker, Christoph Safferling, Die Akte Rosenburg. Das Bundesministerium der Justiz und die NS-Zeit, München 2016.

7 Pierre Bourdieu, Feine Unterschiede, Frankfurt am Main 2006, S. 194.

scheinlichkeit eines Akteurs, auf einem bestimmten sozialen Feld, etwa der Politik oder Wissenschaft, Karriere zu machen.[8]

Bourdieus Konzept soll als flexibles Instrumentarium eingesetzt und nicht überstrapaziert werden. So wie Biografien auf der einen Seite theoretische und analytische Methoden gut tun, so profitieren sie auf der anderen Seite von einer gewissen künstlerischen Freiheit.[9] Insbesondere, um Raum für psychologischen Spürsinn und eine Erzählhaltung zu lassen, die der historischen „Offenheit" gerecht wird.[10] Eine Erzählhaltung also, die Geschehnisse zwar auf plausible Ursachen zurückführt, ihnen aber gleichzeitig die Illusion von jener zwangsläufigen Notwendigkeit nimmt, die in theoretischen Modellen mitunter nahegelegt wird. Die Bedrohungen, denen die Karriere von Theodor Maunz ausgesetzt war, scheinen dafür besonders prädestiniert. Sie machen darauf aufmerksam, dass es auch leicht hätte anders kommen können. Die Schilderung von Momenten wirklichen oder potenziellen biografischen Scheiterns, tritt der Gefahr entgegen, ein Leben nach dem simplifizierenden Schema einer linearen Aufstiegsgeschichte zu erzählen.[11]

Moderne Biografien sind heute weit davon entfernt, in vermeintlich historistisch-altbackener Manier, die unkritischen Geschichten großer Männer zu erzählen. Die Gattung hat in den letzten Jahrzehnten in vielerlei Hinsicht eine Auffrischung erfahren. Kulturgeschichte oder Soziologie gaben Biografen Methoden an die Hand, individuelles Handeln aus sozialen Sinnkonstruktionen und Milieus zu erklären[12] oder aber individuelle Macht mithilfe des

8 Ders., Die verborgenen Mechanismen der Macht, Hamburg 2005, S. 49–80. Eine gute Einführung in Bourdieus Denken liefert: Werner Fuchs-Heinritz, Alexandra König, Pierre Bourdieu, Konstanz 2005.

9 Vgl. Wolfram Pyta, Biographisches Arbeiten als Methode. Geschichtswissenschaft, in: Christian Klein, Handbuch Biographie, Methoden, Traditionen, Theorien, Stuttgart 2009, S. 331–338, S. 332.

10 Vgl. Golo Mann, Plädoyer für die historische Erzählung, in: Jürgen Kocka, Thomas Nipperdey (Hrsg.), Theorie und Erzählung in der Geschichte, München 1979, S. 40–56; Vgl. auch Stiftung Historisches Kolleg im Stifterverband für die Deutsche Wissenschaft, Über die Offenheit von Geschichte. Kolloquium der Mitglieder des Historischen Kollegs 20. und 21. November 1992.

11 Vgl. Margit Szöllösi-Janze, „Lebens-Geschichte", in: Berichte zur Wissenschaftsgeschichte 23 (2000), S. 17–35, S. 22.

12 Vgl. Pyta, Biographisches Arbeiten, S. 331.

Konzepts charismatischer Herrschaft.[13] Die sanfte Modernisierung hat positiv auf ihre Rezeption im deutschsprachigen Raum gewirkt.[14] Sie hat dazu beigetragen, dass Biografien keinen „akademischen Selbstmord"[15] mehr bedeuten und neben Regalen in den Buchläden auch wieder wissenschaftliche Publikationslisten füllen.

Für Portraitierte gilt heute keine Ständeklausel mehr, man hält mittlerweile selbstverständlich auch mittlere und niedere Charaktere sowie Kollektive für biografiewürdig.[16] Die Distanz zum Untersuchungsgegenstand ist dabei genauso eine Selbstverständlichkeit wie das Vermeiden einer strengen Individualzentrierung. Letztere ist keine echte Alternative mehr und sie war es wohl auch nie: Es „scheint die Hauptaufgabe der Biographie zu sein, den Menschen in seinen Zeitverhältnissen darzustellen, und zu zeigen, inwiefern ihm das Ganze widerstrebt, inwiefern es ihn begünstigt", heißt es schon in Goethes „Dichtung und Wahrheit"[17]. Und auch Wilhelm Dilthey forderte in ähnlicher Weise etwas, was heute als Konsens gilt, nämlich die richtige Mischung aus Personen- und Gesellschaftsgeschichte, Individuum und Struktur, das, was Einbettung oder Kontextualisierung eines menschlichen Lebens heißt.[18]

Dazu ist die Vorstellung einer kohärenten Persönlichkeit seit längerem obsolet. Menschen verändern sich infolge bestimmter persönlicher und geschichtlicher Ereignisse oder in anderer Umgebung. Man kann unmöglich

13 Ian Kershaw, Hitler 1889–1936, Stuttgart 1998; Ders., Hitler 1936–1945, Stuttgart 2000.

14 Vgl. Hans Erich Bödeker, Biographie. Annäherungen an den gegenwärtigen Forschungs- und Diskussionsstand, in: Ders. (Hrsg.) Biographie schreiben, Göttingen 2003, S. 9–64, S. 14.

15 Deirdre Bair, Die Biografie ist akademischer Selbstmord, in: Literaturen 7/8 (2001), S. 38 f.

16 Vgl. Carlo Ginzburg, Der Käse und die Würmer. Die Welt eines Müllers um 1600, Berlin 2007; Joel F. Harrington, Die Ehre des Scharfrichters. Meister Frantz oder ein Henkersleben im 16. Jahrhundert, München 2014. Andreas D. Ebert, Jüdische Hochschullehrer an preußischen Universitäten (1870–1924). Eine quantitative Untersuchung mit biografischen Skizzen, Frankfurt a. M. 2008.

17 Vgl. Johann Wolfgang von Goethe, Aus meinem Leben, Hamburger Ausgabe, Bd. 9, S. 9.

18 Vgl. Wilhelm Dilthey, Der Aufbau der geschichtlichen Welt in den Geisteswissenschaften. Gesammelte Schriften Bd. 7, S. 248: „Der Lebenslauf einer historischen <Persönlichkeit> ist ein Wirkungszusammenhang, in welchem das Individuum Einwirkungen aus der geschichtlichen Welt empfängt, unter ihnen sich bildet und nun wieder auf diese geschichtliche Welt zurückwirkt."

davon ausgehen, dass sie ein ganzes Leben lang ein einziges „Selbst" besitzen. Sie setzen sich vielmehr aus mehreren „Selbsten" zusammen.[19] Persönlichkeiten sind sozial, situational und temporär wandelbar. Was natürlich im Umkehrschluss nicht heißt, es gäbe keine Dauer im Wechsel.

Trotz des Verdienstes innovativer Methoden sollte man den Wert klassischer Zutaten nicht unterschätzen. Gefühle wie „Gier, Liebe, Hass, Trauer", diese Mittel „angehäufter Anschaulichkeit", wie Hans-Ulrich Wehler sie nannte, erklären zwar keine „politischen und ökonomischen Rahmenelemente".[20] Sie besitzen aber neben einem narrativen ein eminentes wissenschaftliches Potenzial. Sie sind menschliche Triebkräfte, weshalb sie nicht nur in der Geschichtswissenschaft, sondern auch in der Philosophie eine „Renaissance" erleben.[21] Gefühle haben Einfluss auf das Denken und Handeln von Personen. Es wäre also fahrlässig, sie außer Acht zu lassen.

Es ist aus vielerlei Gründen reizvoll, eine Biografie von Theodor Maunz zu schreiben. Einmal wegen seines beeindruckenden Karriereerfolgs, einmal auch wegen seines bisweilen als undurchsichtig empfundenen Charakters. Insbesondere aber, weil seine Biografie zwangsläufig ein Parforceritt durch das deutsche 20. Jahrhundert ist. Maunz führte ein Jahrhundertleben. Er ging zur Schule, als Bayern noch Königreich war und starb in der wiedervereinigten Bundesrepublik. Er war am Abend der Weimarer Republik beim großen Prozess vor dem Staatsgerichtshof in Leipzig vor Ort und dann am Morgen der Bundesrepublik beim Verfassungskonvent auf Herrenchiemsee. Er erlebte die Machtergreifung der Nationalsozialisten, den Freiburger Widerstand, die Gründung der Bundesrepublik, die Entnazifizierung, die Vergangenheitsbewältigung, die Studentenproteste von 1968. Eine Reise durch sein Leben ist gleichzeitig eine durch das deutsche 20. Jahrhundert.

19 Hans Erich Bödeker, Biographie. Annäherungen an den gegenwärtigen Forschungs- und Diskussionsstand, in: Ders. (Hrsg.) Biographie schreiben, Göttingen 2003, S. 9–64, S. 26 f.

20 Hans Ulrich Wehler, Fragen an Fragwürdiges, Eine gedämpfte Replik auf Golo Manns „Plädoyer", in: Kocka, Nipperdey, Theorie der Geschichte, S. 58.

21 Sabine A. Döring, Allgemeine Einleitung: Philosophie der Gefühle heute, in: Philosophie der Gefühle, Frankfurt a. M. 2009, S. 12–68, S. 12.

Forschungsstand und Quellenlage

Die erste biografische Skizze fertigte Maunz' langjähriger Münchner Universitätsassistent Peter Lerche an. Sie erschien 1988 in dem Band „Juristen im Portrait" und war Ausfluss des persönlichen Näheverhältnisses, eine Laudatio ohne kritische Töne und wissenschaftlichen Anspruch.[22] Insbesondere Maunz' Tätigkeit im Nationalsozialismus war völlig unterbelichtet.[23] In Ermangelung anderer Arbeiten diente sie den großen Tageszeitungen nach Maunz' Tod als Quelle für ihre Nachrufe. In modifizierter Form wurde sie 2015 in den Band „Staatsrechtslehrer des 20. Jahrhunderts" aufgenommen.[24] Die beiden Lerche-Portraits umgibt ein Goldrahmen, trotzdem sind sie bei kritischer Lektüre wertvoll, nicht nur wegen einiger lesenswerter Anekdoten. Sie machen deutlich, wo sich Maunz als bundesrepublikanischer Jurist Meriten verdient hat. Und sie besitzen Quellenwert für das akademische Lehrer-Schüler-Verhältnis, ebenso wie Roman Herzogs schon 1971 veröffentlichte Erinnerungen „Theodor Maunz als Lehrer"[25].

Die wissenschaftliche Auseinandersetzung setzte unmittelbar nach Maunz' Tod 1993 ein. Die Erregung über Maunz' Autorschaft für die *National-Zeitung* war noch frisch, als der Rechtshistoriker Michael Stolleis einen kurzen Aufsatz veröffentlichte, der zum neuen biografischen Standardtext avancierte.[26] Er war das genaue Kontrastprogramm zu Lerche: kritisch und engagiert. Stolleis schilderte Maunz überzeugend als anpassungsfähigen Wis-

22 Peter Lerche, Theodor Maunz, in: Juristen im Portrait. Verlag und Autoren in 4 Jahrzehnten. Festschrift zum 225-jährigen Jubiläum des Verlages C.H. Beck, München 1988, S. 553–560.

23 Die NS-Vergangenheit war in dem Sammelband überhaupt völlig unterbelichtet. Vgl. dazu *Der Spiegel* vom 17. Oktober 1988: „Halbe Wahrheit. Rechtsdenker von heute porträtieren Rechtsdenker von gestern – und unterschlagen die braunen Jahre in den Lebensläufen".

24 Peter Lerche, Theodor Maunz, in: Peter Häberle, Michael Kilian, Heinrich Amadeus Wolff (Hrsg.), Staatsrechtslehrer des 20. Jahrhunderts, Berlin 2015, S. 575–580.

25 Roman Herzog, Theodor Maunz als Lehrer, in: Peter Lerche, Hans Zacher, Peter Badura (Hrsg.), Festschrift für Theodor Maunz. Zum 80. Geburtstag am 1. September 1981, München 1981, S. 109–117.

26 Michael Stolleis, Theodor Maunz – Ein Staatsrechtslehrerleben, in: Ders.: Recht im Unrecht, Studien zur Rechtsgeschichte des Nationalsozialismus, Frankfurt a. M. 1994, S. 306–317.

senschaftler, der sich erfolgreich durch das 20. Jahrhundert laviert hatte. In seiner Kürze konnte der Text aber natürlich viele Fragen nicht klären, etwa wie das Lavieren überhaupt gelingen konnte oder ob Maunz – neben den Karrieregründen – auch durch andere Aspekte zu seinem flexiblen Verhalten verleitet wurde.

Die erste veröffentlichte Arbeit, die sich auf umfangreicheres Quellenmaterial stützte und auch punktuell die beiden Maunz-Nachlässe einbezog, stammt von Anne-Kristin Hübner.[27] Als Teilbiografie fokussierte die Masterarbeit die Spanne vom Zweiten Weltkrieg bis zum Rücktritt als bayerischer Kultusminister 1964. Das besondere Verdienst der Arbeit ist, dass sie Maunz' Leben und Wirken mit den Entwicklungen in der jungen Bundesrepublik in Zusammenhang bringt. Da es sich um eine Teilbiografie handelt, enthält sie jedoch einige Leerstellen, etwa zu Maunz' Sozialisation im Elternhaus, seinen Aufstieg als Beamter und Privatdozent in der Weimarer Republik, sein Verhältnis zu den „Freiburger Kreisen" und die Wirkung der Studentenproteste um das Jahr 1968. Auch ist die Materialsammlung der bayerischen Staatskanzlei zu Maunz' Rücktritt als Kultusminister nicht eingeflossen, in der parteiinterne Vorgänge geschildert werden.

Neben diesen dezidiert biografischen Texten wird Maunz' Leben in einer Reihe rechts-, oder politikgeschichtlicher Arbeiten gestreift. Im Rahmen seiner wissenschaftsgeschichtlichen Forschungen zur „Albert-Ludwigs-Universität" setzte sich Alexander Hollerbach mit der Freiburger Zeit von Maunz auseinander. Dafür sah er im Freiburger Universitätsarchiv auch vereinzelt Quellen ein. Ihm ist vor allem eine wissenschaftliche Positionierung von Maunz in der NS-Zeit zu verdanken.[28] Darüber hinaus erwähnt Michael Stolleis Maunz im Rahmen seiner monumentalen „Geschichte des öffentlichen

27 Anne-Kristin Hübner, Theodor Maunz: Brüche und Kontinuitäten einer Biographie (1945–1964). Onlinepublikation der Universitätsbibliothek München, http://nbn-resolving.de/urn/resolver.pl?urn=nbn:de:bvb:19-epub-27231-8 (5. April 2016); Der Verfasser der vorliegenden Arbeit hat zuvor über Theodor Maunz schon eine unveröffentlichte Zulassungsarbeit geschrieben.

28 Alexander Hollerbach, Pringsheim – Wolf – Maunz. Drei Juristen im geistigpolitischen Spannungsfeld ihrer Zeit, in: Bernd Martin (Hrsg.), 550 Jahre Albert-Ludwigs-Universität Freiburg im Breisgau. Festschrift. Band. 3. Freiburg, München 2007, S. 345–372.

Rechts“ mehrfach,[29] ebenso Frieder Günther in „Denken vom Staat her“.[30] Als badischer Politikberater und bayerischer Kultusminister war Maunz natürlich auch für die Landesgeschichte interessant. Er spielt in Tobias Wöhrles Biografie über den badischen Staatspräsidenten Leo Wohleb ebenso eine kleine Nebenrolle wie in Norbert Lehnings Arbeit über die bayerische gymnasiale Bildungsexpansion.[31]

Eine umfassendere Erzählung seines Lebens lässt bis heute jedoch auf sich warten. Vieles liegt noch im Dunkeln und auch deshalb konkurrieren gegensätzliche Deutungen: „Theodor Maunz war ein unverbesserlicher Nazi, der nur so tat, als ob er mit der Demokratie was am Hut hätte“, schrieb vor kurzem die *Bayerische Staatszeitung*.[32] Die Gegenposition: Die Persönlichkeit von Theodor Maunz sei gekennzeichnet durch eine „politische, wissenschaftliche und auch persönliche Positionslosigkeit“.[33]

Es war wohl nur noch eine Frage der Zeit, bis sich jemand an eine Gesamtbiografie machen und den Versuch unternehmen würde, etwas mehr Licht ins Dunkel zu bringen. An Maunz’ Vita besteht öffentliches Interesse. Die Fraktion von Bündnis 90/Die Grünen hat 2013 im Zuge eines Antrags im bayerischen Landtag zur Aufarbeitung der NS-Belastung bayerischer Behörden explizit auf Maunz hingewiesen.[34] Als das Institut für Zeitgeschichte in München dann ein diesbezügliches Forschungsprojekt vorstellte, fragten Journalisten bei der Pressekonferenz explizit nach ihm.[35] Und in jüngster Zeit war Maunz sogar Thema bei der Verleihung des Büchner-Preises. Der Schweizer

29 Vgl. Michael Stolleis, Geschichte des öffentlichen Rechts in Deutschland. Band 3. Staats- und Verwaltungsrechtswissenschaft in Republik und Diktatur 1914–1945, München 1999; Ders., Geschichte des öffentlichen Rechts in Deutschland. Band 4. Staats- und Verwaltungswissenschaft in West und Ost 1945–1990, München 2012.

30 Frieder Günther, Denken vom Staat her. Die bundesdeutsche Staatsrechtslehre zwischen Dezision und Integration 1949–1970, München 2004.

31 Tobias Wöhrle, Leo Wohleb. Eine politische Biographie, Karlsruhe 2008; Norbert Lehning, Bayerns Weg in die Bildungsgesellschaft. Das höhere Schulwesen im Freistaat Bayern zwischen Tradition und Expansion 1949/50–1972/73, München 2007.

32 *Bayerische Staatszeitung* vom 10. März 2017.

33 Hübner, Maunz, S. 103.

34 https://www.merkur.de/politik/gruene-fragen-nach-nazis-bayerns-kabinetten-2809769.htmln (8. November 2019)

35 *Bayerische Staatszeitung* vom 10. März 2017.

Lukas Bärfuss führte ihn in seiner Laudatio als Beleg für die These an, dass es in der Bundesrepublik nie eine Entnazifizierung gegeben habe.[36]

Material zu Maunz' Leben gibt es indes gemessen an anderen Staatsrechtlern und Landesministern in Fülle. Allen voran im Münchner Stadtarchiv, wo einer der beiden Teilnachlässe aufbewahrt wird. Sein Zustandekommen ist ein Glücksfall. Die Dokumente, aus denen er hervorging, befanden sich schon kurz vor der Vernichtung. Ein Münchner Abfallunternehmer war nach Maunz' Tod im Rahmen der Haushaltsauflösung in ihren Besitz gelangt und sollte sie beseitigen. Er erkannte jedoch den historischen (und für ihn selbst auch materiellen) Wert und verkaufte sie dem Münchner Stadtarchiv. In dreijähriger Arbeit wurden sie dort erschlossen, geordnet und schließlich der Forschung in 215 Bänden zur Verfügung gestellt.[37] Der Bestand kann als besonders authentisch gelten. Maunz hatte die Dokumente in seinem Arbeitszimmer streng unter Verschluss gehalten, auch vor der Familie. Weder er noch Familienangehörige haben sie vor der Abgabe ins Archiv ausgedünnt.[38] Der Nachlass zeigt so, bei aller quellenkritischen Vorsicht, einen ungeschminkten und umfassenden Maunz.

Anders der Nachlass im Bayerischen Hauptstaatsarchiv. Dorthin hatte Maunz noch zu Lebzeiten einen von ihm autorisierten und selektierten Bestand übermittelt, so wie es für bayerische Regierungsmitglieder Usus ist. Hier hat er also stärker in den Überlieferungsprozess eingegriffen. Man kann es allein daran erkennen, dass jeder Hinweis auf die Kooperation mit Gerhard Frey fehlt. Maunz hatte also wie jeder Nachlassgeber ein feines Sensorium für das, was ihn belastete und was nicht. Wieso wurden die beiden Nachlässe später nicht zusammengeführt? Das Münchner Stadtarchiv hatte Geld und Arbeitskraft investiert und einen wertvollen Bestand gewonnen. Und das Hauptstaatsarchiv ist der traditionelle Ort. Beide Archive wollten nichts mehr

36 https://www.tagblatt.ch/meinung/lukas-baerfuss-analyse-seiner-dankesrede-fuer-den-buechnerpreis-ld.1166235 (8. November 2019), https://www.nzz.ch/feuilleton/mission-darmstadt-erfuellt-ld.1519580 (8. November 2019), https://www.faz.net/aktuell/feuilleton/buecher/themen/dankesrede-zum-buechnerpreis-faeden-zu-einem-massengrab-16466471-p5.html (8. November 2019).

37 Gespräch mit Anton Löffelmaier M. A. vom Stadtarchiv München. Vgl. auch Landeshauptstadt München, Tätigkeitsbericht des Stadtarchivs 2009/10.

38 Gespräch mit Frau Dr. Erika Klein vom 5. November 2015.

hergeben.[39] Und das ist wohl gut so, denn die Gütertrennung birgt Chancen. Eine Bestandsvermengung hätte die Rekonstruktion des Maunz'schen Überlieferungsfilters unmöglich gemacht.[40]

Obwohl beide Bestände zusammengenommen viel Material liefern und zeitlich von der Geburt bis zum Tod reichen, war es notwendig, biografische Lücken mithilfe anderer Archivbestände zu füllen. Zu finden sind sie im Dachauer Stadtarchiv, im Archiv des Wittelsbacher-Gymnasiums München, im Universitätsarchiv München, im Archiv der Studentenverbindung „Aenania" in Regensburg, im Universitäts- und Staatsarchiv Freiburg, im Generallandesarchiv in Duisburg, im Bundesarchiv Berlin usw. Einer Hervorhebung wert ist der Nachlass des Historikers und Maunz-Freundes Johannes Spörl in der Bayerischen Staatsbibliothek. Er gibt besonders interessante Einblicke in Maunz' Gefühlsleben nach dem Zweiten Weltkrieg, seine Netzwerke, Karrierestrategien und seine besonderen Beziehungen zur bayerischen Staatsregierung.

Schließlich fußt die Arbeit noch auf einigen mündlichen Quellen. Der Altphilologin Dr. Erika Klein, der Tochter von Theodor Maunz, verdanke ich Informationen zu Eltern und Jugend. Professor Hans Maier, Politikwissenschaftler und Staatsminister für Unterricht und Kultus a. D., der als Münchner Hochschullehrer Maunz' Kollege und danach dessen Nach-Nachfolger als Kultusminister war, informierte mich zu den Studentenprotesten an der LMU München und Maunz' Rücktritt 1964. Nicht zuletzt seien noch drei weitere genannt: Der Erlanger Rechtsphilosoph Professor Reinhold Zippelius erteilte mir Auskünfte zu Maunz' „Deutschem Staatsrecht", der Maunz-Schüler Professor Hans-Ulrich Gallwas zur Beziehung zu den wissenschaftlichen Assistenten und Dr. Elmar Schulze zu einer AStA-Versammlung an der Würzburger Universität im Jahr 1958.

39 Gespräch mit Anton Löffelmaier M. A. vom Stadtarchiv München.

40 Vgl. Hübner, Maunz, S. 12.

1. Hoffnungsträger (1901–1920): Herkunft, Eltern, Schullaufbahn

1.1 Zwischen Dachau und München: Die ersten Jahre

Theodor Maunz wurde am 1. September 1901 im oberbayerischen Dachau geboren.[41] Er war das erste Kind seiner Eltern und zugleich ihr Hoffnungsträger. Für seine Eltern war klar: Theodor sollte lernen, in der Schule gute Noten erzielen und später einmal einen angesehenen Beruf ergreifen.[42]

Besonders der Vater spekulierte wohl auf eine erfolgreiche schulische und berufliche Laufbahn. Er war autoritär,[43] mitunter cholerisch,[44] sehr zielstrebig.[45] Und er hatte den Nutzen von Bildung selbst erfahren. Dank ihrer hatte er es auf der gesellschaftlichen Leiter ein wenig nach oben geschafft. Maunz' Vater war der Sohn eines im oberpfälzischen Wernberg geborenen Eisenbahnarbeiters oder, je nach Quelle, „Wechselwärters"[46], „Weichenwärters"[47] oder „Stationsdieners"[48]. Doch in der Volksschule fiel er mit guten Leistungen auf und so erhielt er das Angebot zu „studieren", wie man zu der Möglichkeit sagte, eine Lehrerbildungsanstalt zu besuchen.[49] Er ging auf das Freisinger Lehrerseminar in der Nähe von München und, als er es 1889 wieder verließ, attestierte man ihm, er habe „Talent" und könne „mit Befriedigung auf die erzielten Erfolge sehen".[50] Wenig später, bei der obligatorischen Anstellungs-

41 StdA Dachau, Geburtenbuch.

42 Zeitzeugengespräch mit Frau Dr. Erika Klein vom 5. November 2015.

43 Ebd.

44 StdA München, Personalakt Theodor Maunz, Personalqualifikations-Liste vom 8. Juli 1891. Als einzige Charaktereigenschaft im Personalbogen steht: „stark heftig".

45 Ebd. Auf dem Freisinger Lehrerseminar attestierte man ihm „Entschiedenheit […] in Ergreifung seines Zieles".

46 StdA Dachau, Standesamt 1876–1978, Maunz, Theodor.

47 StdA München, Personalakt Theodor Maunz, Personalqualifikations-Liste vom 8. Juli 1891.

48 StdA Dachau, NL Hanke Personen, Maunz Theodor.

49 Zeitzeugengespräch mit Frau Dr. Erika Klein vom 5. November 2015.

50 StdA München, Personalakt Theodor Maunz, Personalqualifikations-Liste vom

prüfung für Volksschullehrer in München, belegte er Platz drei von 50.[51] Er sollte es später schließlich bis zum Oberlehrer und Schulleiter bringen.[52]

Zunächst war der gesellschaftliche Aufstieg von Maunz' Vater jedoch eher symbolischer Art, eine Sache der Reputation. Das Ansehen eines Volksschullehrers überstieg das eines Eisenbahnarbeiters, aber die Bezahlung war ähnlich rar und die Lebensumstände widrig. Maunz' Vater bekam es zu spüren, als er 1890 als Schulgehilfe nach Dachau kam.[53] Dachau, ein katholisches Nest an der Amper, 20 Kilometer nordwestlich von München, hatte zweifellos seine Reize. Der kleine Ort lag idyllisch im Dachauer Moos, lockte viele Tagesausflügler, Künstler und Verleger und war über die Bahnlinie München-Ingolstadt verkehrstechnisch exzellent angebunden.[54] Kein Idyll war hingegen die Situation der Volksschullehrer. Zwar herrschte eine kleine Bildungsexpansion, die Zahl der Dachauer Lehrer hatte sich zwischen 1876 und 1894 mehr als verdoppelt, die kärglichen Lebensverhältnisse der Lehrer änderte das aber nicht.[55] Die Besoldung lag – wie fast überall im ländlichen Bayern – nur knapp über dem Existenzminimum einer Familie.[56] Die Lehrer waren dazu neben dem Unterricht zum Kirchendienst und der Gemeindeschreiberei verpflichtet.[57]

In Dachau machte Maunz' Vater die Bekanntschaft von Katharina Pernpointner.[58] Für einen Volksschullehrer wie ihn war sie eine exzellente Partie. Sie stammte aus einer angesehenen örtlichen Handwerkerfamilie: Katharinas

8. Juli 1891.

51 Ebd.

52 Ebd., Beförderungsurkunde zum Oberlehrer vom 16. Juli 1923.

53 Ebd., Personalqualifikations-Liste vom 8. Juli 1891.

54 Vgl. Norbert Göttler, Im Anbruch der Moderne, in: Gerhard Hanke (Hrsg.), Geschichte des Marktes und der Stadt Dachau, Dachau 2000, S. 99–137, S. 115.

55 Ebd., S. 124.

56 Michael Schneider, Lehrerbesoldung, in: Max Liedtke (Hrsg.), Handbuch der Geschichte des Bayerischen Bildungswesens. Band 4: Epochenübergreifende Spezialuntersuchungen: Geschichte der Universitäten, der Hochschulen, der vorschulischen Einrichtungen und der Erwachsenenbildung in Bayern. Bad Heilbrunn 1997, S. 531–568, S. 549 f.

57 Franz Otto Schmaderer, Lehrerbildung, in: Max Liedtke (Hrsg.), Handbuch der Geschichte des Bayerischen Bildungswesens. Band 4: Epochenübergreifende Spezialuntersuchungen: Geschichte der Universitäten, der Hochschulen, der vorschulischen Einrichtungen und der Erwachsenenbildung in Bayern. Bad Heilbrunn 1997, S. 407–530, S. 408.

58 Zeitzeugengespräch mit Frau Dr. Erika Klein vom 5. November 2015.

Vater arbeitete als Schleifermeister und hatte eine eigene Schleifmühle.[59] Die Familie war gut situiert, wenn auch nicht reich, besaß an der Amper ein kleines Häuschen und wertvolle Wasserrechte.[60] Am 1. Oktober 1900 trat man in Dachau vor den Standesbeamten.[61] Im Jahr darauf war Katharina zum ersten Mal schwanger. Am 1. September 1901, viertel vor vier, brachte sie einen Sohn zur Welt.[62] Das Kind bekam den Vornamen des Vaters: Theodor.

Den ständigen Wohnsitz hatten Maunz' Eltern zu diesem Zeitpunkt aber bereits in München. Maunz' Vater unterrichtete dort seit 1897 als „Schulassessor",[63] dann ab 1899 als „wirklicher Lehrer".[64] Wieso war man zur Entbindung nach Dachau zurückgekehrt? Vielleicht suchte Katharina bewusst die ruhige und vertraute Umgebung ihrer Heimat; vielleicht war die Reise aber auch schon seit längerem geplant gewesen. Möglich ist es, denn die Dachauer Sommerfrische wurde in den folgenden Jahren ein Familienritual, wie das örtliche Fremdenverzeichnis zeigt.[65] In den großen Ferien, wenn sich in München die Hitze staute, floh man aufs Land zu den Pernpointners, Katharinas Verwandten.

In der neuen Heimat München gab es Zuzügler wie die junge Familie Maunz in Massen. Der Geburtenüberschuss und das Fehlen von Beschäftigungsmöglichkeiten auf dem Land hatten unzählige Menschen in die Stadt gespült. Seit der Reichsgründung war die absolute Bevölkerungszahl Münchens in die Höhe geschnellt und auch die Struktur der Einwohnerschaft veränderte sich: Im Jahr 1900 waren 50 Prozent der Einwohner Münchens aus einem anderen Ort im Königreich Bayern zugewandert.[66]

59 StdA Dachau, Standesamt 1876–1978, Maunz, Theodor und StdA Dachau, NL Hanke Personen, Maunz Theodor.

60 Zeitzeugengespräch mit Frau Dr. Erika Klein vom 5. November 2015.

61 StdA Dachau, Standesamt 1876–1978, Maunz, Theodor.

62 StdA Dachau, Geburtenbuch.

63 StdA München, Personalakt Theodor Maunz, Personalqualifikations-Liste vom 8. Juli 1891.

64 Ebd., Mitteilung des Münchner Stadtmagistrats an die Stadthauptkassa vom 2. Juli 1899.

65 StdA Dachau, Melderegister 1601, Ledige Fremde. 1907 und 1911 kamen Maunz' Eltern am 18.Juli. nach Dachau, 1912 einen Tag früher am 17. Juli.

66 Vgl. Elisabeth Angermaier, München als süddeutsche Metropole. Die Organisation des

Die Wohnung im Bezirk Neuhausen, Kreittmayrstraße, 3. Stock,[67] war ein Zeichen des bescheidenen sozialen Aufstiegs des Vaters. Sie war geräumig, aber nicht großräumig, es gab ein Esszimmer, ein Schlafzimmer für die Eltern, zwei kleine Kinderzimmer, ein Kämmerchen. In einem Extrazimmer lebte die Schwester des Vaters.[68] In München verdiente Maunz' Vater nun deutlich besser als auf dem Land. Das Einstiegsgehalt lag hier in etwa so hoch wie das Spitzengehalt eines Dorfschullehrers.[69] Die Familie gehörte wie 35 bis 40 Prozent aller Münchner zur Mittelschicht.[70] Wie viele Handwerksmeister, Kaufleute, Beamte und Hausbesitzer konnte man sich zwar keine extravaganten Kunstwerke aus den Schwabinger Galerien leisten, aber der tägliche Bedarf konnte gedeckt werden. Und wie der überwiegende Teil der Münchner war man katholisch. Vor dem Essen sprach man das Tischgebet. Später wurde es bisweilen heruntergerattert,[71] aber besonders Katharina war tiefgläubig und hatte den konservativen Katholizismus ihrer Dachauer Heimat verinnerlicht. Im Gebetsandenken zu ihrem Tod wird es einmal heißen: „Wir bitten dich, o Herr, nimm die Seele Deiner treuen Dienerin Katharina auf in die Wohnungen Deiner Heiligen."[72]

Als Maunz hier aufwuchs, war Bayern ungefähr 100 Jahre Königreich und seit 30 Jahren Teil des Deutschen Kaiserreichs. Wirtschaft und Kultur prosperierten, es herrschte Frieden. Der beliebte Prinzregent Luitpold regierte in Vertretung König Ottos, den eine psychische Erkrankung an der Ausführung der Regierungsgeschäfte hinderte. Viele Zeitgenossen behielten die Jahre um die Jahrhundertwende als „gute, alte Zeit" in Erinnerung. Die „Prinzregen-

Großstadtbaus 1870 bis 1914, in: Richard Bauer (Hrsg.): Geschichte der Stadt München. München 1992, S. 308.

67 StdA München, Familienbogen für Theodor Maunz und Katharina Pernpointner vom 15. Dezember 1900.

68 Zeitzeugengespräch mit Frau Dr. Erika Klein vom 5. November 2015.

69 Schneider, Lehrerbesoldung, S. 551.

70 Vgl. zur Sozialstruktur Münchens: Angermaier, München als süddeutsche Metropole, S. 308.

71 Zeitzeugengespräch mit Frau Dr. Erika Klein vom 5. November 2015.

72 BayHstA München, NL Maunz 24, Gebetsgedenken an Katharina Maunz; In Dachau, Katharina Maunz' Heimatort, waren 97 Prozent der Einwohner katholisch und der Klerus ein Sinnbild der „konservativen, antimodernistischen Phase der katholischen Kirche nach dem Ersten Vaticanum." Vgl. Göttler, Im Anbruch der Modernde, S. 127.

tenzeit" wurde später zum süßen Mythos und für Glorifizierungen war sie in der Tat besser geeignet als die instabilen Weltkriegs-, Revolutions-, und Weimarer Jahre, die folgten.[73]

Eine Insel der Glückseligen war Bayern zu dieser Zeit aber selbstverständlich nicht. Es gab gesellschaftliche Spannungen, die nicht zuletzt von der Koexistenz von Altem und Neuem, Pioniergeist und Rückwärtsgewandtheit herrührten. Nirgends konnte man dies besser spüren als in München. Die Isarmetropole war nicht die Arbeiterstadt Nürnberg, aber auch hier drängten Arbeiter auf eine Verbesserung ihrer Situation.[74] Während progressive Münchner Katholiken in der Modernismuskontroverse wiederholt eine Anpassung der Kirche an den wissenschaftlichen Fortschritt forderten, lehnte die katholische Kirche dies ab.[75] Während modern-freizügige Dramen wie Wedekinds „Lulu" bei liberalen Münchnern Begeisterung hervorriefen, betrieben konservative Kräfte ihre Zensur.[76] Und während Münchens Stadtschulrat Georg Kerschensteiner auf eine umfassende Reformierung der Schullandschaft und die Ablösung der „Buchschule" durch eine „Arbeitsschule" drängte, sträubte

73 Vgl. Katharina Weigand, Jörg Zedler, Florian Schuller (Hrsg.), Die Prinzregentenzeit. Abenddämmerung der bayerischen Monarchie? Regensburg 2013; Dieter Albrecht, Von der Reichsgründung bis zum Ende des Ersten Weltkriegs (1871–1918), in: Alois Schmid (Hrsg.), Handbuch der bayerischen Geschichte, Bd. IV: Das neue Bayern. Von 1800 bis zur Gegenwart, Teilbd. 1: Staat und Politik, München 2003, S. 318–438. Karl Möckl, Die Prinzregentenzeit. Gesellschaft und Politik während der Ära des Prinzregenten Luitpold in Bayern. München 1972; Hans-Michael Körner, Geschichte des Königreichs Bayern. München 2006.

74 Elisabeth Jüngling, Arbeitskämpfe der Jahrhundertwende. Zwischen polizeilicher Observierung und staatlichen Schlichtungsbemühungen, in: Friedrich Prinz, Marita Krauss (Hrsg.), München. Musenstadt mit Hinterhöfen. Die Prinzregentenzeit 1886–1912. München 1988, S. 54–59, S. 55 ff.

75 Vgl. Karl Hausberger, München als Schauplatz der Modernismuskontroverse – nicht nur eine binnenkirchliche Facette der späten Prinzregentenzeit, in: Katharina Weigand, Jörg Zedler, Florian Schuller (Hrsg.), Die Prinzregentenzeit. Abenddämmerung der bayerischen Monarchie? Regensburg 2013, S. 85–104.

76 Vgl. Wolfgang Frühwald, Zwischen Arkadien und Babylon. Münchner Literatur in der Zeit des Prinzregenten Luitpold, in: Friedrich Prinz, Marita Krauss (Hrsg.), München. Musenstadt mit Hinterhöfen. Die Prinzregentenzeit 1886–1912. München 1988, S. 258–266, S. 265. Roger Engelmann, Öffentlichkeit und Zensur. Literatur und Theater als Provokation, in: Friedrich Prinz, Marita Krauss (Hrsg.), München. Musenstadt mit Hinterhöfen. Die Prinzregentenzeit 1886–1912. München 1988, S. 267–276, S. 276.

sich die konservative Münchner Lehrerschaft dagegen.[77] Maunz' Vater, der sich im Münchner Lehrerverein engagierte und Aufsätze in Lehrerzeitschriften veröffentlichte, bezeichnete das pädagogische Zeitalter als eine Periode der „Gärung" und des „meteorartigen Aufleuchtens von Reformideen".[78] Es war eine treffende Zusammenfassung des damaligen Zeitgeistes.

Es war bekanntlich auch die Zeit, als München kulturell leuchtete. Die von Thomas Mann entlehnte Metapher hat infolge ihrer inflationären Verwendung deutlich an Leuchtkraft eingebüßt, doch bringt sie die damalige kulturelle Hochphase noch immer auf den Punkt: Mit Wassily Kandinsky, Paul Klee, Thomas Mann, Frank Wedekind oder Stefan George lebten eine Vielzahl außergewöhnlicher Genies in der Stadt, hauptsächlich in Schwabing.[79] Doch auch die Maxvorstadt, der Nachbarbezirk von Maunz' Heimat Neuhausen, war ein Kulturviertel: Die Glyptothek beherbergte eine Sammlung wertvoller antiker Skulpturen, in der Alten Pinakothek hingen seit 1836 alte und in der Neuen Pinakothek ab 1853 neue Meister. Auch die beiden großen Münchner Hochschulen, Ludwigs-Maximilians-Universität und Technische Hochschule, lagen hier.

77 Irmgard Bock, Pädagogik und Schule. Stadtschulrat Kerschensteiner, in: Friedrich Prinz, Marita Krauss (Hrsg.), München. Musenstadt mit Hinterhöfen. Die Prinzregentenzeit 1886–1912, München 1988, S. 213–219. Vgl. Gerhard Wehle, Erinnerung an Georg Kerschensteiner. Denkanstöße für uns, in: Susanne May, Elisabeth Tworek, Willibald Karl (Hrsg.), Symposium zum 150. Geburtstag des Münchner Reformpädagogen, München 2005. S. 14–38.

78 Theodor Maunz, Der neue Münchener Lehrplan im Lichte der Schulreform, in: Die deutsche Schule, 16/1912, S. 28.

79 Vgl. Peter-Klaus Schuster, München – die Kunststadt, in: Friedrich Prinz, Marita Krauss (Hrsg.), München. Musenstadt mit Hinterhöfen. Die Prinzregentenzeit 1886–1912. München 1988, S. 226–235; Frühwald, Zwischen Arkadien und Babylon, S. 258–266; Franzpeter Messmer, Musikstadt München. Konstanten und Veränderungen, in: Friedrich Prinz, Marita Krauss (Hrsg.), München. Musenstadt mit Hinterhöfen. Die Prinzregentenzeit 1886–1912. München 1988 S. 284–289.

1.2 Musterschüler

Ab 1907 besuchte Maunz die Münchner Dom-Pedro-Schule.[80] Er wurde dort noch nach dem alten Münchner Volksschullehrplan von 1880 unterrichtet. Von den revolutionären Ideen des Stadtschulrats Kerschensteiner, der mit seiner Arbeitspädagogik und dem Wunsch einer praxisorientierten Bildung weit über München hinaus für Wirbel sorgte, spürte er so wenig. Die klassischen Geistesdisziplinen dominierten: „Deutsche Sprache", „Lesen", „Sprachlehre und Rechtschreiben" sowie „Rechnen". Dazu kamen „Singen", „Schönschreiben" und „Turnen". 21 bis 27 Stunden Unterricht pro Woche.[81]

1911 wechselte er auf das Münchner Wittelsbacher-Gymnasium am Marsplatz, eines der angesehenen humanistischen Gymnasien. Die Schulform rangierte zu dieser Zeit weiter an der Spitze der informellen bayerischen Schulhierarchie, auch wenn die florierenden Realgymnasien aufholten, in denen man sich verstärkt den Naturwissenschaften widmete. Der Fokus lag auf Latein und Griechisch, den alten Sprachen samt Xenophon und Ovid, ihren Autoren, die Schiller und Goethe den Rang abliefen.[82] Die Wertschätzung der Antike ließ sich auch am Schulgebäude erkennen: Innen gab es einen Trinkbrunnen aus Marmor und draußen grüßte die Statue der Pallas Athene. Das Gebäude selbst war aber alles andere als antik, es stand gerade einmal fünf Jahre. Das Wittelsbacher-Gymnasium war eine der neuen Entlastungsschulen, mit der die Stadt München dem Ansturm bildungshungriger Neumünchner Herr werden wollte.[83] Maunz fiel genau in die Zielgruppe, für die man es errichtet hatte.

80 StdA München, NL Maunz 33, Schreiben Maunz an Konstantin Prinz von Bayern vom 28. April 1952.

81 Lehrplan für die Werktags-Volks-Schulen der königlichen Haupt- und Residenzstadt München, München 1880. Aus: Comenius-Projekt. Onlinesammlung bayerischer Lehrpläne. URL: http://www.comenius.gwi.uni-muenchen.de/index.php/Bayern/München:_Lehrplan_Alle_Fächer_Volksschule_1880 (5. November 2017)

82 Vgl. S.R. Welch, Oberbayern, in: Max Liedtke (Hrsg.), Handbuch der Geschichte des Bayerischen Bildungswesens. Band 2: Geschichte der Schule in Bayern. Von 1800 bis 1918, Bad Heilbrunn 1993, S. 465–477, S. 471 ff.

83 Dietmar Gebauer, Ein sechstes humanistisches Gymnasium für München?, in: Direktorat des Wittelsbacher-Gymnasiums München (Hrsg.): Festschrift zum 100-jährigen Jubiläum, München 2008, S. 30 ff.

Die ersten Jahre war er kein Primus, aber ein Streber. Spitzennoten hatte er nicht, aber er büffelte akribisch und verbrachte daheim Stunden und Tage am Schreibtisch, um sich auf den Unterricht vorzubereiten. Die Eltern befreiten ihn zu diesem Zweck von Haushaltspflichten und im Gegensatz zu den beiden jüngeren Schwestern Katharina und Margareta gaben sie ihm in der Münchner Familienwohnung ein eigenes Zimmer. Nichts sollte den Erfolg gefährden.[84]

Maunz nahm die ihm zugedachte Rolle als Hoffnungsträger der Familie an und erfüllte die Erwartungen der Eltern. „Gewissenhafter Fleiß" steht in seinem Zeugnis und 1913/14: „ein Muster ernster Pflichterfüllung". Das Leistungsethos, das er jetzt verinnerlichte, sollte ein wichtiger Schlüssel für seinen späteren Karriereerfolg werden. Die Kehrseite: Er setzte sich stark unter Druck und bekam es schließlich mit Versagensängsten zu tun. Im Unterricht zeigte er sich bisweilen „überängstlich" und „verwirrt". Ein Lehrer notierte ihm ins Zeugnis: Er „würde [...] noch bessere Leistungen [...] erzielt haben, wenn er nicht immer, auch in den schriftlichen Probearbeiten, sich gleich aus der Fassung bringen ließe".[85]

Mit Beginn des Ersten Weltkriegs im Sommer 1914 veränderte sich dann Maunz' schulischer Alltag schlagartig. Das Wittelsbacher-Gymnasium machte eine Verwandlung durch, die an Bölls „Wanderer kommst du nach Spa..." erinnert. Aus dem humanistischen Geistes- wurde ein militärischer Gebrauchsort.[86] Am 1. August, mitten in den Sommerferien, erging der Mobilmachungsbefehl Kaiser Wilhelms II.; Hunderttausende bayerische Soldaten eilten zu den Waffen.[87] Bevor man die einberufenen Soldaten an die Front abtransportieren konnte, musste man sie sammeln und für den Krieg ertüchtigen. Das Wittelsbacher-Gymnasium lag dafür ideal, in der Nähe

84 Zeitzeugengespräch mit Frau Dr. Erika Klein vom 5. November 2015.

85 AWG München, Schülerakte Theodor Maunz, Zeugnis 1913/14.

86 Vgl. Heinrich Böll, Wanderer kommst du nach Spa..., in: Ders., Wanderer kommst du nach Spa...: Erzählungen. München 2011, S. 69–88.

87 Albrecht beziffert die gesamte Heeresstärke (inklusive der noch in der Heimat verbliebenen Truppen) auf 500 000, Hartmann das bayerische Heer, das die 6. deutsche Armee bildete, auf
406 000 Soldaten. Vgl. Dieter Albrecht, Bayern im Ersten Weltkrieg, in: Alois Schmid (Hrsg.), Handbuch der bayerischen Geschichte, Bd. IV: Das neue Bayern. Von 1800 bis zur Gegenwart, Teilbd. 1: Staat und Politik, München 2003, S. 415; Peter Claus Hartmann, Bayerns Weg in die Gegenwart. Regensburg 2012, S. 456.

des Münchner Hauptbahnhofs und einiger Kasernen. Schulbänke wurden kurzerhand gegen Matratzen und Strohsäcke getauscht. Wo zuvor Schüler Epigramme von Simonides übersetzt hatten, errichtete man ein Basislager, von dem aus Soldaten zu Ausmärschen, Geländeläufen und Schießübungen aufbrachen.[88]

Die Schüler des Wittelsbacher-Gymnasiums wurden auf Jahre obdachlos.[89] Das nahe Theresien-Gymnasium gewährte Zuflucht, doch das Gebäude war für den Parallelbetrieb zweier Gymnasien nicht ausgelegt. Es kam zu Einschnitten: Die Unterrichtsstunden wurden auf 40 bis 50 Minuten gekürzt, das Angebot an Wahlunterricht verkleinert. Vormittags- und Nachmittagsunterricht der Schulen wechselten sich ab: In der einen Woche lief der Unterricht des Theresien-Gymnasiums von 8 bis 12 und der Unterricht des Wittelsbacher-Gymnasiums von 14 bis 18 Uhr. In der nächsten Woche war es andersherum.[90]

Der Krieg führte nicht nur zu einem Wechsel des Gebäudes, er veränderte die gesamte Institution. Lehrpläne wurden modifiziert und den Kriegszielen angepasst. Geschichten wie Liliencrons „Unter flatternden Fahnen“ und Schoenaich-Carolaths „Die Kiesgrube“ ergänzten ab sofort die klassischen Texte im Deutschunterricht.[91] Manche Lehrer warben nun auch eindringlich für den Kriegseinsatz. Sie forderten die Schüler auf, sich in Jugendpflegevereinen zu betätigen: „Auch ihr sollt lernen das Schwert zu führen. [...] Kein deutscher Junge steht jetzt müßig zur Seite! Er übt den Arm und übt das Auge zum Kampfe für das Vaterland“, heißt es in einem Jahresbericht.[92]

Der Kriegseinsatz von Schülern des Wittelsbacher-Gymnasiums wurde schnell Wirklichkeit. Er riss Löcher in die Klassen und ins Kollegium. Maunz sollte dem Militärdienst knapp entgehen, aber hätte der Krieg nur einige Monate länger gedauert, wäre er wohl eingezogen worden. So traf es die Schüler, die etwas älter waren: 1916 stand die komplette Abiturklasse des Gymnasiums im Feld. Der Verfasser des Jahresberichts schwärmte in glühender Begeisterung über die „hocherfreuliche Tatsache, daß in diesem Jahr alle

88 Vgl. Jahresbericht des Wittelsbacher-Gymnasiums 1914/15, S. 3.

89 Ebd.

90 Ebd., S. 5.

91 Jahresbericht des Wittelsbacher-Gymnasiums 1915/16, S. 10

92 Jahresbericht des Wittelsbacher-Gymnasiums 1916/17, S. 30.

Schüler unserer Oberklasse [...] zum Waffendienste eingerückt sind, zum Teil schon vor dem Feinde stehen und sich ehrenvolle Auszeichnungen erkämpft haben."[93] Aber nicht allen war es gegönnt, lebend zurückzukehren und eine Auszeichnung entgegenzunehmen: 30 Schüler starben.[94] Und auch der Schulleiter Dr. Philipp Stumpf kam nicht mehr lebend nach Hause. Am 27. August 1915 wurde er bei einem Gefecht getötet.[95] Immerhin blieb er das einzige Opfer unter den Lehrern.[96]

Der Erste Weltkrieg veränderte auch den familiären Alltag. Ein Jahr noch, bis zum Juni 1915, unterrichtete Maunz' Vater an der Volksschule in der Gabelsbergerstraße. Dann musste auch er als Teil des Landsturm-Infanterie-Ersatzbataillons München I B 16 in den Krieg.[97] Immerhin kehrte er bereits nach einem Jahr unversehrt in den Schoß der Familie zurück. Maunz kam auch selbst mit dem Militär in Berührung. 1917 schloss er die Ausbildung zum „Einjährig Freiwilligen" ab, die er neben der Schule absolvierte.[98] Zu diesem Zeitpunkt war die allgemeine Lebenssituation der Familie wohl schon nicht mehr viel besser als die der durchschnittlichen bayerischen Stadtbevölkerung. Dieser ging es schlechter als den Bauern auf dem Land. Vom landwirtschaftlichen Produktionsprozess war man weiter entfernt und so war der allgemeine Mangel deutlicher zu spüren. Es fehlte besonders an Lebensmitteln. Man versuchte sich zu helfen und ersetzte Fleisch, Fett und Kartoffeln durch Eicheln, Bucheckern und Kastanien. Milch wurde mit Wasser gestreckt. Im Winter 1916/17 kamen dann bei vielen Familien nur noch Steck- oder Speiserüben auf den Tisch. Auch angesichts der katastrophalen Ernährungslage machte sich in der Bevölkerung allmählich Kriegsmüdigkeit breit.[99]

93 Jahresbericht des Wittelsbacher-Gymnasiums 1915/16, S. 4.

94 Jahresbericht des Wittelsbacher-Gymnasiums 1918/19, S. 24.

95 Ebd., S. 3.

96 Ebd., S. 24.

97 StdA München, Personalakt Theodor Maunz, Einberufung von Lehrpersonen vom 14. Juni 1915.

98 AWG München, Schülerakte Theodor Maunz, Zeugnis für den einjährig-freiwillgen-Dienst vom 14. Juli 1917.

99 Vgl. Sarah Hadry und Markus Schmalzl, München hungert. Weltkrieg und Ernährungskrise 1916–1924. Eine Ausstellung der Bayerischen Archivschule, München 2012, S. 21. Albrecht, Bayern im Ersten Weltkrieg, S. 428 ff.

Im November 1918, kurz vor Ende des Ersten Weltkriegs, kam es in Bayern dann zur Revolution: Die Wittelsbacher wurden gestürzt und eine Revolutionsregierung unter Kurt Eisner (USPD) übernahm die Macht.[100] Im Frühjahr 1919 eroberten Freicorps- und Reichswehreinheiten, die sogenannten „Weißen", München aus den Händen der Revolutionsregierung zurück. Victor Klemperer berichtet in seinem Revolutionstagebuch über die Zustände in München Anfang Mai: „Ein ganzes Fliegergeschwader kreuzt über München, [...] Leuchtkugeln abwerfend; bald ferner, bald näher, aber immerfort krachen Minen und Granaten, daß die Häuser beben, ein Sturzregen aus Maschinengewehren folgt den Einschlägen, Infanteriefeuer knattert dazwischen. Und dabei marschieren, fahren, reiten immer neue Truppen mit Minenwerfern, Geschützen, Fouragenwagen, Feldküchen durch die Ludwigstraße, bisweilen mit Musik, und am Siegestor hält eine Sanitätskolonne, und in alle Straßen verteilen sich starke Patrouillen [...], und an allen Ecken, wo man gedeckt ist und doch Ausblick hat, drängt sich das Publikum, häufig das Opernglas in der Hand."[101]

Im Wissen um die eigene Unversehrtheit wird sich Maunz später einmal gelassen mit seinem Kollegen, dem Staats- und Verfassungsrechtler Karl Loewenstein, über die persönlichen Erlebnisse seit November 1918 austauschen. Maunz schreibt, er habe die Protagonisten der Revolution „Toller, Landauer, Mühsam, Leviné-Nissen u. a. auch persönlich" gesehen.[102] Loewenstein wiederum gibt die Anekdote von seiner Doktorprüfung zum Besten: „Die Weissen lagen bereits vor München, es wurde bereits geschossen und die Prüfer Kisch, Frank, Rabl und Rothenbücher waren noch nervöser als der Doktorand."[103]

Die epochalen Umwälzungen durch Krieg und Revolution erlebte Maunz in München hautnah. Für viele Jugendliche der Zeit waren sie zweifellos

100 Vgl. Bernhard Grau, Revolution, 1918/1919, in: Historisches Lexikon Bayerns, URL: <http://www.historisches-lexikon-bayerns.de/Lexikon/Revolution,_1918/1919> (19.01.2018); Ders., Kurt Eisner: 1867–1919. Eine Biographie, München 2017; Karl Bosl (Hrsg.), Bayern im Umbruch. Die Revolution von 1918, ihre Voraussetzungen, ihr Verlauf und ihre Folgen, München 1969.

101 Victor Klemperer, Man möchte immer weinen und lachen in einem. Revolutionstagebuch 1919, Berlin 2015, S. 168.

102 StdA München, NL Maunz 41, Schreiben Maunz an Karl Loewenstein vom 17. September 1968.

103 Ebd., Schreiben Karl Loewenstein an Maunz vom 1. September 1968.

wichtige Schlüsselerlebnisse. Die Generationenforschung hat besonders dem Ersten Weltkrieg eine enorme Bedeutung bei der Entwicklung der „Kriegsjugendgeneration" beigemessen. Die zwischen 1900 und 1910 Geborenen hätten die Front zwar nicht aus eigenem Erleben gekannt, doch sie hätten das Ideal des „entschlossenen Kämpfers" übernommen. Sie hätten es nach „innen" gerichtet und dann nach einem „von Kompromissen freiem und radikalem, dabei aber organisiertem, unspontanem, langfristig angelegtem Handeln" gestrebt. Die ihnen charakteristischen Werte seien „Kühle, Härte und Sachlichkeit" gewesen. Und wenn man nun unter „Sachlichkeit" wie Helmuth Lethen die „Disziplinierung der Affekte, die Kunstgriffe der Manipulation, die List der Anpassung" versteht, dann sollte sich Maunz immer wieder als Kind seiner Zeit erweisen.[104]

Doch sollte man die Kriegserfahrung auch nicht überbewerten. Wenn Maunz später mitunter „listig, schlau, zäh" mit Blick auf den „eigenen Vorteil" agierte, wie es sein Kollege Franz Böhm formulieren wird,[105] so war dies wohl in erster Linie Resultat eines ausgeprägten Karriere- und Statusdenkens. Und dieses war schon vor dem Ersten Weltkrieg vorhanden und wohl in erster Linie ein Produkt der Sozialisation im Elternhaus.

Spätestens nach dem Krieg engagierte sich Maunz auch gesellschaftlich. Zum einen schloss er sich dem „Katholischen Studenten-Zirkel München-West" an. Die Gruppe aus Schülern und Studenten war eine katholische Version der seit der Jahrhundertwende an Zulauf gewinnenden Jugendbewegung.[106] Ziel des Zirkels war es, jungen Katholiken eine Stimme zu verleihen und auf kirchliche Veränderungen hinzuwirken. Die Mitglieder diskutierten etwa über Möglichkeiten „für die liturgische oder […] die eucharistische Erneuerung". Und sie versuchten mit ihren Ansichten auch gehört zu wer-

104 Helmuth Lethen, Verhaltenslehren der Kälte. Lebensversuche zwischen den Kriegen. Frankfurt am Main 2009, S. 57; Vgl. Ulrich Herbert, Drei politische Generationen im 20. Jahrhundert, in: Jürgen Reulecke (Hrsg.), Generationalität und Lebensgeschichte im 20. Jahrhundert. München 2003, S. 97 f.; Hübner, Maunz, S. 16.

105 BayHstA München, NL Josef Schwalber 90, Anhang Schreiben Erich Kaufmann an Alois Hundhammer vom 9. August 1950. Bei dem Anhang handelt es sich um ein Gutachten über Maunz, das dem Ökonomen Franz Böhm zugeordnet werden kann.

106 Vgl. Theodor Maunz, Richard Egenter und der Bund Neudeutschland. Rückblick auf die Anfänge der katholischen Jugendbewegung, in: Hirschberg 37 (1981), S. 183–185. Maunz sieht auch deutliche Parallelen zwischen dem „Katholischen Studenten-Zirkel" und dem „Wandervogel".

den: Der Münchner Kardinal Faulhaber gewährte auf Drängen eine Audienz, Richard Egenter, der Leiter des Zirkels, versuchte ihm mit „Eindringlichkeit und Überzeugungskraft" den „Geist" der katholischen Jugend näher zu bringen. Maunz stand schweigend daneben. Der Kardinal verhielt sich zwar insgesamt ablehnend-reserviert, doch der Empfang blieb ihm im Gedächtnis. Als Maunz Faulhaber 32 Jahre später auf einer Tagung traf, sollte er sich noch gut erinnern.[107]

Der „Zirkel" hatte ein reiches soziales Leben und veranstaltete u. a. Theater- und Vortragsabende.[108] Maunz nahm regelmäßig teil und mindestens einmal trat er auch selbst als Referent auf. Er sprach über „Deutsche Balladen" und urteilte pointiert über Heine: „Er ist kein bedeutender Balladendichter. Es verträgt sich nicht mit seiner sarkastischen Natur." Doch immerhin gestand er Heine zu, dass „auch ihm einige herrliche Werke gelungen" seien.[109]

Maunz genoss die Gesellschaft seiner katholischen Freunde. 1920, als der „Studenten-Zirkel" im „Bund Neudeutschland" aufging, einer neugegründeten katholischen Schülerorganisation,[110] reiste Maunz zum Bundestag der „Neudeutschen" nach Fulda. Nach Ende der Tagung wanderte er mit Egenter und anderen südwärts, ein Erlebnis, das er nie vergessen sollte. Auf der Wartburg sangen die Freunde „Noch ist die blühende, goldene Zeit", überquerten daraufhin den Thüringer Wald über Rennsteig und Inselsberg, zogen über Coburg durch die Fränkische Schweiz bis nach Nürnberg, wo sie der Guardian eines Franziskanerklosters beherbergte. Wo keine solche Unterkunft zur Verfügung stand, übernachteten sie in Zelten oder im Freien. Noch Jahrzehnte später wird Maunz schwärmen: „Die Wanderer hatten ein Hochgefühl, wie [...] die zehntausend durch Kleinasien gewanderten griechischen Soldaten im 5. Jahrhundert".[111]

Ein zweiter Wirkungskreis hatte sich für Maunz mit der Revolution ergeben. Sie hatte in Bayern wie in Deutschland Maßnahmen in Gang gesetzt, die

107 Ebd., S. 183.

108 Ebd. S. 184.

109 BayHStA München, NL Maunz 11. Das Manuskript des Vortrags befindet sich in einem Mathematikschulheft.

110 Vgl. Ronald Warloski, Neudeutschland. German Catholic students 1919–1939. The Hague 1970; Rolf Eilers, Konfession und Lebenswelt. 75 Jahre Bund Neudeutschland. 1919–1994. Mainz 1998.

111 Maunz, Egenter, S. 184 f.

auf eine verstärkte Partizipation der Bürger zielten.[112] Eine bayerische Ministerialverordnung vom 1. Dezember gestattete etwa die Errichtung von Schülerausschüssen.[113] Zwei Wochen nach ihrem Inkrafttreten traf sich Maunz mit Mitschülern, um von ihr Gebrauch zu machen. In einer zehnminütigen Sitzung gründete man einen Schülerausschuss. Maunz wurde Zweiter Vorsitzender und stürzte sich dann in das Amt mit derselben Verve wie in seine Schularbeiten. Er arbeitete eine Satzung aus, verhandelte mit den Lehrern über Änderungen, trat als Versammlungsreferent hervor, hörte sich in den unteren Klassen um und brachte deren Anliegen dem Ausschuss zur Abstimmung.[114] Er blühte in seinem Amt auf, allerdings erfuhr er nicht nur Zustimmung. Einige Mitschüler warfen ihm und seinen Kollegen „Untätigkeit“ und „Geheimnistuerei“ vor. Der Tadel blieb jedoch ohne Folgen. Maunz stellte die Vertrauensfrage, der amtierende Schülerausschuss erhielt von den Schülern des Wittelsbacher-Gymnasiums eine „überragende“ Mehrheit.[115]

Kritik kam derweil nicht nur aus den Reihen der Schüler. Der Anspruch des Schülerausschusses war groß, er wollte bei vielen Dingen mitreden, etwa bei der Unterrichtsgestaltung.[116] Und er konnte auch hartnäckig sein: Als die Schulleitung des Wittelsbacher-Gymnasiums es ablehnte, den Schülerausschuss bei der Verhängung von Rektoratsstrafen hinzuzuziehen, schaltete man kurzerhand das Kultusministerium ein.[117] Nicht jedem Lehrer gefiel die-

112 Vgl. Grau, Revolution 1918/1919.

113 Winfried Müller, Schülermitverantwortung, in: Max Liedtke (Hrsg.), Handbuch der Geschichte des Bayerischen Bildungswesens. Band 4: Epochenübergreifende Spezialuntersuchungen Geschichte der Universitäten, der Hochschulen, der vorschulischen Einrichtungen und der Erwachsenenbildung in Bayern. Bad Heilbrunn 1997, S. 395–406, S. 395.

114 AWG München, Schülerausschuss, Berichte über die Schülerausschussitzungen vom 17. Dezember 1918 und 1. Februar 1919.

115 Ebd. Bericht über die kombinierte Klassenversammlung der oberen Klassen vom 9. April 1919.

116 Ebd., Stellungnahme von Theodor Maunz zur Satzung des Schülerausschusses vom 16. Januar 1919: „Bestimmungen 8–10 der Schülerausschussatzungen lauten: Der Schülerausschuss bespricht in seinen Sitzungen den Unterrichtsbetrieb in den verschiedenen Fächern und bei den verschiedenen Professoren. Er hat das Recht dem Anstaltsvorstand seine Ansichten hierüber mitzuteilen und Vorschläge zu machen, wie […] der Unterricht nach dem Wunsch der Schüler anders gestaltet werden könnte.“

117 Ebd. Bericht über die kombinierte Klassenversammlung der oberen Klassen vom 9. April 1919.

ses Selbstbewusstsein. Wiederholt kam es zu „abfälligen Bemerkungen".[118] Auch Maunz persönlich zog sich den Ärger eines Pädagogen zu. Im Namen des Schülerausschusses hatte er gegen den Lehrer Ortner eine Erklärung abgegeben und die Retourkutsche folgte prompt.[119] Ortner schrieb ihm ins Zeugnis: „Ziemlich selbstbewusst ließ er, besonders da er dem Schülerausschuss angehört, die geziemende Bescheidenheit vermissen."[120]

Doch in der Tat war Maunz mittlerweile ausgesprochen unbescheiden. Aus dem „verwirrten" Kind, wie er noch einige Jahre zuvor bezeichnet worden war, war ein zielstrebiger und selbstbewusster junger Mann geworden, der mitunter die offene Konfrontation mit den Lehrern suchte: „ein bis in alle Einzelheiten gehendes Studium der Grammatik verleitet ihn häufig zu Fehlgriffen, die er zu verteidigen suchte", heißt es in einem Zeugnis.[121] Ein anderer Eintrag zeigt, wie sehr ihn der Ehrgeiz weiter im Griff hatte: „Der Schüler war vom Streben nach guten Noten fast allzusehr beherrscht". Er würde sich auch bisweilen „der Schulaufgaben wegen mächtig aufregen".[122]

Sein Ehrgeiz war wohl nicht frei von pathologischen Zügen, doch machte er ihn zum Primus. Er hatte es sich erarbeiten müssen. Anfangs war er am Wittelsbacher-Gymnasium oberes Mittelmaß mit vielen Zweiern, doch peu à peu sickerten die Einser ins Zeugnis. Das Schuljahr 1919/20 war dann das letzte vor dem Abitur und das geordnetste seit langem. Nach Jahren im Exil fand der Unterricht erstmals wieder im Gebäude am Marsplatz statt.[123] Am 12. Juni 1920 weihte man dort ein Ehrendenkmal mit „leuchtenden Goldbuchstaben" zu Ehren der im Weltkrieg gefallenen Schüler und des ehemaligen Leiters Dr. Stumpf ein.[124] Maunz steckte da schon mitten in den Abiturvorbereitungen. Zum Lernen ging er hin und wieder in den nahen Nymphen-

118 Ebd.

119 Ebd. Schülerausschuss, Stellungnahme Ortner: „Gegenüber der von Maunz (im Einvernehmen mit den Hrn. Prof. Leonpacher und Lurz!) abgefassten Erklärung vom 4. 4. 19, die eine Reihe grober Unrichtigkeiten enthält, verweise ich auf meinen Nachtrag vom 5. März".

120 AWG München, Schülerakte Theodor Maunz, Zeugniseintrag des Lehrers Ortner vom Juli 1919.

121 Ebd. Zeugnis 1917/18.

122 Ebd.

123 Jahresbericht des Wittelsbacher-Gymnasiums 1918/19, S. 25.

124 Jahresbericht des Wittelsbacher-Gymnasiums 1919/20, S. 33.

burger Schlosspark.[125] Als einer von 16 Kandidaten trat er dann Mitte Juni zu den Prüfungen an.[126] Mit großem Erfolg: In allen Lehrfächern erzielte er eine eins, nur in Sport bekam er eine zwei.[127] Am Donnerstag, den 15. Juli 1920 hielt er schließlich, umrahmt von der Musik Mozarts und Meyerbeers, im Turnsaal des Gymnasiums die Abschiedsrede seines Jahrgangs.[128]

125 StdA München, NL Maunz 33, Schreiben Maunz an Konstantin Prinz von Bayern vom 28. April 1952: „Seit 1945 war ich mehrmals im Nymphenburger Park, ohne zu wissen, dass Sie im Schloss wohnen. […] Im Nymphenburger Park habe ich mich vor mehr als 30 Jahren eifrig auf das Abitur vorbereitet."

126 BayHstA, NL Maunz, Bd. 11, Liste der Abiturienten des Wittelsbacher-Gymnasiums 1920.

127 AWG München, Notenverzeichnisse der Reifeprüfung 1920, Theodor Maunz.

128 Ebd., Schul- und Gedenkfeiern 1908–1935, Einladung zur Abschlussfeier des Wittelsbacher-Gymnasiums.

2. Aufsteiger (1920–1933): Student, bayerischer Beamter, Privatdozent an der Universität München

2.1 Student der Rechtswissenschaften in München

Am 15. Oktober 1920 immatrikulierte sich Maunz an der Münchner Ludwig-Maximilians-Universität für das Studium der Rechtswissenschaften.[129] Seiner Tochter wird er später erzählen, er habe damals auch das Studium der Alten Sprachen in die engere Wahl gezogen.[130] Doch bei der Aussage sind Zweifel angebracht. Seine Tochter war promovierte Altphilologin. Vielleicht handelte es sich bloß um eine seiner berüchtigten Schmeicheleien. Das Studium der Rechtswissenschaft war jedenfalls eine solide Wahl. Maunz hatte die Satzung des Schülerausschuss des Wittelsbacher-Gymnasiums entworfen und so schon erste Erfahrungen mit der juristischen Materie gesammelt. Insbesondere eröffnete das Studium ihm aber vielseitige Zukunftsperspektiven: Er konnte nachher Richter, Rechts- oder Staatsanwalt werden oder eine der vielen Stellen in der öffentlichen Verwaltung übernehmen. Für sie bestand so etwas wie ein „Juristenmonopol".[131]

Die Universität München war eine traditionsreiche Institution. Herzog Ludwig IX. von Bayern-Landshut hatte sie 1472 in Ingolstadt gegründet.[132] Zum Winterhalbjahr 1920/21 ging die Universität bereits in ihr 671. akademisches Jahr.[133] Von ihrer Reputation zeugte nicht zuletzt, dass es 1919 gelun-

129 UA München, Studenten-Kartei I (Maunz, Theodor).

130 Zeitzeugengespräch mit Frau Dr. Erika Klein vom 5. November 2015.

131 Vgl. zum Begriff „Juristenmonopol": Walter Leisner, Das Juristenmonopol in der öffentlichen Verwaltung, in: Jurist und Staatsbewusstsein: Beiträge der Tagung „Jurist und Staatsbewußtsein" der Akademie für Politik und Zeitgeschehen der Hanns-Seidel-Stiftung, Heidelberg 1987, S. 53–67.

132 Vgl. Ludwig-Maximilians-Universität München (Hrsg): Ludwig-Maximilians-Universität München. München 1995; Laetitia Boehm, Johannes Spörl, Ludwig-Maximilians-Universität. Ingolstadt, Landshut, München. Berlin 1972.

133 Vgl. Jahrbuch der Ludwig-Maximilians-Universität München 1919 bis 1925. München 1928, S. 6. Zum Winterhalbjahr 1920/21 hatte die Universität München 8305 Studenten.

gen war, Max Weber für den Lehrstuhl für Nationalökonomie zu gewinnen.[134] Sie lag nicht weit entfernt von der Kreittmayrstraße und so konnte Maunz in seinem Zimmer bei den Eltern wohnen bleiben. Dies war eine finanzielle Entlastung, Maunz lebte dort auch noch als älteres Semester. Er machte keine studentische Tour durch verschiedene Universitätsstädte, anders als viele seiner späteren Kollegen. Carl Schmitt wechselte von Berlin über München nach Straßburg,[135] Karl Larenz von Berlin über Marburg und Göttingen nach München.[136] Maunz verharrte dagegen an der Isar.

In den ersten Semestern belegte er die für Juristen kanonischen Rechtsvorlesungen über „Deutsche Rechtsgeschichte" (bei Karl von Amira) und „Allgemeine Staatslehre, Staatsrechtslehre und Politik" (bei Anton Dyroff). Dazu hörte er fachfremd „Landeskunde des japanischen Reiches", „Geographische Grundlagen der ostasiatischen Kultur" und „Aufbau meerumspannender Meereskörper".[137] Die Vorlesungen zweier Professoren besuchte er am häufigsten.[138] Und es ist schon eine interessante Fügung, dass beide, einer im Nationalsozialismus, einer in der jungen Bundesrepublik, ihn auf einen Lehrstuhl bringen sollten.

Wilhelm Kisch, Professor für Bürgerliches Recht, hatte an der Münchner Universität einen starähnlichen Status. Wenn er in den Hörsaal trat, „brach bereits der akademische Applaus aus, der an den Holzvorderwänden jeder einzelnen Sitzreihe solchen Lärm erzeugte, dass bei den noch offenen Türen des Erdgeschosses und des 1. Stocks dieser ‚Lärm' durch das ganze ‚Hohe Haus' zu hören war".[139] Kisch hinkte, rauchte Kette, war eine charismatische

134 Dirk Kaesler, Max Weber. Eine Biographie. München 2014, S. 889. Jürgen Kaube, Max Weber. Ein Leben zwischen den Epochen. Berlin 2014, S. 398.

135 Vgl. Reinhard Mehring, Carl Schmitt – Aufstieg und Fall. Eine Biographie. München 2009, S. 22.

136 Vgl. Claus-Wilhelm Canaris, Karl Larenz, in: Stefan Grundmann, Karl Riesenhuber (Hrsg.): Zivilrechtslehrer des 20. Jahrhunderts in Berichten ihrer Schüler. Band 2. Berlin 2010, S. 263–308, S. 264.

137 UA München, Stud-BB-631 und Stud-BB-648.

138 Ebd., L-NP-SS 1925, Verzeichnis der sämtlich gehörten Vorlesungen: Bei Wilhelm Kisch und Hans Nawiasky hat Maunz jeweils sechs Vorlesungen besucht.

139 Zit. nach Susanne Adlberger, Wilhelm Kisch – Leben und Wirken (1874–1952). Von der Kaiser-Wilhelms-Universität Straßburg bis zur nationalsozialistischen Akademie für Deutsches Recht, Frankfurt am Main u. a. 2007, S. 87.

Ausnahmeerscheinung.[140] Laut Golo Mann, der bei ihm hörte, besaß er die Anziehungskraft eines „leicht dämonischen" Mannes.[141]

Vor allem war Kisch jedoch Universitätslehrer aus Überzeugung. Er war Patriot, wie, so Golo Mann, „viele Münchner Professoren damals",[142] und nahm seine Aufgabe im Hörsaal schon deshalb ungemein ernst. Er sah in der akademischen Lehre die Möglichkeit, dem Vaterland zu dienen. Die Lehre war für ihn ein entscheidendes Glied einer juristischen Kette: Das Niveau der Lehre präge die angehenden Juristen, und die Qualität der Juristen wiederum das Niveau des Rechtssystems.[143] Und da in seinen Augen gut ausgebildete Menschen die Voraussetzung für eine nationale Blüte waren, sollten sich seine Studenten mit Inbrunst dem Studium widmen: „Merken Sie denn nicht," fragte er im Hinblick auf den Versailler Vertrag, „dass es wieder losgeht? Dass man uns nicht hochkommen lassen will? Wie können Sie dann Ihr Studium so wenig ernst nehmen?"[144] Vom Weimarer Staat war Kisch indes nicht vollkommen überzeugt, auch wenn er ihn tolerierte. Er war ein patriotischer, aber doch „unpolitischer Professor", der nicht für oder gegen den Staat agierte.[145]

Sein Kollege Hans Nawiasky war etwas mehr als das. Er war „Vernunftrepublikaner".[146] Seit 1919 war der Sohn eines Grazer Hofopernsängers als außerordentlicher Professor für Verwaltungsrecht, insbesondere für Finanz- und Arbeitsrecht, in München.[147] Der neue Staat entfachte in ihm keine Begeisterungsstürme, aber aus rationalen Gründen war er bereit, die Verfassung gegen Angriffe zu verteidigen. Die Weimarer Republik verglich er mit einer „Notun-

140 Ebd. S. 86ff.

141 Golo Mann, Erinnerungen und Gedanken. Eine Jugend in Deutschland. Frankfurt am Main 1986, S. 210.

142 Ebd., S. 209ff.

143 Adlberger, Kisch, S. 86f.

144 Golo Mann, Erinnerungen, S. 209f.

145 Adlberger, Kisch, S. 113: „Kisch selbst war allerdings kein Republikaner und nicht einmal einer der sogenannten ‚Vernunftrepublikaner', die die Weimarer Republik notgedrungen akzeptierten, sie in gewissen Grenzen unterstützten und sich offen für sie stark machten". Vgl. auch Helmut Heiber, Universität unterm Hakenkreuz. Teil 1: Der Professor im Dritten Reich: Bilder aus der akademischen Provinz, München 1991, S. 36ff.

146 Michael Behrendt, Hans Nawiasky und die Münchner Studentenkrawalle von 1931, in: Elisabeth Kraus, Die Universität München im Dritten Reich. Teil I, München 2006, S. 19.

147 UA München, L-IX-50, Schreiben des Staatsministeriums für Unterricht und Kultus an den Senat der Universität München vom 7. März 1919.

terkunft": „Eine solche […] ist gewiss kein stolzes Gebäude voll Behaglichkeit und Pracht, kein architektonisch fehlerfreies, in sich ausgeglichenes Meisterwerk […], aber eine Zuflucht für die Volksgemeinschaft."[148] Nawiasky hatte zudem eine „grundsätzliche föderalistische Einstellung". Wenn der föderalistische Staatsaufbau einmal eine Hypothek für die Wirtschaftskraft der Nation sei, dann müsse man ihn aufgeben. Solange das aber nicht der Fall sei, ist er die beste Lösung, weil er der kulturellen Vielfalt Deutschlands am besten Rechnung trage.[149]

Während Kisch zum Vorbild eines beliebten und erfolgreichen Universitätslehrers wurde, avancierte Nawiasky zum akademischen Entdecker. Maunz nahm in den Seminaren kein Blatt vor den Mund nahm, brachte sich ein und erzielte gute Noten. So ähnelten die Zeugnisse aus den juristischen Seminaren denen aus der Schule. Teilnahme mit „großem Eifer", „ausgezeichnetem Fleiß"[150] und „vorzüglichem Erfolg".[151] Nawiasky wurde aufmerksam und bot Maunz im Wintersemester 1921/22 an, bei einer Übung zu assistieren.[152] Nach Ende des Studiums ermöglichte er Maunz die Promotion. Das glich zur damaligen Zeit einem akademischen Ritterschlag. An der Juristischen Fakultät war die Zahl der Doktoranden verschwindend gering. Im Sommersemester 1925 gab es 2111 Jurastudenten. Doch wurde, neben dem von Maunz, nur ein einziges weiteres Promotionsverfahren abgeschlossen. In den Jahren davor und danach sah es ähnlich aus.[153] Maunz konnte sich glücklich schätzen.[154]

148 Zit. nach: Behrendt, Nawiasky und die Studentenkrawalle, S. 21.

149 Behrendt, Nawiasky und die Studentenkrawalle, S. 22.

150 BayHstA München, NL Maunz 11, Zeugnis vom 25. Februar 1924.

151 Ebd. Zeugnis vom 20. Februar 1923.

152 UA München, L-Np-SS 1925, Lebenslauf von Theodor Maunz.

153 Vgl. Hans F. Zacher, Hans Nawiasky, Ein Leben für Bundesstaat, Rechtsstaat und Demokratie, in: Hans Spanner (Hrsg.): Festgabe für Theodor Maunz zum 70. Geburtstag am 1. September 1971, München, S. 477–505, S. 479: „Nawiasky lud Maunz, dessen Talent ihm aufgefallen war, von sich aus zur Promotion ein, was nicht zuletzt aufgrund der restriktiven Promotionspolitik der Münchner Fakultät eine Auszeichnung darstellte."
Vgl. Jahrbuch der Ludwig-Maximilians-Universität München 1919 bis 1925. München 1928, S. 256.
UA München Stud-Kart.I (Maunz, Theodor)

154 Im Wintersemester 1924/25 war Maunz zudem an der TH München für das Studium der Wirtschafts- und Finanzwissenschaften immatrikuliert. Vgl. UA München, L-Np-SS 1925, Lebenslauf von Theodor Maunz.

Die Schrift selbst ist ein Plädoyer für die Einhegung des Staates vor Gericht, ja des Staates überhaupt. Maunz fordert die Zurückdrängung des Staates durch „eine Verstärkung der Rechtsstellung der Untertanen“ und eine „stärkere Garantie seiner Rechte“.[155] Denn die Bürger seien juristisch in vielen Rechtsbereichen gegenüber dem Staat im Hintertreffen. Im Strafprozess übernehme das Gericht zum Beispiel noch Aufgaben, „durch die also das Gericht fast zu einer Gehilfin der Staatsanwaltschaft herabsinkt“. Es herrsche so im Strafprozessrecht noch immer keine „Waffengleichheit“ zwischen Staat und Privatkläger.[156]

Maunz’ Arbeit war liberalistisch und stand zugleich in positivrechtlicher Tradition. „Von selbst oder von Natur, ohne Rechtsordnung, hat niemand Rechte und es gibt keine Rechtssubjekte“, schrieb er. Und: „In Wahrheit kann es bei einer juristischen Betrachtung lediglich auf die Beziehung des betreffenden Rechtssubjekts zur Rechtsordnung ankommen.“[157] Die Einbeziehung ethischer, soziologischer oder politischer Aspekte in die juristische Materie lehnte er ab, anders als etwa der Naturrechtler Erich Kaufmann, sein späterer Gegner in der Münchner Fakultät. Maunz lag damit zugleich auf der Linie des Rechtspositivisten Hans Kelsen, einem Neukantianer, dessen Schriften ihn zu seiner Arbeit angeregt hatten.[158] Auch sein Doktorvater Hans Nawiasky galt als Rechtspositivist.[159]

Nawiaskys Bericht vom 3. Januar 1925 war wiederum durchweg positiv. Er schlug die „Note I oder II“ vor. Das Thema sei „schwierig“, Maunz habe jedoch die Problematik „scharf erkannt“. Er lobte den „klaren Aufbau“, die „sichere Gedankenführung“, die „methodische Sauberkeit“, ein „maßvolles Urteil“ und den „einfachen guten Stil“.[160] Nach Rücksprache mit dem Korreferenten Ernst von Beling einigte man sich auf „magna cum laude“. Das glei-

155 Theodor Maunz, Die Stellung des Staates im rechtlichen Verfahren, München u.a. 1926, S. 409.

156 Ebd., S. 406.

157 Ebd., S. 342.

158 Vgl. UA München, L-Np-SS 1925, Dissertationsakt Theodor Maunz, Lebenslauf: „Die Beschäftigung mit Kelsen […] bildete nach mancher Richtung hin den Ausgangspunkt der Dissertation.“

159 Stolleis, Geschichte des öffentlichen Rechts, Bd. 3, S. 94. Günther, Denken, S. 33.

160 UA München, L-Np-SS 1925, Bericht Hans Nawiasky vom 3. Januar 1925.

che Ergebnis erzielte Maunz am 28. Mai 1925 beim „Examen rigorosum".[161] Anton Dyroff, der Dekan der Juristischen Fakultät, brachte die Arbeit dann rasch in den „Annalen des Deutschen Reiches" unter. Und so durfte Maunz den Doktortitel schon vorzeitig führen, ab dem 27. Juli 1925, noch bevor er die Pflichtexemplare bei der Fakultät abgeliefert hatte.[162]

161 Ebd., Protokoll über das „Examen rigorosum" vom 28. Mai 1925.

162 StdA München, NL Maunz 3, Schreiben Dekanat der Jurististischen Fakultät an Maunz vom 27. Juli 1925.

2.2 Cartellbruder

Im Wintersemester 1920/21 trat Maunz in München der katholischen Studentenverbindung Aenania bei.[163] Die Verbindung war 1851 von dem Wasserburger Franz Lorenz Gerbl als Freundschaftsbund für Studenten gegründet worden.[164] Der Impetus war gegenaufklärerisch: Man fürchtete damals „die Philosophie der Aufklärung und ihre Folgeerscheinung, eine krass materialistische Lebensauffassung" würde „jedes katholische Leben [...] ersticken". Und so wollte man der Marginalisierung des Katholischen an den Universitäten etwas entgegensetzen.[165] Neben dem Gründungsvater Gerbl, der bereits sechs Jahre später als Missionar in Südafrika ums Leben kam,[166] gehörten 13 weitere Studenten zu den Mitgliedern der ersten Stunde. Man wuchs schnell: Bis zur Jahrhundertwende zählte man 244 Mitglieder, Mitte der 1920er-Jahre waren es immerhin noch 177.[167] Ihnen stand das exklusive Verbindungshaus in der Schellingstraße 44 zur Verfügung. In dem repräsentativen Gebäude gab es Festsaal, Bühne und Kneipe. Man traf sich dort regelmäßig zu Vortragsabenden und Festveranstaltungen.[168]

Als Aenane wurde Maunz zugleich Mitglied im Cartellverband der farbentragenden, katholischen, deutschen Studentenverbindungen (CV). In diesem Dachverband, den die Aenania mitgegründet hatte,[169] waren Mitte der 1920er-Jahre knapp 120 Korporationen organisiert. Er zählte um die 23 000 Mitglieder.[170] Ähnlich wie in der Sozialdemokratie galt der „Duzkom-

163 UA München, Stud-Kart.I. (Maunz, Theodor).

164 Siegfried Schieweck-Mauck, Lexikon der CV- und ÖCV-Verbindungen. Die Korporationen und Vereinigungen des Cartellverbandes der Katholischen Deutschen Studentenverbindungen (CV) und des Cartellverbandes der katholischen Österreichischen Studentenverbindungen (ÖCV) in geschichtlichen Kurzdarstellungen, Köln 1997, S. 26 f.

165 Joseph Brandlmeier, Die katholischen Studentenkorporationen an bayerischen Hochschulen, Donauwörth 1928, S. 5.

166 Schieweck-Mauck, Lexikon, S. 26. Brandlmeier, Die katholischen Studentenkorporationen, S. 12.

167 KDStV Aenania (Hrsg.), 150 Jahre KDStV Aenania München 2001, S. 410 f.

168 Ebd.: „Das [...] Haus hatte sich nie getragen, obwohl das Vordergebäude vermietet war, unter anderem an eine vom Vater von Cbr. Franz-Josef Strauß [...] betriebene Metzgerei".

169 Schieweck-Mauck, Lexikon, S. 26.

170 Brandlmeier, katholische Studentenkorporationen, S. 6.

ment".[171] Das Duzen sollte verbindungsstiftend wirken, genauso wie der Umstand, dass man andere Mitglieder im Familienjargon als „Cartellbrüder" bezeichnete. Die Zugehörigkeit zur Cartellfamilie war indes Lebenssache. Auch nach Beendigung des Studiums schied man aus ihr nicht aus. Als sogenannter „Philister" oder „Älterer Herr" blieb man dabei.[172]

Aenania und CV nahmen in Maunz' sozialem Leben schnell großen Raum ein. Im Sommer 1921 nahm er am 70. Stiftungsfest seiner Münchner Verbindung teil. Die Feierlichkeiten dauerten drei Tage. Aus ganz Deutschland reisten Cartellbrüder an, man fuhr zusammen zum Grab des Aenania-Gründers Franz Lorenz Gerbl nach Wasserburg am Inn, zog vor das örtliche Rathaus und hörte eine Ansprache vom Rathausbalkon. Am folgenden Tag ging es im Münchner Bürgerbräukeller weiter. Die bayerische Prominenz, „Mitglieder des ehemaligen königlichen Hauses, Vertreter der Staatsregierung und des Landtages" waren anwesend. Am dritten Tag durften nun auch die Ehefrauen der verheirateten Mitglieder bei einem Familienabend dazustoßen und man beschloss die Feierlichkeiten mit Musik, Tanz und Ansprachen in Gedichtform. Einige unternahmen nach durchzechter Nacht noch „einen Katerbummel [...] ins Isartal", wie Maunz berichtete.[173]

1925 schloss sich Maunz dann einer „Pilgerreise" des Cartellverbandes nach Rom an. Im Sonderzug fuhr man über Luzern und Nervi nach Rom, wo man sieben Tage blieb, bevor es über Florenz, Venedig und Innsbruck wieder nach Hause ging.[174] Maunz war kein gewöhnlicher Pilger, er war Gruppenführer, eine Art Reiseleiter. Vor Ort koordinierte er die Wünsche der Mitreisenden. Ein Teilnehmer, der Direktor der Kreis-Elektrizitäts-Vorsorge Unterfranken, wird ihm seine Tätigkeit nachher liebevoll-ironisch danken: „Alle denken [...] auch an den zurück, der ihnen mit väterlicher Fürsorge das Bett bereitete, [...] und dieser Mann, an den alle denken, das bist du."[175]

171 Schieweck-Mauck, Lexikon, S. 14.

172 Ebd., S. 13.

173 Theodor Maunz, Zum 70. Stiftungsfest am 20.–23. Juli, in: *Academia* vom November/Dezember 1921, S. 212 f.

174 BayHStA München, NL Maunz 1, CV-Romfahrt Teilnehmer-Karte B.

175 Ebd., NL Maunz 11, Schreiben Reinhard an Maunz vom 23. Dezember 1925.

Seit 1923 leitete Maunz zudem das Referat für soziale Fürsorge im CV-Beirat, der Denkfabrik des Verbandes.[176] Die Funktion nahm ausreichend Zeit in Anspruch, mehrmals im Monat musste er an Beiratssitzungen teilnehmen, dazu reiste er zu Cartellversammlungen nach Breslau, Wien, Innsbruck und Berlin.[177] Für Maunz selbst waren karitative Tätigkeiten beileibe nicht der „Hauptzweck" von Studentenverbindungen. Und auch bei anderen Cartellbrüdern genossen sie kein besonders hohes Ansehen: Hilfsaktionen wurden von ihnen oftmals „verlacht".[178] Doch er gab sich Mühe, sozial schwächere Mitglieder zu unterstützen. Angesichts der angespannten wirtschaftlichen Lage in den 1920er-Jahren gab es viele, die auf Unterstützung angewiesen waren und Maunz wollte sich nun insbesondere um die kümmern, die „unter schwersten Entbehrungen und unter den größten Opfern ihrer verarmten Eltern" studierten.[179] Um Bettelstudenten besser alimentieren zu können, setzte er sich für den Ausbau der zentralen Hilfskasse ein, die der CV unterhielt.[180] Und mahnte generell mehr Rücksicht an. Denn das Verbindungsleben war elitär und teuer: Cartellbrüder mussten nicht nur den Mitgliedsbeitrag stemmen, sondern auch das Geld aufbringen, um ihre Garderobe mit „Cut, Smoking, blauer Anzug, kleiner Abendanzug, Kneipjacke" auszustatten. Dazu kamen kostspielige Gesellschaftsabende, die etwa zwei Mal im Monat zusätzliche Gelder verschlangen.[181] Besonders bei diesen Festen forderte er Zurückhaltung, weil sie ärmere Cartellbrüder in finanzielle Schwierigkeiten brachten: „Alle Cartellbrüder sollten sich ein wenig auf die schwierige, aber

176 Vgl. *Academia* vom 1. August 1923, S. 12.

177 Vgl. CV-Archiv Regensburg; Sitzungsbericht der 55. CV-Versammlung zu Innsbruck; Sitzungsbericht der 56. CV-Versammlung zu Berlin; Sitzungsbericht der 59. CV-Versammlung zu Wien.

178 Theodor Maunz, Zur sozialen Frage unseres Verbandes, in: *Academia* vom 15. Juli 1929, S. 74.

179 Ders., 10. Bericht des Arbeitskreises III des AcB über „Soziale Arbeit und Fürsorge", in: Sitzungsbericht der 56. CV-Versammlung vom 13–18. September 1926, S. 35.

180 Ebd., S.38: „Man kann nicht allen bedürftigen Cartellbrüdern helfen, aber es geht auch nicht an, eine Hilfseinrichtung von Verbandswegen zu schaffen, und sie dann mit so geringen Mitteln auszustatten, dass sie nur ganz wenigen beispringen kann".

181 Ders., Bericht des Leiters des Amtes des CV für soziale Fragen, AH Dr. Maunz, in: Sitzungsbericht der 59. CV-Versammlung zu Wien vom 5.–8. Juli 1929, S. 77.

sehr wichtige Kunst verstehen, Feste zugleich einfach, vornehm und herzlich zu gestalten."[182]

Dazu entfaltete Maunz im CV eine rege publizistische Tätigkeit. Er schrieb eine Reihe von Artikeln für die Verbandszeitschrift *Academia*. Sie waren maßgeblich vom katholischen Gemeinschaftsdenken beeinflusst. Dieses war in der Weimarer Republik unter katholischen Akademikern weit verbreitet. Wie die Vordenker Ferdinand Tönnies, Max Scheler oder Romano Guardini warb Maunz für das Ideal einer Gemeinschaft, in der sich jeder bedingungslos für das Kollektiv aufopfert:[183] „Die Einordnung in einen Organismus ist [...] die vordringlichste Erziehungsaufgabe", schrieb er. Und: Ziel jedes Einzelnen müsse sein, „aus einem Ichmenschen ein Gemeinschaftsmensch zu werden"[184]. Besonders gelte dies für katholische Studenten: „Dieses Zurückziehen und Hinausstreben aus der Gemeinschaft, sei es aus Bequemlichkeit oder aus Selbstüberhebung, muss beim katholischen Jungakademiker vom ersten Hochschuljahr an bekämpft werden", schrieb er.[185]

Neben der Treue zur „Gemeinschaft" forderte er die unbedingte Loyalität gegenüber dem „Staat". Und beide Forderungen zeigen, dass seine spätere persönliche Anpassungsbereitschaft, ja sein Wille zur Unterordnung unter den Zeitgeist, neben dem karrieretechnischen Opportunismus wohl auch eine Fundierung im Katholizismus hatte. Emphatisch schreibt er: „Der Staat, das sind wir, das bist du, und es ist Deine heilige vaterländische Aufgabe, Dein Bestes in Gedanken und Werken ihm zu schenken." Er erinnert dabei explizit an katholische Vorbilder wie Görres, der auch „in schwankenden Zeiten eine Stütze des Staates" gewesen sei. Und so wie Görres solle man selbst dem Staat stets treu sein, auch wenn sich die Zeiten änderten: „Staat und Volk sind

182 Ders., 10. Bericht des Arbeitskreises III des AcB über „Soziale Arbeit und Fürsorge", in: Sitzungsbericht der 56. CV-Versammlung vom 13–18. September 1926, S. 43.

183 Vgl. Alois Baumgartner, Sehnsucht nach Gemeinschaft. Ideen und Strömungen im Sozialkatholizismus der Weimarer Republik. München, Paderborn, Wien 1977, S. 173: „Man zeichnete das utopische Bild eines Sozialorganismus, in dem sich alle Glieder vorbehaltlos in den Dienst des Ganzen stellen und gerade in der völligen Einordnung ihre eigenen Möglichkeiten entfalten. [...] Die Einzelnen lebten aus der Gemeinschaft und für die Gemeinschaft und fanden in der selbstlosen Hingabe an sie ihre eigene Selbstverwirklichung."

184 Theodor Maunz, Politische Erziehung im CV? Eine Entgegnung von Dr. Theodor Maunz. In: *Academia* vom 15. Januar 1929, S. 259.

185 Ebd., S. 258.

wie eine Pflanze, die keimt, sich zum Baum entwickelt und immer größer und mächtiger wird. Da gibt es kein Halten, keine Dauerform, und Sache des Gärtners ist es nur, sich den jeweiligen Verhältnissen anzupassen."[186] Aenania und CV gaben Maunz aber nicht nur eine soziale und geistige Heimat, sondern sie hatten noch eine dritte, sehr wichtige Bedeutung für sein Leben. Sie führten ihn einem gigantischen Karrierenetzwerk zu. Die katholischen Verbindungen waren ambitionierte Leistungsgesellschaften. Die Mitgliedschaft verpflichtete zum Erfolg. Eines der drei Prinzipien von Maunz' Münchner Verbindung hieß „scientia".[187] Sie hielt die Verbindungsmitglieder zu einem gründlichen wissenschaftlichen Studium an. Es sollte die Voraussetzung für eine erfolgreiche berufliche Karriere sein. Ein solches Leistungsdenken war wiederum ganz nach Maunz' Geschmack. Stolz stellte er fest: „Bis zu den höchsten Stellen des Staates, der Gemeinden und der Wirtschaft ist ‚Aenania' aufgestiegen, wir zählen in unseren Reihen Staatsminister, Regierungspräsidenten, Oberbürgermeister, Generaldirektoren usw." Es war eine beachtliche Erfolgsbilanz, was nicht heißt, dass Maunz mit ihr zufrieden gewesen wäre: Die Zahl von vier Aenanen, die an Juristischen Fakultäten lehrten, war ihm deutlich zu klein.[188]

Doch natürlich waren die beruflichen Erfolge der Aenania in Wirklichkeit beeindruckend. Ein Verbindungsbruder wird Maunz 1957 nach seiner Ernennung zum Kultusminister gratulieren und nicht ohne Stolz darauf hinweisen, dass es ja sozusagen Tradition sei, dass das Amt in der Verbindung bleibe.[189] Und in der Tat kamen mit Franz Matt und Otto Hipp zumindest zwei Vorgänger aus der Verbindung.[190] Was waren die Gründe für den beruflichen Erfolg der Aenanen? Da es sich bei den Mitgliedern um junge Akademiker handelte, hatte die Aenania schon strukturell gute Voraussetzungen, später hohe Positionen zu besetzen. Dazu herrschte in den katholischen Verbindungen generell ein Klima, das dem Gedeihen von Leistung zuträglich war. Man schätzte sie

186 *Academia* vom 15. Januar 1927, S. 171.

187 Vgl. Schieweck-Mauck, Lexikon, S. 11; Aenania, 150 Jahre, S. 14.

188 Theodor Maunz, Beruf und Heimat der Aenanen, in: Rudolf Weiß (Hrsg.), Treu und frei! 1851–1926, München 1926, S. 20.

189 StdA München, NL Maunz 201, Schreiben an Maunz vom 11. Dezember 1958: „Gerade das Kultusministerium ist wiederholt von Alten Herren unserer Verbindung besetzt gewesen, so daß man fast von einer Tradition sprechen möchte."

190 Vgl. Aenania, 150 Jahre, S. 611.

wert und man erwartete sie auch: In der Verbandszeitschrift *Academia* wurden Beförderungen und der Erwerb akademischer Grade selbstverständlich publik gemacht.

Doch auch Seilschaften hatten einen nicht unwesentlichen Anteil. Auch sie waren wie das Leistungsprinzip theoretisch verankert. Das Prinzip der „amicitia" galt ebenso in der Aenania wie dem CV.[191] Mitglieder waren durch die besondere „Lebensfreundschaft" verpflichtet, ihren Verbindungsbrüdern ein Leben lang zu helfen. Dies schloss auch die Ehemaligen mit ein, die als sogenannte „Philister" oder „Ältere Herren" weiter zum Verband gehörten.[192] Sie saßen, wie Maunz selbst gezeigt hatte, nicht selten in Schlüsselpositionen und hatten nun die Freundschaftspflicht, ihren Cartellbrüdern beim beruflichen Aufstieg unter die Arme zu greifen. Für den ein oder anderen Interessenten war die Aussicht, ein Protegé zu werden, wohl überhaupt das ausschlaggebende Motiv, einer Verbindung beizutreten.[193] Und natürlich wurde nicht jede Hoffnung erfüllt. Auch Maunz selbst musste als Kultusminister mehrmals Cartellbrüder enttäuschen, weil sich ihre Vorstellungen nicht realisieren ließen. Doch andere wiederum hatten Glück. Auch Maunz selbst. Er sollte schon bald von einer Freundschaft zu einem „Älteren Herren" erheblich profitieren.

Eng verbunden mit den Aktivitäten im Cartellverband war Maunz' politisches Engagement bei den Münchner AStA-Wahlen 1923. Als Kandidat der „Katholischen Liste"[194] vertrat er immerhin auch dessen Interessen. Die Wahlen standen im Zeichen des unruhigen politischen Jahres: Am Abend des 8. November hatte Adolf Hitler, der Parteiführer der NSDAP, eine Versammlung im Münchner Bürgerbräukeller gestürmt, sich mit einem Pistolenschuss Gehör verschafft, den anwesenden Generalstaatskommissar von Kahr und den bayerischen Ministerpräsidenten von Knilling sowie den hinzugehol-

191 Vgl. Schieweck-Mauck, Lexikon, S. 11; Aenania, 150 Jahre, S. 14.

192 Vgl. Joseph Brandlmeier, Die katholischen Studentenkorporationen an bayerischen Hochschulen. Donauwörth 1928 S. 12; Schieweck-Mauck, Lexikon, S. 28.

193 Peter Stitz, Der CV 1919–1938. Der hochschulpolitische Weg des Cartellverbands der katholischen deutschen Studentenverbindungen (CV) vom Ende des 1. Weltkriegs bis zur Vernichtung durch den Nationalsozialismus. München 1970, S. 64: „mancher realistisch denkende Student schloss sich [...] in der Hoffnung an, [...] berufliche Förderung zu erfahren".

194 BayHStA München, NL Maunz 14, Anlage im Rahmen des Entnazifizierungsverfahrens.

ten Ludendorff in ein Nebenzimmer gezwungen, wo er ihnen das Versprechen abrang, sich an einer neuen Reichsregierung beteiligen. Ein Demonstrationszug von 2000 Putschisten vom Bürgerbräukeller zur Ludwigstraße am Tag darauf wurde zwar gewaltsam beendet, sodass der „Hitler-Putsch" in sich zusammenfiel.[195] Aber die Ereignisse wirkten auf völkische Studenten wie ein Fanal: Bei einer Versammlung im Lichthof der LMU brüllten sie den Münchner Rektor nieder, hielten daraufhin flammende Reden auf Hitler und Ludendorff, der den Parteiführer auf seinem Zug durch München begleitet hatte, und beschimpften Juden und Katholiken. Bei einer neuen Studentenversammlung am 12. November ergab sich ein ähnliches Bild: Professoren wurden am Reden gehindert, völkische Studenten beleidigten Mitglieder der Katholischen Fakultät und namentlich den Münchner Kardinal Faulhaber.[196]

Die katholische Studentenschaft konnte dies natürlich unmöglich auf sich beruhen lassen und distanzierte sich von den Nationalsozialisten. Bis dato hatte man im AStA zusammen in der „völkischen Fraktion" gearbeitet.[197] Nun gründete man *für die AStA-Wahl 1923* eine eigenständige „Katholische Liste". Maunz wurde ihr Spitzenkandidat.[198] Er sei daraufhin von Nationalsozialisten im Wahlkampf „in Plakatanschlägen […] geschlagen und am Wahltag überfallen worden", schrieb er später im Rahmen der Entnazifizierung.[199] Ob das stimmt, ist nicht verifizierbar, doch ist unstrittig, dass er als Spitzenkandidat

195 Vgl. Walter Ziegler, Hitlerputsch, 8./9. November 1923, in: Historisches Lexikon Bayerns, URL: <http://www.historisches-lexikon-bayerns.de/Lexikon/Hitlerputsch, 8./9. November 1923> (31. Juli 2016).

196 Vgl. Die Novembervorgänge an der Münchner Universität, in: *Academia* vom 15. November 1923, S. 17 f.; Jürgen Schwarz, Studenten in der Weimarer Republik. Die deutsche Studentenschaft in der Zeit von 1918 bis 1923 und ihre Stellung zur Politik, Berlin 1971, S. 272ff; Anselm Faust, Der Nationalsozialistische Deutsche Studentenbund, Studenten und Nationalsozialismus in der Weimarer Republik. Düsseldorf 1973, S. 26 f.; Uwe Rohwedder, Deutscher Hochschulring (DHR), in: Historisches Lexikon Bayerns, URL: <http://www.historisches-lexikon-bayerns.de/Lexikon/Deutscher Hochschulring (DHR)> (31. Juli 2016).

197 Theodor Maunz, Wir jungen Katholiken und der Hochschulring, in: *Bayerischer Kurier* vom 31. Dezember 1923.

198 Maunz schaffte dann auch den Einzug in den AStA. Vgl. Jahrbuch der Ludwig-Maximilians-Universität München 1919 bis 1925. München 1928, S. 13. Maunz war einer von sieben Studentenvertretern.

199 BayHstA München, NL Maunz 14, Anlage im Rahmen des Entnazifizierungsverfahrens.

eines direkten politischen Gegners ein potenzielles Feindbild der Nationalsozialisten abgab.

Infolge der Ereignisse um den Hitler-Putsch kündigte die katholische Studentenschaft die Zusammenarbeit mit den Nationalsozialisten auf, doch wollte Maunz nicht jede Verbindung ins völkische Lager kappen. Viele hochrangige Katholiken forderten nach den Novembervorfällen auch eine deutliche Distanzierung vom „Hochschulring Deutscher Art". Der einflussreiche völkische Studentenbund dominierte seit Anfang der 1920er-Jahre viele AstA-Parlamente in Deutschland.[200] Und Kleo Pleyer, der zweite Vorsitzende des Münchner „Hochschulrings", hatte bewiesen, dass der „Ring" nicht frei von antikatholischen Tendenzen war. Pleyer hatte dem Katholizismus bei der Studentenversammlung im Lichthof der Münchner Universität offen den Kampf angesagt.[201] Maunz versuchte nun zu vermitteln. Er hielt Pleyer, der mittlerweile aus Bayern ausgewiesen worden war, für einen Einzeltäter und erachtete den Nutzen des „Hochschulrings" für zu groß, als dass man ihn aufgeben sollte. Im *Bayerischen Kurier* vom 31. Dezember 1923 schrieb er: Der Hochschulring helfe „wieder eine gesunde Wehrmacht, ein staatsbewusstes Volksheer zu schaffen". „Wenn schon in der Studentenschaft die inneren Gegensätzlichkeiten nicht zurücktreten [...]", fragte er, „wie sollen wir diesem Ziel näher kommen?" Gleichzeitig beruhigte Maunz diejenigen, die fürchteten, die katholische Studentenschaft werde ihre Ideale zugunsten der völkischen Bewegung aufgeben: Man werde sich nicht „durch falsche Propheten der nationalen Erneuerung verführen und zu dunklen Zwecken missbrauchen lassen", schrieb er. Es werde in „Dingen unserer Religion keine Nachgiebigkeit und keine Halbheit" geben.[202] Ein hehrer Vorsatz, den er zehn Jahre später nicht mehr so konsequent befolgte.

200 Vgl. Uwe Rohwedder, Deutscher Hochschulring (DHR), in: Historisches Lexikon Bayerns, URL: <http://www.historisches-lexikon-bayerns.de/Lexikon/Deutscher Hochschulring (DHR)> (31. Juli 2016).

201 Vgl. Die Novembervorgänge an der Münchner Universität, in: *Academia* vom 15. November 1923, S. 17 f.

202 Theodor Maunz, Wir jungen Katholiken und der Hochschulring, in: *Bayerischer Kurier* vom 31. Dezember 1923.

2.3 Ehemann, Beamter, „Adjutant des Ministerpräsidenten“

Den weitreichenden Einfluss katholischer Korporationen auf sein Leben zeigt auch ein weiteres Beispiel. Anfang der 1920er-Jahre lernte Maunz über einen Cartellbruder Maria Dannhäuser kennen, seine spätere Ehefrau.[203] Er und Maya, wie sie genannt wurde, besaßen einige Gemeinsamkeiten: Sie war katholisch, in etwa gleich alt, mit mehreren Schwestern aufgewachsen und ihr Vater unterrichtete als Volksschullehrer in München.[204]

Maunz fing an, sich um sie zu bemühen. Zu Weihnachten 1922 schickte er ihr eine Karte,[205] spätestens im Frühsommer darauf kamen sie sich bei einer „Kletterpartie“ in den Bergen näher. Maunz plante daraufhin eine gemeinsame Zukunft und versprach, ihr ein „starker und stolzer Ritter zu sein, der Dich liebend durchs Leben führt“. Die Partnerschaft malte er sich so aus: Er werde eine politische Karriere beginnen, einmal Minister werden, sie ihm auf seinem Weg Halt geben.[206]

Maya war nicht abgeneigt, doch sie zögerte. Maunz leistete Überzeugungsarbeit: „Ich wollte mit den Fähigkeiten, die mir die Natur schenkte, in unserem Staatsleben in den kommenden Jahrzehnten eine Rolle spielen und Du solltest mich dabei unterstützen. Sollen alle diese herrlichen Gedanken in nichts zerrinnen? [...]Und wenn Du viel Glück an der Seite eines anderen ausschlägst, so zweifle nicht daran, dass ich alles tun werde, um dir das zu ersetzen und um Dir ein Geschick zu bereiten, wie Du es Dir träumst.“[207] Im September

203 Zeitzeugengespräch mit Frau Dr. Erika Klein vom 5. November 2015.

204 Vgl. BayHstA München, NL Maunz 24, Bestätigung der Geburtsurkunde von Maria Katharina Dannhäuser vom 7. August 1933.

205 StdA München NL Maunz 197, Postkarte von Maunz an Maya von Weihnachten 1922. Ein weiterer Brief kam am 28. Februar 1923: „Denk Dir nur, was mit Deinem letzten Brief passiert ist! Du hast diesmal nicht nach dem Namen stud. iur. beigefügt. Deshalb legte ihn Mama auf den Schreibtisch meines Vaters, der zufällig genau so heißt wie ich. Mein Vater hat große Augen gemacht, als er den Brief las, daß man ihn mit „Lb. Th.!“ anredete. Noch größere Augen hat er gemacht, als ich ihm sagte, daß der Brief mir gehört und von einer Dame geschrieben sei. Mama hat ihn inzwischen aufgeklärt. Die ganze Sache kam mir übrigens nicht ungelegen. Früher oder später hätte ich ihm ja doch berichten müssen!“

206 Ebd., Schreiben Maunz an Maya vom 2. Juli 1923.

207 Ebd.

1923 willigte sie schließlich in die Verlobung ein.[208] Als im November dann Post von ihm eintraf, machte sie einen „Luftsprung bis zur Decke".[209]

Doch ironischerweise verhagelte gerade die Bekanntmachung der Verlobung 1925 die Stimmung kurzzeitig. Aus einem unbekannten Grund lehnten Maunz' Eltern eine gemeinsame Feier mit den Schwiegereltern ab. Die Verlobte war enttäuscht und verunsichert: „Theo ich wollte nur das, was üblich ist", schrieb sie. „Da deine Eltern der Einladung nicht Folge geleistet haben, konnte ich absolut nicht glauben, dass sie ihre Einwilligung gerne geben."[210]

Doch dies war eine Fehleinschätzung. Maunz' Eltern hatten keine Einwände gegen die zukünftige Schwiegertochter, sie seien generell lediglich charakterlich „etwas nüchtern und kühl", wie Maunz erklärte.[211] Als das auch ihr klar wurde, verflogen die düsteren Wolken wieder. Einen Monat nach dem Zwischenfall war Maya schon wieder fröhlich, zumindest vorübergehend. Sie schrieb: „Als mir der Briefbote heute morgen Dein Kärtchen überreichte, war ich so hocherfreut darüber, dass ich ganz seelenvergnügt voll Übermut die Treppe hinunter hüpfte, um meine Milch zu holen. Ich verknaxte mir dabei ein Bein."[212]

Maya war ausgelassen und unternehmungsfreudig. Sie ging gerne zum „Tanzabend in die Blüte" und sang Maunz etwas vor, wenn er sie besuchte.[213] Er gab ihr daraufhin den Kosenamen „Singvögelchen", und auch, wenn er selbst mitunter lebhaft tanzte,[214] war er eher das Gegenteil von ihr, ein ehr-

208 Die Verlobung wurde am 11. September 1923 geschlossen. Vgl. Ebd., Schreiben Maunz an Maya vom 11. September 1924 zum Jahrestag: „In tiefer Ergriffenheit denke ich an unseren Schritt im vorigen Jahr. Nie hat mir eine Handlung mehr Freude und mehr inneres Glück gebracht. Mein Wort von damals habe ich gehalten und werde es in aller Zukunft halten. Niemand will ich gehören als Dir allein!"

209 BayHstA, NL Maunz 19, Karte Maya an Theo vom 4. November 1923.

210 Ebd., Maya an Theo vom 5. September 1925.

211 StdA München NL Maunz 197, Schreiben Maunz an Maya vom 9. Februar 1925: „Wenn ich nur die Kummerfalten von Deiner Stirne verscheuchen könnte! Aber du grämst Dich ja umsonst, Geliebte! Meine Eltern haben Dich sehr gerne, sie sind nur in ihrem äußeren Wesen etwas nüchtern und kühl. […] Und außerdem – ich selbst liebe Dich über alles in der Welt und nehme eher alles auf mich, als das ich ohne Dich durchs Leben gehe."

212 Ebd., Karte Maya an Theo vom 22. Oktober 1925.

213 BayHstA NL Maunz 19, Postkarte Maya an Theo vom 24. Januar 1926; Ebd. Postkarte Maya an Maunz o. D.

214 StdA München NL Maunz 197, Schreiben Maunz an Betty vom 13. April 1924: „Im

geiziger Workaholic. Maya mochte seine Wesensart und lobte besonders sein „männliches Vorwärtsstreben".[215] Wenn Maunz unterwegs war und sie nicht sehen konnte, forderte er von ihr indes regelmäßiges Schreiben.[216] Und schilderte selbst seine Erlebnisse minutiös. Etwa, als er im August 1924 bei einer Versammlung des Cartellverbandes in Breslau weilte:

„Damit Du über meine augenblickliche Tätigkeit im klaren bist, schreibe ich Dir einmal meinen Stundenplan: 8h Aufstehen, vorher geht's nicht, weil ich meist ganz spät ins Bett komme. 9h Beginn der Beratungen im schlesischen Parlament; wir Vorstandsmitglieder sitzen auf den Ministerbänken und schauen auf die anderen herunter: 1h Mittagessen, 2h Eiskaffee oder Wein, 3h Schwänzung der Nachmittagssitzung, dafür Angucken der Stadt, Rudern, oder Schwimmen in der Oder usw. ½ 7 Abendessen; 8h Abendsitzung. Bei der Sitzung passt man natürlich nicht auf, sondern drückt auf den Knopf vor sich, dann läutet es beim Oberkellner und er bringt Frühstück, Eis, Schnitzel usw., je nach Tageszeit. […] Wenn man in der Nacht nachhause geht, wimmelt es in diesem Breslau von ‚Damen' zweifelhaften Berufs, die einen, direkt unter Preisangabe, etwa 20–30 M. in der Nacht, auffordern, mitzukommen – ein widerliches Bild, das ich in keiner Großstadt in diesem Umfang erlebte. Überhaupt ist die Frechheit der Schlesierinnen ebenso groß wie ihre Hässlichkeit."[217]

Am 1. Oktober 1928 heirateten Maunz und Maya schließlich in München.[218] Die Ehe hielt bis zu Mayas Tod am 6. September 1985, mehr als ein

Winter habe ich sehr viel getanzt und jetzt studiere ich den ganzen Tag, weil ich nicht mehr länger Student, sondern bald Dr. iur. sein möchte. Alle 8 Tage besuche ich das ‚Singvögelchen'."

215 BayHstA NL Maunz 19, Postkarte Maya an Maunz o. D.

216 Ebd. Maunz an Maya vom 20. Mai 1925: „Während ich in den ersten acht Tagen Deiner Abwesenheit ruhig dahinlebe, […] bin ich heute zum ersten Mal aus dem Gleichgewicht gekommen. Ich habe nämlich mit der Morgenpost bestimmt etwas von Dir erhofft. Als nichts kam, erwartete ich mit noch größerer Spannung die Mittagspost – und denk' Dir die Überraschung: es kam wieder nichts, Jetzt ist eben die Abendpost durchgegangen. Bis Freitag kann nichts mehr eingeworfen werden. Von Montag bis Freitag! Was nur mit Dir los ist, Du kleiner Schlingel! Von Deiner Zusage wöchentlich zwei Mal zu schreiben, merke ich nichts: in der Woche vom 17.-23.V. hast du noch nicht einmal (!) drangedacht! Geschwind einen Kuß von mir, damit Du wieder brav bist!"

217 Ebd. Brief Maunz an Maya vom 10. August 1924.

218 BayHstA München, MInn 84342, Schreiben der Regierung von Oberbayern an

halbes Jahrhundert.[219] Sie war allem Anschein nach glücklich. Doch während es für die Kennenlernphase Anfang der 1920er-Jahre viele, teils berührende Briefe gibt, sind Dokumente und Informationen für die Jahrzehnte danach rar. Zumindest so viel ist bekannt: Maya folgte Maunz später selbstverständlich nach Freiburg und arrangierte sich dort auch, aber wirklich heimisch wurde sie im Breisgau nie. Es zog sie zurück in ihre Heimat München. In den psychisch belastenden Freiburger Nachkriegsjahren war sie Maunz dann eine wichtige Stütze und eine Trauergefährtin. Man zog sich zusammen ins Wohnzimmer zurück und litt gemeinsam unter der unsicheren Zukunft.[220] Als Maunz sich dann wieder aufgerichtet hatte und als bayerischer Kultusminister amtierte, machte ihr das Trommelfeuer der Kritik wohl mindestens genauso zu schaffen wie ihm.[221] Aus der Ehe gingen drei Kinder hervor: 1929 Erika, 1935 Hildegard, 1945 Rudolf.[222]

Der Zeitpunkt der Hochzeit im Jahr 1928 war indes genau kalkuliert. Maunz war gerade ins Berufsleben eingetreten und verfügte nun über ein regelmäßiges Einkommen. Zuvor hatte er das obligatorische juristische Referendariat absolviert: Nach Amts- und Landgericht München war er beim Münchner Bezirksamt und beim Münchner Stadtrat gewesen, bevor er einige Monate in der Rechtsanwaltskanzlei seines Cartellbruders Nützel zugebracht hatte.[223] Diesem schrieb er nebenbei auch Manuskripte für Rundfunkbeiträge.[224] Nützel revanchierte sich wiederum mit einem hervorragenden Zeugnis, an dessen Inhalt man aber nicht zu zweifeln braucht: „Herr Dr. Maunz hat überragende juristische Kenntnisse, verfügt über eine seltene rasche Auffassungsgabe, hervorragende Lebensbeobachtung und ist ein überaus gewandter und fleißiger Arbeiter.“[225]

Maunz vom 2. Oktober 1928; BA Berlin R4901/13271, Hochschullehrerkarteikarte Theodor Maunz.

219 BayHstA München, NL Maunz 24, Todesanzeige Maria Maunz, geb. Dannhäuser.

220 Zeitzeugengespräch mit Frau Dr. Erika Klein vom 5. November 2015.

221 Ebd.

222 UA Freiburg, Personalakte Theodor Maunz.

223 BayHstA München, MInn 84342, Besoldungsübersicht; StdA München.

224 StdA München, NL Maunz 4, Schreiben Nützel an Maunz vom 15. Oktober 1928.

225 BayHstA München, MInn 84342, Zeugnis von Rechtsanwalt Nützel.

Seit dem 1. April 1928 hatte Maunz dann eine Stelle als Regierungsassessor bei der Regierung von Oberbayern.[226] Die Stelle war der Beginn eines Marschs durch die bayerischen Regierungsinstitutionen. Nach gerade einmal einem halben Jahr versetzte man ihn als „Geschäftsaushilfe" ins bayerische Außenministerium.[227] Er half dort, die zweite Sitzung des Verfassungsausschusses der Berliner Länderkonferenz vorzubereiten. Als promovierter Schüler Hans Nawiaskys, des bekennenden Föderalisten und Kronjuristen der Regierungspartei BVP, konnte seine juristische Expertise für das Ministerium in der Tat ein Gewinn sein. Maunz reiste dann auch im Gefolge des bayerischen Ministerpräsidenten Heinrich Held an die Spree. Er war Held, einem Ehrenmitglied der Cartellverbindung Rheno-Franconia, zuvor mindestens schon einmal auf einer Festveranstaltung des Münchner Cartellverbands begegnet.[228] Nun, im Rahmen der Länderkonferenz, gehörte er zu dessen innerem Kreis. Maunz' Brieffreund Paul Wigger war schwer begeistert. Neugierig fragte er: „Bist du immer noch Adjutant vom Minist. Präsidenten?"[229]

Die Länderkonferenz fand im Oktober 1928 in Berlin statt und war mit dem Ziel einberufen worden, die rechtlichen Beziehungen zwischen Reich und Ländern zu klären und Reformen anzustoßen.[230] Finanzpolitische Aspekte sprachen deutlich für eine stärkere Zentralisierung von hoheitlichen Aufgaben im Reich. Als einfacher Abgeordneter hatte sogar Heinrich Held dafür plädiert. Nun, als bayerischer Ministerpräsident, sah er die Sache naturgemäß anders. „Seiner Ansicht nach", urteilt Barbara Pöhlmann, „gab sich ein Land nämlich selbst auf, wenn es von den ihm zustehenden Rechten keinen

226 Ebd., Besoldungsübersicht.

227 Ebd., Schreiben bayerisches Staatsministerium des Inneren an Regierung von Oberbayern vom 30. Juni 1928.

228 Theodor Maunz, 25. Gründungsfest des Münchner CV, in: *Academia* vom 15. Februar 1925, S. 134.

229 BayHstA München, NL Maunz 5, Schreiben Paul Wigger an Theodor Maunz vom 11. Mai 1929.

230 Vgl. Karl Schwend, Bayern zwischen Monarchie und Diktatur, München 1954, S. 364; Erika Schnitzer, Das Ringen der Regierung Held um Bayerns Stellung im Reich, Erlangen 1968, S. 81; Karl-Ulrich Gelberg, Regierungsdenkschriften zur Reichs- und Verfassungsreform, 1924–1932, in: Historisches Lexikon Bayerns, URL: <http://www.historisches-lexikon-bayerns.de/Lexikon/Regierungsdenkschriften zur Reichs- und Verfassungsreform, 1924–1932> (1. August 2016).

Gebrauch mehr machte."[231] So trat Held auf der Länderkonferenz auch erstmal auf die Bremse. Er warnte vor einer umfassenden Revision der Verfassung. Damit hatte er zwar langfristig keinen Erfolg: Er wurde später „in allen wichtigen Fragen überstimmt". Es blieb ihm jedoch das Trostpflaster, dass die Beschlüsse der Länderkonferenz nie umgesetzt wurden.[232]

Am 1. Februar 1929 wechselte Maunz dann vorübergehend ins bayerische Innenministerium.[233] Und keine zwei Monate später beförderte man ihn zum Regierungsrat.[234] Brieffreund Wigger kommentierte wieder anteilnehmend: „Das ging ja fabelhaft rasch. Die erste Sprosse auf dem Weg zum Reichsinnenminister ist erklommen."[235]

Die Beförderung war mit Sicherheit das Resultat einer überzeugenden Performance in Helds Dunstkreis auf der Länderkonferenz. Aber mindestens im gleichen Maße verdankte Maunz sie wohl der Protektion Karl Stützels. Der bayerische Innenminister schenkte Maunz' Karriere besondere Beachtung. Karl Stützel war nicht nur einer der profiliertesten Gegner der Nationalsozialisten in Bayern.[236] Er war auch ein begeisterter Aenane. Im Winter 1891/92 war er der Aenania beigetreten, im Sommer darauf war er „geburscht" worden. Als er während des Studiums nach Berlin und Heidelberg ging, schloss er sich vorübergehend dortigen Verbindungen an. Die Gothia in Erlangen hatte er sogar mitgegründet.[237] Bei Veranstaltungen der Aenania war er nach wie vor zugegen und traf mit Maunz zusammen.

231 Barbara Pöhlmann, Heinrich Held als Bayerischer Ministerpräsident, München 1995, S. 121.

232 Ebd., S. 124,

233 BayHstA München, MInn 84342, Schreiben des bayerischen Innenministeriums an Maunz vom 19. Januar 1929.

234 Ebd., bayerisches Staatsministerium des Inneren. Stellen der inneren Verwaltung vom 26. März. 1923; StdA München, NL Maunz 5, Schreiben Paul Wigger an Maunz vom 30. März 1929.

235 BayHstA, NL Maunz 5, Schreiben Paul Wigger an Maunz vom 30. März 1929.

236 Thomas Fürst, Karl Stützel. Ein Lebensweg in Umbrüchen: Vom Königlichen Beamten zum Bayerischen Innenminister der Weimarer Zeit (1924–1933), Frankfurt a. M. u. a. 2007, S. 481 ff. Vgl. auch Stefan Jelic, Karl Stützel und der Nationalsozialismus. Zur Auseinandersetzung des Bayerischen Innenministers mit der NSDAP in den Jahren 1930 bis 1933, in: Zeitschrift für bayerische Landesgeschichte. 63 (2000), S. 787–866.

237 Fürst, Stützel., S. 26 ff.

Stützel nahm sich Maunz wohlwollend an. Schon 1928 hatte er ihm eine aussichtsreiche Stelle in einer „bayerischen Kreishauptstadt“ in Aussicht gestellt.[238] Danach verhalf er ihm zu kurzen Abstechern ins Innenministerium.[239] 1932 berief er ihn schließlich etatmäßig.[240] Maunz dankte devot: „Für die ehrenvolle Berufung [...] und für die gütigsten Glückwünsche hierzu erlaube ich mir meinen ehrehrbietigsten und untertänigsten Dank auszusprechen [...], in tiefer Verehrung und Dankbarkeit verbleibe ich Herrn Staatsminister gehorsamst ergebener Maunz.“[241]

Dass sich Maunz' Aufstieg unter Stützels Fittichen vollzog, blieb auch den Nationalsozialisten nicht verborgen. „Dienstliche Fähigkeiten allein können [...] kaum dafür bestimmend gewesen sein, dass Dr. Maunz zur Bearbeitung so wichtiger und teils hochpolitischer Fragen herangezogen wurde“, schrieben sie später. Maunz sei vielmehr von Karl Stützel, dem „schlimmsten Feind der NSDAP in Bayern“, besonders gefördert worden.[242] Und es ist schon ein interessanter Zufall, dass Maunz mit Stützel und Nawiasky gerade jene zwei Förderer hatte, die auf ihren Gebieten als Erzfeinde der bayerischen Nazis galten.[243]

Bevor Maunz aber 1932 etatmäßig als Regierungsrat ins bayerische Innenministerium wechselte, verbrachte er zwei Jahre in Starnberg. Die Arbeit in den bayerischen Ministerien war zwar karrierefördernd, aber sie verzehrte Kräfte. Maunz, seit der Jugend ein Workaholic, arbeitete sich auf und erkrankte zum Jahreswechsel 1929/30 an einem „Katarrh der Luftwege“.[244]

238 StdA München, NL Maunz 197, Schreiben Maunz an Maya vom 14. Juni 1928: „Ich war heute bei Stützel. Wenn ich bis Samstag 12h zusage, werde ich Regierungsassessor in einer bayerischen Kreishauptstadt und zwar im Präsidialbüro, also Privatsekretär des Präsidenten.“

239 Maunz arbeitete ab. 1. Februar 1929 vorübergehend im bayerischen Innenministerium und dann wieder vom 10. Juli 1930 bis 1. November 1930. Vgl. BayHstA München, MInn 84342, Schreiben bayerisches Innenministerium an Maunz vom 19. Januar 1929 und Schreiben bayerisches Innenministerium an Regierung von Oberbayern vom 10. Juli 1930.

240 BayHstA München, MInn 84342, bayerisches Staatsministerium des Inneren, Stellen der Inneren Verwaltung.

241 Ebd. Schreiben von Maunz an Staatsminister des Inneren vom 16. September 1932.

242 BA Berlin, VBS1 1070085824, Schreiben NSDAP, Gau München-Oberbayern, Amt für Beamte an NSDAP, Gauleitung München Oberbayern, Personalamt vom 29. Dezember 1936.

243 Vgl. zu Nawiasky Kapitel 3.

244 StdA München, NL Maunz 6, Paul Wigger an Maunz vom 27. Januar 1930.

Seine Gesundheit war labil. Dazu hatte er schon länger mit dem Gedanken gespielt „an die Front zu gehen", wie es Wigger formulierte, und dort Verwaltungserfahrung zu sammeln.[245] In Pasing hatte er sich 1929 als berufsmäßiger Stadtrat beworben, sein Gesuch jedoch im Oktober wieder zurückgezogen.[246] Im Februar 1930 trat er nun eine Stelle als Starnberger Bezirksamtmann an.[247]

„In Starnberg kannst Du jetzt etwas langsamer und ruhiger arbeiten, damit Du deine Nerven etwas entspannst. Was hast Du davon, wenn Du mit 55 Jahren völlig abgearbeitet bist?"[248], schrieb Wigger. Die Entschleunigung des Berufsalltags war aber nicht der einzige Vorteil der neuen Stelle. Maunz leitete das Starnberger Bezirksamt in alleiniger Verantwortung. Natürlich konnte er aus den Ministerien Weisungen erhalten, doch prinzipiell war er es, der die Aufsicht über den Bau von Distriktsstraßen, Krankenhäusern und Altenheimen führte. Dazu oblag es ihm, in diversen lokalen Streitfällen Urteile zu fällen.[249] „Du wirst so wie ein König in einem kleinen Reiche sein" prophezeite Wigger im Hinblick auf die Freiheiten des Amtes: „Es ist ein schöneres Arbeiten im Bezirksamt, in dem Du der Erste bist, als im Ministerium, wo der Vorgesetzte so Tür zu Tür sein Zimmer hat."[250] Abgesehen von neugewonnenen Spielräumen war eine Leitungsposition auch für den Lebenslauf ein Gewinn. Karl Stützel hatte ebenfalls einmal ein Bezirksamt geleitet, bevor er Minister wurde.[251]

Vor allem verschaffte ihm die Starnberger Stelle aber den Freiraum, eine Habilitationsschrift zu verfassen. Maunz hatte die Verbindung zur Universität inzwischen wieder aufgenommen. Seit Mai 1928 half er Anton Dyroff bei der Korrektur schriftlicher Universitätsarbeiten.[252] Und nun plante er die Habi-

245 Ebd., NL Maunz 5, Paul Wigger an Maunz vom 30. März 1929.

246 Ebd.
Ebd., Maunz an Stadtrat Pasing vom 15. Oktober 1929.

247 BayHstA München, MInn 84342, Schreiben des Staatsministeriums des Inneren vom 24. Januar 1930.

248 StdA München, NL Maunz 6, Paul Wigger an Maunz vom 27. Januar 1930.

249 Wilhelm Volkert, Handbuch der bayerischen Ämter, Gemeinden und Gerichte. 1799–1980, München 1983, S. 44.

250 StdA München, NL Maunz 6, Schreiben Paul Wigger an Maunz vom 30. Januar 1930.

251 Jelic, Stützel, S. 788.

252 BayHStA München, M Inn 84342, Schreiben Maunz an Regierung von Oberbayern vom 2. Mai 1928; Theodor Maunz, Hauptprobleme des öffentlichen Sachenrechts. Eine Stu-

litation mit einer Schrift aus dem öffentlichen Sachenrecht. Maunz suchte seinen Doktorvater Nawiasky auf, der zeigte sich aufgeschlossen, gab ihm jedoch einen Rat mit auf den Weg: Er solle sein Thema nicht nur von einer normativen und soziologischen, sondern auch von einer ideologischen Warte aus betrachten.[253] Maunz merkte sich die Worte gut und machte sich an die Arbeit. Rücksprache mit Nawiasky hielt er danach nicht mehr.

Derweil warteten in Starnberg die alltäglichen Verwaltungsangelegenheiten eines Bezirksamtmannes. Sie unterschieden sich deutlich von seinen vorherigen Aufgaben im Ministerium. Im Vorjahr hatte er sich noch um die Reichsreform gekümmert, nun warteten weniger staatstragende Dinge: Im Dezember 1930 wies er die Gemeinden Argelsried, Breitbrunn und Drößling an, ihrer Pflicht zur örtlichen Grabenreinigung nachzukommen: Es drohe Versumpfung, Übermurrung und Überschwemmung.[254] In einem anderen Fall untersagte er dem Tutzinger Sportverein den Ausschank „geistiger Getränke" bei Sportveranstaltungen.[255] Das Urteil lag ganz auf der Linie eines Artikels, den er 1928 veröffentlicht hatte. In ihm hatte er zum „Kampf gegen den Alkoholmissbrauch" aufgerufen.[256]

Im Oktober 1931 war das Manuskript der Habilitationsschrift dann fertig. Die Familie half mit: Maya übertrug es von der „Gabelsberger Kurzschrift", die Maunz lebenslang für Notizen und Manuskriptentwürfe verwendete, in „lesbare Schrift". Sein Vater, der Volksschullehrer, übernahm die Korrekturen.[257]

Der Tenor der Schrift war wenig überraschend. Er war liberal, wie schon in der Doktorarbeit. Maunz ergriff vehement Partei für bürgerliche Freiheitsrechte. Mit Bedenken stellte er fest, dass gegenwärtig „eine auf Machterweiterung gerichtete Tendenz der öffentlichen Verwaltung in Deutschland" überhandnehme.[258] Diese werde durch eine ausgeprägte Untertanenmentalität der

die zur Methodik und Dogmatik des deutschen Verfassungsrechts, München, Berlin und Leipzig 1933, Vorwort.

253 UA München, L-VII-67, Hauptbericht über Habilitationsschrift von Hans Nawiasky vom 21. Juli 1932.

254 StaatsA München, LRA Starnberg 201179, Schreiben vom 17. Dezember 1930.

255 Ebd., BezA/LRA 222064, Beschluss des Bezirksamts Starnberg vom 24. August 1932.

256 Theodor Maunz, Rezension zu Linus Bopp: Alkohol und Erziehung, in: *Academia* vom 15. Dezember 1928, S. 215.

257 Maunz, Sachenrecht, Vorwort.

258 Maunz, Sachenrecht, S. 313.

Bürger unterstützt und leiste der „Rückkehr zum polizeilichen Wohlfahrtsstaat" Vorschub.[259] Deshalb müssten „zugunsten des Individuums Sicherungen gegen eine Ausartung der polizeistaatlichen Tendenz getroffen werden."[260]

Trotz dieser Kontinuitäten gelang Maunz mit „Hauptprobleme des öffentlichen Sachenrechts" ein echter Überraschungscoup. Hans Nawiasky und Karl Rothenbücher, die beiden Berichterstatter der Münchner Fakultät, waren nach der Lektüre jedenfalls perplex. Sie kannten Maunz als Praktiker und „Mann des tätigen Lebens", nun hatte er aber eine theorieschwangere „begriffliche Untersuchung" vorgelegt.[261] Und in der Tat hatte Maunz in 37 Kapiteln nichts weniger versucht, als das „Gebiet des öffentlichen Sachenrechts [...] mit den Grundfragen des Rechts in Zusammenhang zu bringen."[262] Das Ziel: „die Harmonie herzustellen zwischen der Entscheidung von Fällen und der Orientierung nach den letzten Gründen".[263]

Nawiasky wusste genau, dass er es war, der Maunz zu diesem Vorgehen verleitet hatte. Im Vorgespräch hatte er ihn ja schließlich ermuntert, auch die „Ideologie" zu berücksichtigen. Doch dass sich Maunz mit einem solchen „Feuereifer" auf diesen Aspekt stürzen werde, hatte er nicht erwartet. Froh darüber war er nicht: Besonders in „grundsätzlichen Fragen scheinen mir die Darlegungen der Arbeit nicht bis in die letzte Tiefe durchdacht, was hauptsächlich aus dem Grunde hervorgehoben werden muss, weil der Verfasser auf die theoretische Fundamentierung des Verwaltungsrechts so besonders starken Nachdruck legt", schrieb er.[264] Und legte nach: Der Verfasser wisse scheinbar nicht, „dass die positiven Sätze eines Gesetzes nicht schon die Rechtsnormen darstellen, sondern nur die Rechtsquellen bilden, aus denen im Weg der Auslegung, insbesondere auch durch den Zusammenhang mit anderen positiven Sätzen, die im Gesetz enthaltenen Rechtsnormen abgeleitet werden können."[265] Auch Rothenbücher ließ kein gutes Haar an Maunz' Arbeit: „Ich

259 Ebd., S. 310.

260 Ebd., S. 311.

261 UA München, L-VII-67, Mitbericht über Habilitationsschrift von Hans Rothenbücher vom 7. Juli 1932.

262 Maunz, Sachenrecht, Vorwort.

263 Maunz, Hauptprobleme, S. 8.

264 UA München, L-VII-67, Hauptbericht von Hans Nawiasky.

265 Ebd.

halte das, was der Verfasser an Neuem vorbringt, für verfehlt und unfruchtbar“, schrieb er.[266]

Verbauen wollten die beiden Berichterstatter Maunz die akademische Zukunft aber nicht. Bei aller Kritik honorierten sie die hehre Zielsetzung und so kam Maunz noch einmal mit einem blauen Auge davon: Er sei immerhin „ausgezogen, um das Verwaltungsrecht [...] und ein Teilgebiet desselben, das öffentliche Sachenrecht, [...] auf einen teilweise neuen Boden zu stellen.“ Auch sei „eine gewisse theoretische Tüchtigkeit gewährleistet“ und eine „juristische Abhandlung von wissenschaftlicher Bedeutung“ sei die Schrift auch. Summa Summarum: Maunz habe sich vergaloppiert, aber die „Habilitationsordnung [...] sei zweifellos erfüllt“.[267] Und so erteilte das bayerische Kultusministerium am 17. September 1932 die Genehmigung, Maunz als Privatdozenten für „deutsches Reichs- und Landesstaats- und Verwaltungsrecht“ in die Juristische Fakultät der Universität München aufzunehmen.[268]

Die Genehmigung kam gerade noch rechtzeitig, damit Maunz den Titel des „Privatdozenten“ beim aufsehenerregenden Prozess „Preußen contra Reich“ vor dem Leipziger Staatsgerichtshof führen konnte. Es handelte sich um nichts weniger als den größten Verfassungsstreit „zwischen Reich und Land in der neueren deutschen Verfassungsgeschichte“.[269] Beim „Altoner Blutsonntag“ im Juli 1932 hatten sich Kommunisten und SA-Männer in der norddeutschen Stadt gewalttätige Auseinandersetzungen geliefert. Die überforderte Polizei hatte mit „wildem Sperrfeuer“ reagiert, 18 Menschen waren gestorben.[270] Reichskanzler von Papen, seit Mai im Amt, nutzte den Anlass für die schon länger geplante Entmachtung der preußischen Regierung. Unter dem Vorwand die „öffentliche Sicherheit und Ordnung“ in Preußen wiederherzustellen, wurde die preußische Regierung abgesetzt und er selbst zum zuständigen Reichskommissar für Preußen bestellt. Inwieweit Artikel 48 der

266 Ebd., Mitbericht von Hans Rothenbücher.

267 Ebd. Hauptbericht von Hans Nawiasky.

268 UA München, L-IX-44, Schreiben bayerisches Staatsministerium für Unterricht und Kultus an Senat der Universität München vom 17. September 1932.

269 Gabriel Seiberth, Anwalt des Reiches. Carl Schmitt und der Prozess „Preußen contra Reich“ vor dem Staatsgerichtshof, Berlin 2001, S. 10. Zum Prozess: Henning Grund: „Preußenschlag“ und Staatsgerichtshof im Jahre 1932, Baden-Baden 1976.

270 Vgl. Ursula Büttner, Weimar. Die überforderte Republik. 1918–1933. Leistung und Versagen in Staat, Gesellschaft, Wirtschaft und Kultur. Stuttgart 2008, S. 470 f.

Reichsverfassung (Notverordnungsrecht) dies legitimierte, war jedoch fraglich. Klar war hingegen: Wenn die Maßnahmen dauerhafte Geltung erlangen würden, bedeutete dies nichts anderes als eine „konservative Reichsreform" von oben und eine Bedrohung für die Eigenständigkeit der Länder.[271] Bayerns Ministerpräsident Held betonte, es könne „was heute in Preußen geschehe [...] sich morgen in anderen Ländern wiederholen".[272]

Angesichts der Gefahrenlage entschied Held, sich einer Klage Preußens und anderer Länder vor dem Leipziger Staatsgerichtshof anzuschließen. Er mandatierte Nawiasky und Staatsrat von Jan mit der Prozessvertretung. Und auch Maunz erhielt am 4. Oktober 1932 eine Vollmacht.[273]

Maunz reiste zu den mündlichen Verhandlungen am 10., 14. und 17. Oktober nach Leipzig und traf dort das Who-is-Who der deutschen Staatsrechtler: Friedrich Giese, Gerhard Anschütz, Hermann Heller und Hans Peters.[274] Die wichtigste Begegnung war allerdings die mit Carl Schmitt. Der schillernde Antipositivist und Katholik trat als „Anwalt des Reiches" für den juristischen Gegner auf.[275] Später wird Maunz seiner Familie stolz erzählen, wie charmant er gewesen sei: Schmitt kam in einer Prozesspause auf ihn zu und wollte wissen, wieso er Nawiasky während der Verhandlung immer wieder kleine Zettelchen zuschiebe. Maunz erklärte: „Ich mache auf wichtige Punkte aufmerksam." Darauf erwiderte Schmitt: „Das scheinen ja die Richtigen zu sein."[276]

Es ist eine Anekdote mit Symbolkraft. Am Abend der Weimarer Republik sitzt Maunz an der Seite seines alten Lehrmeisters Hans Nawiasky, doch der neue umgarnt ihn schon. In einem Jahr wird Nawiasky aus Deutschland geflohen sein und Maunz sich Schmitt in die Arme werfen. Schmitt wird sein Integrationshelfer in den nationalsozialistischen Staat. Maunz wird ihm dafür ein Leben lang dankbar sein: „Nie werde ich vergessen," schreibt er „‚dass Sie

271 Ebd.

272 Zit. nach Pöhlmann, Held, S. 205.

273 BayHstA München, MA 103322, Vollmachtsentwurf des bayerischen Ministerpräsidenten vom 4. Oktober 1932 mit dem Aktenvermerk „wurde Herrn Regierungsrat Dr. Maunz ausgehändigt".

274 Grund, „Preußenschlag", S. 83: Grund spricht von „einer Versammlung der Elite der deutschen Staatsrechtswissenschaft".

275 Schmitt, Mehring, S. 292 ff. Vgl. auch Seiberth, Anwalt des Reichs.

276 Zeitzeugengespräch mit Frau Dr. Erika Klein vom 5. November 2015.

mir [...] die Hand gereicht haben, mir unter den schwierigsten Verhältnissen die Bahn ins akademische Leben zu öffnen.“[277]

Am 25. Oktober erging indes das salomonische Urteil der Leipziger Richter: Sie erklärten die Absetzung der preußischen Minister für verfassungswidrig, aber die vorübergehende Einsetzung eines Reichskommissars generell für verfassungskonform.[278] In einem Artikel für die *Bayerische Staatszeitung* interpretierte Maunz die Entscheidung im Anschluss positiv.[279] Doch in Wirklichkeit war es ein schwaches Urteil,[280] zumindest in seiner Wirkung eine Niederlage, das der Reichsregierung keine klaren Grenzen setzte. Es war eine Etappe auf dem Weg in den Untergang der Weimarer Republik und sollte sich auf Hitlers zentralistischen Machtausbau nicht ungünstig auswirken.[281]

277 LA NRW, NL Schmitt, RW 265, Maunz an Schmitt vom 10. Juli 1953.

278 Vgl. Seiberth, Anwalt des Reiches, S. 178. Ähnlich, Schwend, Bayern, S. 472: „trotz des [...] unklaren Kompromisscharakters des gefällten Urteils“; Büttner, Weimar, S. 473, Seiberth, Anwalt des Reichs, S. 173 ff., Grund, Preußenschlag, S. 85 ff.

279 Theodor Maunz, Was bedeutet Leipzig?, in: *Bayerische Staatszeitung* vom 27. Oktober 1932.

280 Seiberth, Anwalt des Reiches, S. 178. Stolleis, Geschichte des öffentlichen Rechts, S. 121. Ähnlich, Schwend, Bayern, S. 472: „trotz des [...] unklaren Kompromisscharakters des gefällten Urteils“

281 Walter Wimmer, Der Staatsstreich vom 20. Juli 1932 gegen die preußische Regierung Braun-Severing und seine Vorgeschichte. Berlin 1962, S. 30. Wimmer bezeichnet den „Preußenschlag“ als „einen Knotenpunkt in der Phase der Vorbereitung der Hitlerdiktatur“.

3. Lavierer (1933–1945): Professor im Nationalsozialismus

3.1 Modifikationen: Nach der Machtergreifung

1933 übernahmen die Nationalsozialisten in Deutschland die Macht und steuerten das Land in Richtung zentralistische Diktatur. Mithilfe von „Notverordnungen" setzten sie Grundrechte außer Kraft, darüber hinaus zogen sie die Macht im Reich an sich.[282] Die Länder wurden gleichgeschaltet, Hessen, Württemberg, Baden, zuletzt Bayern: Am 9. März übertrug Reichsinnenminister Frick dem Generalleutnant Ritter von Epp die Befugnisse der bayerischen Regierung.[283]

Begleitet wurden die Maßnahmen von politischem Terror. Eines der Opfer war Maunz' Förderer Karl Stützel. Die Nationalsozialisten entführten den bayerischen Innenminister nachts aus seiner Münchner Dienstwohnung, brachten ihn ins „Braune Haus", die Parteizentrale der NSDAP in München, und malträtierten ihn mit Schlägen auf den Kopf.[284] Die Frau Reinhard Heydrichs, des Leiters des nationalsozialistischen Sicherheitsdienstes, fand daran Gefallen: „Die Gaudi könnt ihr euch nicht vorstellen. In Socken und Nachthemd steht der Herr Minister in der Halle, umgeben von einer Menge SA und SS, die vor Lachen nicht wissen wohin. Dann kommen sie und treten dem weinenden Minister mit ihren schweren Stiefeln auf die große Zehe …"[285].

282 Vgl. Ortwin Domröse, Der NS-Staat in Bayern von der Machtergreifung bis zum Röhm-Putsch, München 1974. Martin Broszat, Die Machtergreifung. Der Aufstieg der NSDAP und die Zerstörung der Weimarer Republik, München 1984. Andreas Wirsching (Hg.), Das Jahr 1933. Die nationalsozialistische Machteroberung und die deutsche Gesellschaft, Göttingen 2009. Michael Grüttner: Das Dritte Reich. 1933–1939, Stuttgart 2014.

283 Vgl. Domröse, NS-Staat in Bayern, S. 75. Walter Ziegler, Die „Machtergreifung", 9. März 1933, in: Historisches Lexikon Bayerns, URL: http://www.historisches-lexikon-bayerns.de/Lexikon/Die „Machtergreifung", 9. März 1933 (17. November 2017).

284 Fürst, Stützel, S. 453 ff.

285 Zit. nach Hartmann, Bayerns Weg, S. 508. Vgl. dazu auch: Peter Claus Hartmann, Die bayerischen Innenminister Franz Schweyer und Karl Stützel und ihre Auseinandersetzungen mit dem Nationalsozialismus, in: Matthias Stickler (Hrsg.), Portraits zur Geschichte des deutschen Widerstands, Rahden/Westf. 2005, S. 41–56, S. 53 f.

Stützel entschloss sich nach diesem Vorfall, aus Deutschland zu fliehen.[286] Und es ist möglich, dass Maunz dabei als Fluchthelfer agierte. Nach eigener Aussage versteckte er seinen Förderer die Nacht vor der Flucht vor den Nazis in seiner Privatwohnung in der Münchner Schellingstraße. Am nächsten Morgen wurde Stützel dann von Freunden abgeholt und nach Österreich geschleust. So erzählte es Maunz später im Familienkreis und auch während der Entnazifizierung wird er seine Rolle als Unterstützer für sich geltend machen, wenn auch äußerst defensiv. Eindeutige Beweise für seine Tätigkeit als Fluchthelfer gibt es jedoch nicht.[287]

Als bayerischer Ministerialbeamter stellte sich Maunz indes den Nationalsozialisten unmittelbar zur Verfügung. In den hektischen Tagen der Machtergreifung arbeitete er im bayerischen Innenministerium im Akkord. Private Termine sagte er ab: Am 15. März schrieb er seinem Bundesbruder Hermann Hagen: „Leider habe ich polizeilichen Bereitschaftsdienst beim Kommissar von 10h abends bis 3h morgens und kann nicht kommen.“[288] Und schon drei Tage vorher hatte er an Hagen geschrieben: „Wenn ich nicht durch ständige Nachtarbeit bis in die frühen Morgenstunden abgespannt wäre, würde ich dir einiges Interessantes erzählen. Aber vielleicht wäre es schon überholt, bis der Brief ankommt.“[289]

Die Arbeit im Ministerium forderte bald Tribut. Maunz war der permanenten physischen und psychischen Beanspruchung nicht gewachsen, er erkrankte und fuhr im Juni in die Nähe von Würzburg auf Kur. Maya schrieb ihm und hoffte, dass „Du wieder gesund und kräftig wirst und auch nicht mehr so leidend aussiehst.“[290]

Mit seinem kooperativen Verhalten war Maunz kein Solitär. So gut wie alle seine Kollegen im bayerischen Innenministerium folgten der neuen Regie-

286 Zu Stützels Flucht: Fürst, S. 456 f.

287 BayHStA München, NL Maunz 14, Anlage C; Zeitzeugengespräch mit Frau Dr. Erika Klein vom 5. November 2015. Maunz hatte auch später noch zu Stützel Kontakt. Stützel eröffnete 1943 einen Brief mit „Lieber Freund Maunz!“ Vgl. BayHStA München, NL Maunz 14, Schreiben Karl Stützel an Maunz vom 29. Dezember 1943.

288 BZA Regensburg, CV 468, Schreiben Theodor Maunz an Hermann Hagen vom 15. März 1933 .

289 Ebd. Schreiben Theodor Maunz an Hermann Hagen vom 12. März 1933.

290 StdA München, NL Maunz 197, Schreiben Maya an Maunz vom 6. Juni 1933.

rung umstandslos.[291] Dies war nicht selbstverständlich. Selbst die Nationalsozialisten hatten gezweifelt, ob auf die Beamten Verlass sein würde. Immerhin hatte das Innenministerium lange Jahre unter der Leitung von BVP-Politikern gestanden. Und diese hatten höhere Stellen nach politischen Gesichtspunkten besetzt.[292] Viele Beamte besaßen so ein ausgeprägt bayerisch-föderalistisches Profil und ihre Begeisterung für einen nationalsozialistischen Einheitsstaat war gering. Das wusste auch der neue Innenminister Adolf Wagner, der die Bedenken zu zerstreuen versuchte: Hitler „beabsichtige, die Rechte der Länder vielleicht in einem ganz anderen Maße wiederherzustellen, als sie je gewesen sind", sagte er.[293] Andererseits gab sich Wagner wiederum drohend und brachte Zwangsbeurlaubungen ins Spiel. Die Strategie aus Zuckerbrot und Peitsche zeigte Wirkung. Die von den Nationalsozialisten befürchtete Sabotage des Staatsapparats durch Bummelei und schlampiges Arbeiten blieb aus.

Dazu kam, dass sich viele Beamte vor einem „Zerfall des Staates" fürchteten, falls sie nicht kooperierten. Sie wollten für ihre abweichende politische Meinung nicht die Einheit des Staates aufs Spiel setzen.[294] Letztlich erwiesen sie sich als idealtypische Beamte, wie sie Max Weber definiert hatte: Der Beamte „soll seinem eigentlichen Beruf nach nicht Politik treiben, sondern: ‚verwalten', unparteiisch vor allem [...]. Er soll also gerade das nicht tun, was der Politiker, der Führer [...] immer und notwendig tun muss: kämpfen."[295]

Für Maunz bedeutete das Jahr 1933 eine Zeitenwende. Er verlor sein stattliches soziales und symbolisches Kapital aus Weimarer Zeit und erbte als regierungsnaher Beamter, liberaler Privatdozent und Gewächs der katholischen Jugendbewegung einen Berg von Verbindlichkeiten. Mit seiner Vergangenheit würde er es schwer haben, bei den Nationalsozialisten als politisch zuverlässig zu gelten und seinen Aufstieg, sei es als Beamter oder als Wissenschaftler, fortzusetzen.[296] Wohl auch wegen dieser Defizite versuchte er sich rasch mit

291 Thomas Forstner, Die Beamten des bayerischen Innenministeriums im Dritten Reich. Loyale Gefolgsleute oder kritische Staatsdiener? St. Ottilien 2002, S. 51.

292 Domröse, NS-Staat, S. 90.

293 Zit. nach Forstner, Innenministerium, S. 52.

294 Ebd.

295 Max Weber, Politik als Beruf, in: Ders., Gesammelte Schriften, Tübingen 1988, S. 505–560, S. 524.

296 Die politische Zuverlässigkeit war wiederum im Nationalsozialismus Grundvoraussetzung, um als Beamter oder Wissenschaftler höhere Weihen zu empfangen. Vgl. Michael

den neuen Verhältnissen zu arrangieren. Er wollte seine Karrieremöglichkeiten nicht aufgeben, dazu hatte er eine Familie mit einer vierjährigen Tochter zu ernähren. Eine Rolle spielte wohl auch seine katholisch fundierte Staats- und Gemeinschaftsgläubigkeit.[297]

Mit einigen gezielten Maßnahmen versuchte er seine karrieretechnische Ausgangsposition zu verbessern. Noch im März 1933 eliminierte er den Namen Hans Nawiaskys aus dem Vorwort seiner Habilitationsschrift. In der maschinengeschriebenen Fassung der Fakultät, die vor 1933 datierte, hatte er ihn noch erwähnt.[298] Und selbstverständlich gebührte ihm das: Immerhin war Nawiasky sein akademischer Entdecker, Doktorvater und er hatte den Hauptbericht der Habilitation übernommen. In der Druckfassung dankte Maunz jetzt aber nur noch Anton Dyroff.[299] Der hatte zwar mit der Habilitationsschrift so gut wie nichts zu tun, aber im Gegensatz zu Nawiasky war er weniger inopportun.

Nawiasky war für die Nationalsozialisten schon lange eine persona non grata, insbesondere wegen seiner jüdischen Herkunft.[300] Schon 1925 hatte ihn der *Völkische Beobachter* unter der Überschrift „Ein Ostjude als Apostel der Auslandsdeutschen" angegriffen.[301] 1930 wurde er dann bei der Jahreshauptversammlung des „Vereins für das Deutschtum im Ausland" von einem Mitglied des Nationalsozialistischen Deutschen Studentenbundes als „Jude" bzw. „Saujude" beschimpft. Im Anschluss zeigte sich, wie wenig Rückhalt Nawi-

Grüttner, Machtergreifung als Generationskonflikt, in: Rüdiger vom Bruch, Brigitte Kaderas (Hrsg.), Wissenschaften und Wissenschaftspolitik. Bestandsaufnahme zu Formationen, Brüchen und Kontinuitäten im Deutschland des 20. Jahrhunderts, Stuttgart 2002, S. 339–353, S. 339.

297 Vgl. *Academia* vom 15. Januar 1927.

298 Maunz rechtfertigte sich dagegen später damit, er habe das Vorwort auf Vorschlag des Dekans gestrafft. Vgl. BayHstA NL Maunz 14, Schreiben Maunz an das badische Kultusministerium vom 12. Januar 1948: „Im maschinenschriftlich geschriebenen Fakultätsexemplar meiner Habilitationsschrift hatte ich ein längeres Vorwort mit zahlreichen Namen von Personen vorangestellt, die irgendwie auf meine Lehre von Einfluss waren. Der Dekan empfahl mir, die vielen Namen im Vorwort zu streichen [...]. Unter den im Vorwort gestrichenen Namen befanden sich auch der von Nawiasky, aber auch Namen von Personen, die während des ganzen Dritten Reichs ihr Lehramt beibehalten haben." Das Vorwort der Druckfassung ist auf den 1. März datiert.

299 Maunz, Hauptprobleme, Vorwort.

300 Behrendt, Nawiasky und die Studentenkrawalle, S. 22.

301 Florian Herrmann, Hans Nawiasky. Frankfurt am Main u. a. 1996, S. 417.

asky an der Münchner Universität genoss:[302] Der Unruhestifter wurde freigesprochen, zwei andere Studenten, die sich schützend vor Nawiasky gestellt hatten, exmatrikuliert.[303] Der *Völkische Beobachter* titelte im Nachgang: „Weg mit Nawiasky!“[304].

Im Frühsommer 1931 kam es zu einem noch größeren Zwischenfall. Nawiasky hatte in einer Vorlesung Parallelen zwischen den Friedensverträgen von Brest-Litowsk und Bukarest gezogen. Der *Völkische Beobachter* stilisierte ihn daraufhin zu einem Verteidiger des Versailler Diktatfriedens.[305] Er sei „eine Schande für die gesamte deutsche Professorenschaft“[306]. Der Nationalsozialistische Deutsche Studentenbund plante sogar, eine seiner Vorlesungen zu sprengen.[307] Nawiasky erfuhr davon, wechselte kurzfristig den Raum, aber in dem ursprünglich für die Vorlesung vorgesehenen Hörsaal kam es zu Tumulten. Der Vorsitzende des NSDSTB Gottfried Neeße beschimpfte den abwesenden Nawiasky, es kam zu einer Schlägerei, ein Assistent Nawiaskys wurde verletzt.[308] Der *Völkische Beobachter* setzte seine Hetzjagd auch in den folgenden Tagen fort, am 30. Juni 1931 kam es zu einem Krawall: Nationalsozialistische Studenten zogen während einer Vorlesung Nawiaskys durch die Gänge der Universität und brüllten wohl „Nawiasky raus!“ und „Juda verrecke!“. Dazu stimmten sie nationalsozialistische Lieder an. Es kam zu tätlichen Übergriffen und die Polizei musste anrücken, was nicht einmal im Revolutionsjahr 1848 nötig gewesen war.[309] Insgesamt sollen sich 1200 Personen auf den Gängen befunden haben.[310]

302 Behrendt, Nawiasky und die Studentenkrawalle, S. 23 f.; Herrmann, Nawiasky, S. 418.

303 Behrendt, Nawiasky und die Studentenkrawalle, S. 25.

304 Herrmann, Nawiasky, S. 418.

305 Zit. nach Ebd., S. 419 f.

306 Zit. nach Behrendt, Nawiasky und die Studentenkrawalle, S. 8.

307 Vgl. Herrmann, Nawiasky, S. 420. Behrendt, Nawiasky und die Studentenkrawalle, S. 28.

308 Vgl. Heiber, Universität, S. 111. Herrmann, Nawiasky, S. 420.

309 Vgl. Herrmann, Nawiasky, S. 421 f.

310 Vgl. Behrendt, Nawiasky und die Studentenkrawalle, S. 34; Hannelore Putz, Münchner Universitätskrawalle, 1931, in: Historisches Lexikon Bayerns, URL: <http://www.historisches-lexikon-bayerns.de/Lexikon/Münchner Universitätskrawalle, 1931> (17. August 2016). Im Anschluss an die Krawalle solidarisierten sich 300 Studenten und Hörer mit Nawiasky. Vgl. UA München, L-IX-50, Schreiben an Hans Nawiasky vom 10. Juli 1931.

Im Juni 1933 breitete Maunz dann den Mantel des Schweigens auch über seine politische Vergangenheit. Er erhielt den Fragebogen zum „Gesetz zur Wiederherstellung des Berufsbeamtentums". Dieses diente den Nationalsozialisten als Instrument zur Gleichschaltung des öffentlichen Dienstes. Es bot die rechtliche Grundlage, um Personen aus politischen oder rasseideologischen Gründen aus dem öffentlichen Dienst zu entfernen.[311] Eine Frage des Bogens lautete: „Welchen politischen Parteien haben Sie bisher angehört?" Maunz antwortete: „keiner Partei".[312] Doch das war gelogen. 1929, unmittelbar nach seiner Beförderung zum Regierungsrat, war Maunz der BVP beigetreten.[313]

Die BVP war bis zur Machtergreifung der größte politische Gegner der Nationalsozialisten in Bayern. Sie war eine „fast rein katholische Partei" und setzte sich für kirchliche Belange ein. Sinnbild dessen war, dass ein katholischer Geistlicher die Reichstagsfraktion geführt hatte.[314] Zwar gab es in der BVP auch einige verkappte Monarchisten, die sich einen Wittelsbacher als Staatsoberhaupt zurückwünschten, aber dies spiegelte nicht die Mehrheit in der Partei wider. Vielmehr gehörten zu ihrem Wesenskern das Eintreten für Föderalismus und bayerische Eigeninteressen.[315]

In Maunz' ministeriellem und akademischem Umfeld hatte es viele gegeben, die der Partei angehörten oder mit ihr sympathisierten. Karl Stützel, der bayerische Innenminister, besaß genauso ein Parteibuch wie viele Kollegen in den bayerischen Behörden. Hans Nawiasky, Maunz' Doktorvater, galt, wenn auch ohne Parteimitgliedschaft, als „Kronjurist" der BVP.[316] Auch Konrad Beyerle, Rechtshistoriker und Maunz' Verbindungsfreund, half der Partei mit juristischen Gutachten. Und Anton Dyroff, der Staatsrechtler, dem Maunz

311 Vgl. Hans Mommsen, Beamtentum im Dritten Reich. Mit ausgewählten Quellen zur nationalsozialistischen Beamtenpolitik, Stuttgart 1966, S. 39 ff.

312 UA München, E-II-2406, Ergänzung zum Fragebogen vom 12. Juni 1933.

313 StdA München, NL Maunz 5, Schreiben des 1. Kreisvorsitspörl
zenden München der Bayerischen Volkspartei, Fritz Schäffer, vom 12. April 1929.

314 Klaus Schönhoven, Die Bayerische Volkspartei 1924–1932, Düsseldorf 1972, S. 282.

315 Ebd, S. 284. Vgl. auch Winfried Becker, Bayerische Volkspartei (BVP), 1918–1933, publiziert am 11. April 2016; in: Historisches Lexikon Bayerns, URL: <http://www.historisches-lexikon-bayerns.de/Lexikon/Bayerische Volkspartei (BVP), 1918–1933> (26. Januar 2018).

316 Karl-Ulrich Gelberg, Föderalismus, publiziert am 03. Juli 2006; in: Historisches Lexikon Bayerns, URL: <http://www.historisches-lexikon-bayerns.de/Lexikon/Föderalismus> (26. Januar 2018).

seit 1928 Hausarbeiten korrigierte, war der Schwiegervater von Fritz Schäffer, dem Parteivorsitzenden der BVP.[317] Schäffer wiederum, der zugleich Kreisvorsitzender der Partei in München war, hatte Maunz' Begrüßungsschreiben beim Parteieintritt selbst unterzeichnet. Es befindet sich heute im Münchner Stadtarchiv.[318]

Im Sommer 1933 löste sich Maunz auch von seiner katholisch-korporativen Vergangenheit. Er legte sein Amt als Sozialreferent im CV-Beirat nieder und beendete seine Mitgliedschaft im Altherrenbund.[319] Der Verband hatte zu dieser Zeit bereits sein früheres Gesicht verloren: Seit März 1933 war er für Nationalsozialisten geöffnet,[320] im Mai hatte man dann vor dem Hintergrund radikaler Gleichschaltungsmaßnahmen im Reich, das Führerprinzip etabliert.[321] Im Juli 1933 nahm Maunz noch einmal an einer Sitzung des CV-Beirats teil, der letzten, die es gab. Danach trat er im CV, der noch bis zur Selbstauflösung 1935 offiziell bestand, nicht mehr in Erscheinung.[322]

Im Herbst 1933 schloss sich Maunz zwei nationalsozialistischen Verbänden an. Er wollte wohl die Chance erhöhen, als politisch zuverlässig zu gelten.[323] Die NSDAP hatte im April 1933 wegen des großen Ansturms eine Aufnahmesperre verhängt.[324] Maunz entschied sich daraufhin für die SA. Unter Beamten, die im Staatsdienst Karriere machen wollten, war dies nicht außergewöhnlich. Aber nicht nur Staatsdiener, auch Bürger aus anderen Berufen, die um ihr finanzielles Auskommen fürchteten, traten ihr scharenweise bei. Darunter ehemalige Mitglieder der BVP wie der damalige Rechtsanwalt und

317 Otto Altendorfer, Fritz Schäffer als Politiker der Bayerischen Volkspartei. Band 1, München 1993, S. 41.

318 StdA München, NL Maunz, Bd. 5, Schreiben des 1. Kreisvorsitzenden München der Bayerischen Volkspartei Fritz Schäffer vom 12. April 1929.

319 StdA München NL Maunz 9 Schreiben von Theodor Maunz an Karl Groll vom 28. Juni 1933; Ebd., Entwurf eines Briefs o. D.

320 Stitz, CV, S. 135 f.

321 Ebd., S. 138.

322 Weder in den Korrespondenzen, noch in dem detailreichen Überblickswerk von Stitz finden sich Hinweise, dass Theodor Maunz nach Juli 1933 im CV, der noch bis 1935 bestand, sich aktiv beteiligt hätte.

323 Grüttner, Machtergreifung, S. 346 f. Um als politisch zuverlässig zu gelten, musste man in der Regel politische Verdienste vorweisen oder die Mitgliedschaft in einer nationalsozialistischen Organisation.

324 Vgl. Grüttner, Das Dritte Reich, S. 101.

spätere bayerische Ministerpräsident Alfons Goppel, unter dem Maunz 1964 als Kultusminister zurücktreten würde.[325]

Zum Zeitpunkt des Eintritts, September 1933,[326] gehörte Maunz schon nicht mehr zu der Gruppe der eiligsten Opportunisten aus der ersten Hälfte des Jahres, den „Märzgefallenen" oder den „Maikäfern". Doch freilich auch nicht zu der der Säumigsten. Dem Ideal eines SA-Mannes, wie es eine nationalsozialistische Publikation entwarf, entsprach er jedenfalls nicht. Maunz verkörperte vielmehr genau das Gegenteil: „Der SA-Mann [...] trinkt gerne sein Glas Bier oder auch mehrere, ja er betrinkt sich einmal und macht Dummheiten, er sitzt lange bei seinen Karten, anstatt auf Arbeitssuche zu gehen, er kritisiert seine SA-Führer [...] derb oder mit beißender Ironie..., [...] er führt bestimmt kein sittenreines Leben, nein dazu ist er viel zu lebensbejahend, [...] er fängt gelegentlich Krach mit den Gästen einer Kneipe an und prügelt sich mit ihnen herum, dass die Fetzen fliegen."[327]

Die SA-Mitgliedschaft war für Maunz wohl nie mehr als ein karrierenotwendiges Übel. Seine Dienstmoral blieb äußerst bescheiden. Als er vom 1. März 1934 bis zum 5. Juni 1934 zu einem SA-Wehrsportlager für Dozenten auf Burg Rieneck bei Würzburg einberufen wurde, echauffierte er sich darüber im Innenministerium.[328] Etwas später, vor seinem Wechsel an die Universität Freiburg, informierte er sich dann über SA-Abteilungen im Breisgau,

325 Claudia Friemberger, Alfons Goppel: vom Kommunalpolitiker zum Bayerischen Ministerpräsidenten, München 2001, S. 48.

326 BA Berlin, R4901/13271; UA München E-II-2406 Ergänzung zum Fragebogen: „Mitgliedschaft in nationalen Verbänden: SA-Mann seit Sept. 1933". Maunz selbst datierte seinen SA-Eintritt hingegen später auf das Jahr 1934. Vgl. BayHStA München, NL Maunz 14, Schreiben Maunz an Rektorat der Universität Freiburg vom 2. November 1945: „Im Jahre 1934 bin ich vom SA-Hochschulamt der Universität München [...] zu einem Lehrgang einberufen worden. [...] Ich habe in einer Zwangslage dem Einberufungsbefehl Folge geleistet, da ich im Weigerungsfall von der Universität entfernt worden wäre. Die Teilnahme war damals in Bayern Voraussetzung für die Ausübung der Dozentur. Nach Beendigung des Lehrgangs wurde ich trotz meiner Bemühungen, wieder auszutreten, zwangsweise der SA-Reserve überwiesen und in deren Listen weitergeführt, ohne dass ich irgendeine politische Tätigkeit entwickelt hätte."

327 Zit. nach Michael Grüttner, Brandstifter und Biedermänner. Deutschland 1933–1939, Stuttgart 2015, S. 98 f.

328 BA Berlin, VBS1 1070085824, Schreiben NSDAP, Gau München-Oberbayern, Amt für Beamte an NSDAP, Gauleitung München Oberbayern, Personalamt vom 29. Dezember 1936.

die nicht viel verlangten. Karl Alfred Hall, ein Bekannter, schrieb ihm: „Wir treten nur einmal in der Woche jeden Mittwoch Abend an. Im letzten Semester haben wir nur sehr wenig Sonntagsdienst gehabt. Truppführer Ploetze ist Assistent am Physikalischen Institut […]. Über die besondere Art unseres Dienstes wird Ihnen Herr Dr. Ploetze Auskunft geben."[329] Schließlich hieß es in einem Schreiben der NSDAP: „obwohl er der SA angehört, hat er dort bisher noch keinen Dienst gemacht."[330] 1940 trat Maunz wohl wieder aus der SA aus.[331]

Noch weniger Ehrgeiz als in der SA zeigte Maunz wahrscheinlich im „Nationalsozialistischen Kraftfahrzeugkorps" (NSKK), dem er ebenfalls noch im Herbst 1933 beitrat.[332] Jedenfalls wird er das Korps nie erwähnen, wenn es aus Karrieregründen darum ging, sich als überzeugten Nationalsozialisten zu inszenieren. Seine Beteiligung dort war wohl nicht erwähnenswert. Den NSKK wollte er wohl wie andere im akademischen Milieu, insbesondere Studenten, als „Ersatzorganisation" nutzen, um aggressivere Verbände zu umgehen.[333] Franz Josef Strauss, damals Student in München, meinte, im Gegensatz zur SS habe man sich hier wenigstens in der Gesellschaft von „biederen" Leuten befunden.[334] Ein Bekannter beutete Maunz' Mitgliedschaft im NSKK wiederum humoristisch aus. Einen Zeitungsartikel, den er Maunz zukommen ließ, adressierte er ironisch: „An den deutschgeborenen Herrn Negierungsrat und Staatsrechtsleerer Theo Maunz, Eneskakaler".[335]

329 StdA München, NL Maunz 11, Schreiben Karl Alfred Hall an Maunz vom 14. Oktober 1935.

330 Staa Frei D180/2 215035, Schreiben NSDAP Stellvertreter des Führers an Reichsminister für Wissenschaft Erziehung und Volksbildung vom 13. Januar 1937.

331 BayHstA München, NL Maunz 14, Schreiben Maunz an Rektorat der Universität Freiburg vom 2. November 1945: „Erst im Jahre 1940 wurde meinem wiederholten Austrittsgesuch stattgegeben. Bescheinigung des Rektors hierüber liegt bei."

332 Vgl. StdA München, NL Maunz 9, Beitrags-Quittung des NSKK vom 16. Oktober 1933. Ebd., Dienstbefehl des NSKK Bezirk I, München-Stadt, Bereitschaft 17 vom 25. Oktober 1933.

333 Dorothee Hochstetter, Motorisierung und „Volksgemeinschaft". Das Nationalsozialistische Kraftfahrkorps (NSKK) 1931–1945. München 2004, S. 118.

334 Franz Josef Strauss, Die Erinnerungen, Berlin 1989, S. 36.

335 BayHstA München, NL Maunz 12, Zeitungsartikel o. D.

Ab 1. Mai 1937 wurde Maunz dann als Parteimitglied der NSDAP geführt, jedoch bestritt er, dass ihm jemals eine Mitgliedskarte ausgehändigt worden sei.[336]

336 UA Freiburg, B 34/797, Fragebogen Maunz.

3.2 Ernennung zum Extraordinarius in Freiburg

Am 5. März 1933 floh Maunz' akademischer Ziehvater Hans Nawiasky vor den Nationalsozialisten aus Deutschland nach St. Gallen in die Schweiz. Fünf Tage danach drang die SA anlässlich der Machtergreifung in sein Haus in der Münchner Kaulbachstraße ein.[337] Mit seiner Flucht verwaisten die von ihm für das Sommersemester 1933 angekündigten Lehrveranstaltungen an der Münchner Universität, darunter die großen Vorlesungen „Deutsches Staatsrecht" und „Allgemeine Staatslehre".[338] Maunz übernahm und wurde darüber hinaus Nawiaskys Nachfolger im Prüfungsausschuss.[339]

Es war die karrieretechnisch vorteilhafte Seite der Machtergreifung. Sie stellte Maunz einerseits Barrieren in den Weg, doch andererseits machte sie die Bahn frei. Die Nationalsozialisten schalteten den öffentlichen Dienst gleich und entfernten Professoren, insbesondere Gelehrte jüdischer Herkunft und politische Gegner, aus ihren akademischen Positionen.[340] Andere Hochschullehrer wie Nawiasky flohen von sich aus ins Ausland. Die Situation glich einer „geistigen Enthauptung des Wissenschaftskörpers".[341] Deutschland verlor arrivierte Gelehrte wie Hans Kelsen, Erich Kaufmann, Hermann Heller, Otto Kirchheimer und Ernst Fraenkel, um nur ein paar Beispiele aus den juristischen Fakultäten anzuführen.[342] Insgesamt sollen der Vertreibung von den Hochschulen 20 Prozent der Hochschullehrer zum Opfer gefallen sein.[343] Die Situation war für die Vertriebenen wie die gesamte deutsche Wissenschaftslandschaft verheerend. Für viele habilitierte Nachwuchswissenschaftler war sie hingegen ein Glücksfall. Die Entlassungen wirkten wie eine große Arbeitsbeschaffungsmaßnahme. In einigen Wissenschaftsdisziplinen wie

337 Vgl. Putz, Münchner Universitätskrawalle.

338 UA München, L-IX-50, Schreiben bayerisches Kultusministerium an Senat der Universität München vom 20. April 1933.

339 InstPuÖR München, NL Nawiasky, Schreiben bayerisches Kultusministerium an Senat der Universität München vom 25. April 1933.

340 Vgl. Grüttner, Das Dritte Reich, S. 64 f.

341 Helge Pross, Die geistige Enthauptung Deutschlands: Verluste durch Emigration, in: Wolfgang Abendroth (Hrsg.), Nationalsozialismus und die deutsche Universität, New York, Berlin 1966, S. 143–155. Vgl. Stolleis, Öffentliches Recht in Deutschland, Band 3, S. 113.

342 Ebd.

343 Grüttner, Machtergreifung als Generationskonflikt, S. 346.

Medizin oder naturwissenschaftlichen Fächern hatte am Ende der Weimarer Republik ein deutlicher Bewerberüberhang bestanden.[344] Vielen habilitierten Kräften schwante, dass sie nie einen Lehrstuhl erhalten würden. Nun konnten sie sich plötzlich wieder Hoffnungen machen. In der Rechtswissenschaft war die Situation nie so dramatisch wie in der Medizin, aber auch hier wurden auf einen Schlag viele Stellen frei.[345]

In dieser aussichtsreichen Situation drängte Maunz auf die Erweiterung seines Lehrportfolios. Im April 1934 ersuchte er Otto Koellreutter um einen Lehrauftrag für Finanz-, Arbeits-, und Steuerrecht an der Münchner Universität.[346] Der Staatsrechtler Koellreutter besaß sowohl innerfakultär als auch bei den Nationalsozialisten Einfluss. Schon 1932 hatte er dazu aufgefordert, die NSDAP zu wählen und im Oktober 1933 war er als Wunschkandidat Hans Franks, des bayerischen Justizministers und Parteijuristen, nach München berufen worden.[347] Koellreutter ergriff für Maunz Partei: Seine „Lehrtätigkeit bietet […] eine absolut notwendige Ergänzung des Lehrplans, ohne die wir hier in München nicht bestehen können. Und ich glaube deshalb, dass die Erteilung eines besoldeten Lehrauftrags bezw. Extraordinariats, für diese Fächer ernstlich in Erwägung gezogen werden muss."[348] Allerdings tat sich nicht viel. Im Juni musste Maunz seine Bitte erneuern und wandte sich nun direkt an Dekan Mezger: Ihm gehe es nicht um das Geld von voraussichtlich 120 Reichsmark, vielmehr um das Ansehen, das mit dem Lehrauftrag verbunden sei.[349] Mezger warb daraufhin für seinen Wunsch beim Rektor, aber das bayerische Kultusministerium erteilte am 13. Juli 1934 lediglich einen unbesoldeten Lehrauftrag.[350]

344 Ebd., S. 342 ff.

345 Ebd.

346 UA München, L-IX-44, Schreiben Koellreutter an Dekan Mezger vom 11. Mai 1934.

347 Jörg Schmidt, Otto Koellreutter 1883–1972. Sein Leben, sein Werk, seine Zeit. Lang, Frankfurt am Main u. a. 1995, S. 336 ff.

348 UA München, L-IX-44, Schreiben Koellreutter an Dekan Mezger vom 11. Mai 1934.

349 Ebd. Schreiben von Maunz an Dekan Mezger vom 29. Juni 1934.

350 Ebd., Schreiben bayerisches Kultusministerium an Rektor der Universität München vom 13. Juli 1934.

1934 veröffentlichte Maunz zudem die 60-seitige Abhandlung „Neue Grundlagen des Verwaltungsrechts".[351] Es war seine erste bedeutende Veröffentlichung seit der Machtergreifung. Mit der Schrift erfand er sich wissenschaftlich völlig neu: Liberales Gedankengut warf er auf die Müllhalde der Rechtsgeschichte und ersetzte es durch Kollektivistisches. Ein Rezensent erkannte den kompensatorischen Impetus: Maunz versuche mit „einer offensichtlichen Übersteigerung des Gemeinschaftsdenkens, die noch im vergangenen Jahr schroff gegensätzliche Meinung" vergessen zu machen.[352] Und in der Tat versuchte er das. Vor Jahresfrist war er nicht müde geworden, zu wiederholen, dass man Individualrechte unbedingt schützen müsse. Nun schrieb er: „Es bedarf keiner Ausführung, dass es Rechte weder des einzelnen noch von Untergemeinschaften gegen den politischen Führer geben kann."[353] Die Arbeit erzeugte ein äußerst positives Echo. Ernst Rudolf Huber, Staatsrechtler in Kiel, attestierte Maunz sogar eine Pionierleistung. Die Abhandlung sei „ein erster konsequenter Einbruch in die Front der alten Verwaltungsrechtswissenschaft"[354].

Schon Ende 1934 wurde Maunz daraufhin von der Juristischen Fakultät der Universität Freiburg für ein öffentlich-rechtliches Extraordinariat vorgeschlagen. Man rühmte die kürzlich erschienene Abhandlung, dazu seine „ungewöhnliche Arbeitskraft", die er „durch die Verbindung der Tätigkeit als Ministerialbeamter und als Dozent und Schriftsteller bewiesen" habe. Darüber hinaus könne er „ein Auditorium beherrschen", auch, wenn man einräumte, dass er nicht gerade „ein hinreißender Redner" sei. Nicht zuletzt sei er the best of the rest: Infolge der vielen Vertreibungen und Entlassungen seien „die tüchtigen jüngeren Dozenten des öffentlichen Rechts […] fast durchweg schon in Professuren eingerückt"[355].

351 Theodor Maunz, Neue Grundlagen des Verwaltungsrechts, Hamburg 1934.

352 H. Reuß, Rezension zu Theodor Maunz, Neue Grundlagen des Verwaltungsrechts, in: JW 1935, S. 496 f.

353 Maunz, Neue Grundlagen, S. 31.

354 Ernst Rudolf Huber, Rezension zu Theodor Maunz, Neue Grundlagen des Verwaltungsrechts, in: *DJZ* 1934, S. 1414 f.

355 UA Freiburg, BI 1210, Schreiben der Juristischen Fakultät Freiburg an das badische Kultusministerium vom 29. Dezember 1934. Maunz blieb mangels Alternativen der einzige Vorschlag der Fakultät.

Zusätzlichen Rückenwind gab eine Empfehlung Carl Schmitts. Die Verbindung zu ihm war nach dem Leipziger Prozess nicht abgerissen. Erst kürzlich hatte Maunz ihn in Schliersee besucht.[356] Schmitt war mittlerweile eine noch exponiertere Persönlichkeit als vorher, er galt als „Kronjurist" des Nationalsozialismus, institutionell wie ideell.[357] Als Reichsgruppenleiter der „Fachgruppe Hochschullehrer" im BNSDJ, der alle Professoren, Privatdozenten und Fakultätsassistenten angehörten, hatte er maßgeblichen Einfluss auf den Rechtsbetrieb, u. a. auf Berufungsfragen der Universitäten.[358] Mit seinem „konkreten Ordnungsdenken" inspirierte er zudem zahlreiche Juristen. Auch Maunz zitierte ihn jetzt eifrig.

In Bezug auf das Freiburger Extraordinariat schrieb Schmitt ein freundliches Gutachten, dessen Bedeutung man wohl angesichts seiner herausgehobenen Stellung nicht überschätzen kann: Er halte Maunz „für einen der besten jungen Vertreter des öffentlichen Rechts, die wir heute in Deutschland haben". Zwar habe sich Maunz' Habilitationsschrift noch „stark in liberalistischen Gedankengängen" verloren, aber dies sei durch „die bisher im Verwaltungsrecht herrschende Denkweise erklärlich und bei einem so jungen Gelehrten auch verzeihlich."[359] Mit den „Neue[n] Grundlagen des Verwaltungsrechts" sei Maunz' nämlich der „Durchbruch zum nationalsozialistischen Denken gelungen". Bei der Umgestaltung des Rechts könne man auf ihn bauen. Er zähle zu den Wissenschaftlern, die „in besonderem Maße an der rechtswissenschaftlichen Umbildung der überlieferten Begriffe und Methoden mitzuarbeiten berufen sind"[360].

Im August 1935 wurde Maunz eine außerordentliche Professur für öffentliches Recht an der Universität Freiburg übertragen.[361] Er wechselte in den Breisgau und lebte dort zunächst als Strohwitwer. Im August 1935 sondierte er mit seiner Frau den Freiburger Wohnungsmarkt. Doch wurde man nicht

356 Mehring, Schmitt, S. 429.

357 Ebd., S. 319 ff.

358 Ebd., S. 334.

359 UA Freiburg, BI 1210, Schreiben Carl Schmitt an Freiburgs Universitätsrektor Kern vom 22. Januar 1935.

360 Ebd.

361 Hübner, Maunz, S. 18. Seit 1. April 1935 hatte Maunz in Freiburg schon vertretungsweise ein Extraordinariat. Vgl. UA Freiburg, BI 1210, Schreiben badisches Kultusministerium an Rektor der Universität Freiburg vom 24. April 1935.

fündig und so wohnte Maya mit den beiden Töchtern zunächst weiter in München, er in Freiburg. Im Dezember beantragte Maunz beim Kultusministerium Trennungsentschädigung.[362] An den Wochenenden reiste er gewöhnlich zur Familie an die Isar. Einmal, als er es nicht schaffte, berichtete Maya ihm: „Mein liebster Theo, Es ist jetzt Samstag Abend und ich sitze so ganz allein im Herrenzimmer und denke daran wie es doch immer so eine große Freude ist, wenn Du Samstag und Sonntag bei uns verbringst. Es ist so einsam. Die lieben Eltern opfern zwar viel Zeit für mich und die Kinder, aber gerade die Abende sind dann immer so wenig häuslich und gemütlich. Wie schön muss es dann wieder sein, wenn wir wieder alle beisammen sind."[363]

Im April 1936, nach einem Dreivierteljahr, war es dann soweit: Man hatte in Freiburg etwas Passendes gefunden und zog zusammen: Lugostraße 10, erster Stock, in Waldnähe.[364] Die Nachbarschaft war adäquat: In der Erdgeschosswohnung des Hauses lebte Erik Wolf, Professor für Strafrecht, Rechtsphilosophie und Allgemeine Rechtskunde. Wolf war ein großer Verehrer Martin Heideggers und ein späterer Akteur des Freiburger Widerstands.[365] Rückblickend wird Maunz schreiben: „Achtzehn Jahre lang lebten wir in schöner Hausgemeinschaft und bester Kollegialität miteinander und haben die erregenden Schicksale jener Jahre gemeinsam erlebt."[366]

Kurz nach dem Freiburger Wechsel fuhr Maunz auf Einladung des Reichswissenschaftsministers zum „Kitzeberger Lager" nach Kiel. Der Ort war symbolträchtig: Die Kieler Fakultät galt als nationalsozialistischer „Stoßtrupp" auf dem Weg zur Umgestaltung des Rechts.[367] Und analog war das „Kitzeberger Lager" als nationalsozialistische Kaderschmiede konzipiert. Das Ziel: Unter den Teilnehmern sollte ein „Kitzeberger Geist" entstehen, der persönlich und

362 UA Freiburg, B24-2318, Schreiben Maunz an badisches Kultusministerium vom 6. Dezember 1935.

363 StdA München, NL Maunz 197, Schreiben Maya an Maunz vom 23. November 1935.

364 UA Freiburg, C130/940, Schreiben von Maunz an die Ehefrau Wolfs vom 22. Oktober 1977.

365 Hollerbach, Pringsheim – Wolf – Maunz, S. 290 ff.

366 UA Freiburg, C130/940, Schreiben von Maunz an die Witwe von Erik Wolf vom 22. Oktober 1977.

367 Jörn Eckert, Was war die Kieler Schule?, in: Franz Jürgen Säcker (Hg), Recht und Rechtslehre im Nationalsozialismus: Ringvorlesung der Rechtswissenschaftlichen Fakultät der Christan-Albrechts-Universität zu Kiel. Baden-Baden, 1992, S. 46 ff.

inhaltlich aneinanderheftete und auf die juristische Ausgestaltung des NS-Staates einschwor.[368] Neben der inhaltlich-intellektuellen stand deshalb auch die Arbeit am Gemeinschaftsgefühl auf dem Programm. Die Teilnehmer wanderten und marschierten in der Kieler Umgebung, betrieben nach dem Aufstehen Morgensport und sangen „Lieder der Bewegung".[369] Die Inszenierung von Gemeinschaft und Aufbruch muss Maunz in die Tage der katholischen Jugendbewegung zurückversetzt haben. In Kiel traf er auch Ernst Rudolf Huber, der ihm mit seiner positiven Rezension der „Neuen Grundlagen des Verwaltungsrechts" einen großen Dienst erwiesen hatte.[370]

An der Freiburger Albrecht-Ludwigs-Universität nahm seine Karriere indes schnell Fahrt auf. Dabei war der Start etwas holprig verlaufen. Maunz hatte versprochen, sich von Beginn an ganz auf seine neue Wirkungsstätte zu konzentrieren. Trotzdem hielt er im Sommersemester 1935 neben seinen Freiburger Lehrveranstaltungen noch eine staatsrechtliche Übung in München. Die Universitätsleitung war verstimmt und wollte wissen, wieso er die gewissenhafte Lehrtätigkeit in Freiburg durch eine Doppelbelastung aufs Spiel setze. Maunz entschuldigte sich: Er habe die Übung schon vor Erhalt des Rufs zugesagt und sich gebunden gefühlt.[371]

Der Zwischenfall war schnell vergessen. Schon im Mai 1936 schlug ihn Rektor Friedrich Metz für das Dekanat der Juristischen Fakultät vor. Allerdings waren Dekanate laut Reichswissenschaftsministerium Ordinarien vorbehalten.[372] Metz dachte daraufhin pragmatisch und wollte die Lösung des Problems kurzerhand mit einem Karrieresprung verbinden: Er schlug dem Reichserziehungsministerium vor, man solle Maunz doch einfach ein Ordi-

368 Ebd., S. 57.

369 Bernd Rüthers, Geschönte Geschichten – Geschonte Biographien. Sozialisationskohorten in Wendeliteraturen. Ein Essay. Tübingen 2001, S. 48; Folker Schmerbach, Das „Gemeinschaftslager Hanns Kerrl" für Referendare in Jüteborg 1933–1939. Tübingen 2008, S. 196 ff.

370 StdA München NL Maunz 11, Schreiben Ernst Rudolf Huber an Theodor Maunz vom 14. Mai 1935.

371 BayHstA München, NL Maunz 12, Schreiben Rektor der Universität Freiburg vom 2. Mai 1935.

372 UA Freiburg, B24-2318, Schreiben Rektor Metz an Prodekan Müller vom 25. Mai 1936.

nariat geben, „damit er das Dekanat wahrnehmen kann“[373]. Dieser Schritt sei ohnehin überfällig: „Dass die Vorlesungen von Prof. Maunz zu den Besten gehören und dass Professor Maunz bei Kollegen und Studenten in gleicher Weise geschätzt wird, ist dem Minister bekannt.“[374]

Der Höhepunkt von Maunz’ akademischer Karriere schien zum Greifen nah. Und es ist vielleicht kein Zufall, dass er gerade jetzt die Gelegenheit ergriff, sein nationalsozialistisches Image weiter aufzupolieren. Es ging auf Kosten eines Kollegen. Der Ökonom Walter Eucken war nicht nur ein brillanter Kopf, sondern auch einer der mutigsten Gegner des Nationalsozialismus an der Freiburger Universität.[375] Seine Frau war „Halbjüdin“, aber das hielt ihn nicht davon ab, schon 1933 Heideggers Gebaren als nationalsozialistisch-universitärer Reformator offensiv abzulehnen und danach in seinen Publikationen verschlüsselt, aber deutlich erkennbar, die Ideologie des Nationalsozialismus zu kritisieren.[376]

Im Sommersemester 1936 hielt Eucken an der Universität Freiburg eine Vorlesungsreihe mit dem Titel „Kampf der Wissenschaft“. Mittwochs, 18 bis 19 Uhr, sprach er über die Vorzüge akademischer Freiheit und erinnerte auch an antike Vorbilder wie Sokrates, die vor den Mächtigen unbeugsam geblieben waren.[377] Die Vorlesung wurde schnell zum Treffpunkt von Regimegegnern. Ricarda Huch kam aus Heidelberg und auch der Nobelpreisträger Hans Spemann befand sich im Auditorium. Das Interesse war groß und bald musste

373 Ebd., Schreiben Rektor Metz an Reichserziehungsministerium vom 29. Mai 1936.

374 Ebd.

375 Vgl. Nils Goldschmidt, Walter Euckens Rolle im Widerstand: Freiheit Ordnung und Wahrhaftigkeit als Handlungsmaximen, in: Ders.: (Hrsg.) Wirtschaft, Politik und Freiheit. Freiburger Wirtschaftswissenschaftler und der Widerstand. Tübingen 2005, S. 290–314, S. 300. Vgl. zu Eucken auch: Lüder Gerken (Hrsg.): Walter Eucken und sein Werk. Rückblick auf den Vordenker der sozialen Marktwirtschaft. Tübingen 2000; Uwe Dathe, Walter Eucken – von der liberalen Krisendeutung zum Widerstand gegen den Nationalsozialismus, in: Hans Maier (Hrsg.), Die Freiburger Kreise. Akademischer Widerstand und Soziale Marktwirtschaft. Paderborn 2014, S. 85–112.

376 Vgl. Walter Oswalt, Liberale Opposition gegen den NS-Staat. Zur Entwicklung von Walter Euckens Sozialtheorie, in: Wirtschaft, Politik und Freiheit. Freiburger Wirtschaftswissenschaftler und der Widerstand. Tübingen 2005, S. 315–353, S. 341.

377 ThULB Jena, NL Eucken, Vorlesungsmanuskript „Kampf der Wissenschaft“. Eucken betonte u. a., dass die wissenschaftlichen Denker im antiken Griechenland Autoritäten in Frage gestellt hätten: „Sie sind alle kritisch bis zum Äußersten, in gewisser Hinsicht Individualisten“.

die Vorlesung in einen größeren Hörsaal verlegt werden.[378] Bei nationalsozialistischen Studenten fand sie hingegen wenig Gefallen. Es kam zu Störungen. Und auch Maunz übte Protest: Nicht im Hörsaal, aber in der *Freiburger Studentenzeitung*, wo er Eucken wegen der Durchführung der Vorlesung kritisierte.[379] Es war der Beginn einer zwei Jahrzehnte andauernden Antipathie. Bei Euckens Ableben 1950 wird Maunz schreiben: Es ist wohl unchristlich zu sagen, dass ich seit dem kürzlichen Tod [...] psychisch direkt auflebe?"[380]

Während er sich auf Euckens Kosten profilierte, schreckte er davor zurück, dies mithilfe eines geifernden Antisemitismus zu tun. Im Oktober 1936 referierte Maunz in Berlin auf der Tagung „Das Judentum in der Rechtswissenschaft". Schon der Titel der gesamten Veranstaltung, eine Richard-Wagner-Allusion, ließ die antisemitische Ausrichtung der Veranstaltung erkennen. In der Eröffnungsansprache Hans Franks, die man in dessen Abwesenheit verlas, hieß es dann: „Wir Nationalsozialisten haben unseren Kampf um die Befreiung des deutschen Volkes, [...] um den Neubau unseres gesamten deutschen geistigen, kulturellen und sozialen Lebens auf dem unzerstörbaren Fundament unserer Rasse begonnen [...]. Nach Beseitigung der romanischen Entwurzelung haben wir nunmehr auch die Schicht der semitischen Überlagerung abzutragen."[381] Und auch Carl Schmitt, der die Veranstaltung, organisiert hatte, garnierte seine Rede mit dem hetzerischen Hitler-Zitat: „Indem ich mich des Juden erwehre, kämpfe ich für das Werk des Herrn."[382]

Maunz selbst kamen solche Töne nicht über die Lippen. Das zeigt das Redemanuskript, das sich in seinem Nachlass im Münchner Stadtarchiv befindet.[383] Er betrachtete die Tagung wohl überhaupt mit Skepsis. Aus Dankesschuld gegenüber dem Organisator Carl Schmitt sagte er einen Vortrag zu und für die nationalsozialistische Reputation im Hinblick auf das Ordinariat

378 Vgl. Lüder Gerken, Walter Eucken und sein Werk, S. 77 f. Vgl. auch Haarmann, Wirtschaft, Macht, S. 256.

379 Oswald, Liberale Opposition, S. 340 f.

380 BayHstA München, NL Spörl, Schreiben Maunz an Spörl vom 17. Mai 1950.

381 Zit. nach: Hasso Hofmann, „Die deutsche Rechtswissenschaft im Kampf gegen den jüdischen Geist", in: Klaus Wittstadt, Karlheinz Müller (Hrsg.), Geschichte und Kultur des Judentums. Würzburg 1988, 223–240, S. 224.

382 Zit. nach ebd.

383 StdA München, NL Maunz 25, Manuskript zum Referat „Das Judentum in der Verwaltungsrechtswissenschaft".

war dieser auch kein Nachteil. Aber er drückte sich davor, seinen Vortrag zu veröffentlichen. Carl Schmitt bat ihn darum, er wiegelte ab.[384] Wohl auch, weil sein Bemühen um Mäßigung zu einem äußerst mäßigen Vortrag geführt hatte.[385] Schon zu Beginn hatte Maunz, der über „das Judentum in der Verwaltungsrechtswissenschaft" referierte, jede Hoffnung zerstört, etwas Wichtiges sagen zu wollen: Der Einfluss „typischen jüdischen Gedankenguts" lasse sich nämlich nur schwer feststellen. Juden hätten personell im Verwaltungsrecht generell weniger Fuß gefasst als in anderen Disziplinen wie dem Bankwesen. Vom Staats- und Steuerrecht her hätten sie zwar auf das Verwaltungsrecht eine gewisse Wirkung entfaltet, aber moderat.[386]

Zwar präsentierte er einige Ergebnisse: Insbesondere in der juristischen Publizistik durch Redigieren und Kommentieren, hätten Juden eine herausgehobene Stellung besessen, die sie dann auch für die Förderung des jüdischen Nachwuchses genutzt hätten.[387] Inhaltliche Schwerpunkte von jüdischen Gelehrten seien „der Kampf für den bürgerlichen Rechtsstaat"[388] und die „inhaltliche Entleerung der Rechtswissenschaft, die Zerstörung inhaltserfüllter Ordnungen und die Verschiebung der Wissenschaft auf das Formelle"[389] gewesen. Er resümierte: „Das verwaltungsrechtliche Denken jüdischer Schriftsteller bewegte sich nicht [...] in der Volksgemeinschaft, sondern in der Ausschließlichkeit der bloßen Rechtsgemeinschaft. Das Volk als Grundlage, Sinn und Zweck der Verwaltungstätigkeit wird nirgends hervorgehoben."[390]

Aber am Schluss relativierte Maunz alles wieder bis zur Unkenntlichkeit: Die vermeintlichen jüdischen Spezifika, die er herausgearbeitet habe, könne man natürlich auch bei nichtjüdischen Gelehrten beobachten. Und in chiffrierter Form äußerte er für sie sogar Lob. Insbesondere über Alfred Hensel

384 StdA München, NL Maunz 12, Schreiben Maunz an Carl Schmitt.

385 Vgl. auch Michael Stolleis, Ein Gang ins Stadtarchiv München, in: Kritische Justiz 2014, S. 358–361.

386 StdA München, NL Maunz 25, Manuskript „Das Judentum in der Verwaltungsrechtswissenschaft, S. 3.

387 Ebd. S. 6.

388 Ebd., S. 8.

389 Ebd., S. 12.

390 Ebd. S. 14.

sprach er in verklausulierter Bewunderung.[391] Schließlich negierte er, überhaupt einen Beitrag zur Erforschung der Frage nach dem Wesen des „Judentums in der Rechtswissenschaft", dem Ziel der Tagung, geleistet zu haben. „Die wenigen Andeutungen", bilanziert er, „die zu den vielen Fragen des gestellten Themas gegeben werden konnten, sollten zeigen, dass wir auch im Verwaltungsrecht erst am Anfang der Erforschung der Judenfrage in der Rechtswissenschaft stehen." Über dem Thema liege nämlich noch ein „Schleier", der erst mit einer genaueren Kenntnis der „Judenpsychologie" und einer präzisen „Bibliographie des jüdischen Schrifttums" gehoben werden könne.[392]

391 Ebd., S. 13: „Die Henselschen Forderungen auf Sicherung des steuerlichen Vorgangs spielten zwar Reich, Länder und Gemeinden gegeneinander aus und sind daher in ihren Grundlagen zu verwerfen, bei dem aber in der Weimarer Zeit nun einmal vorhanden gewesenen verfassungspolitischen Zustand konnte sie berechtigt wirken." Vgl. zu dieser Einschätzung auch Stolleis, Ein Gang, S. 360: „Gleichzeitig lässt er immer wieder durchblicken, diese ‚jüdischen' Autoren seien berühmt und geschätzt".

392 Ebd., S. 18.

3.3 Der Weg zum Ordinarius an der Universität Freiburg

Im Winter 1936 wurde Maunz vom Reichswissenschaftsminister für eine ordentliche Professur im badischen Landesdienst vorgeschlagen.[393] Man begann daraufhin, Material für seine politische Beurteilung zusammenzutragen. Die Gauleitung München-Oberbayern schrieb: „Bei ihm handelt es sich um einen Mann, der seinen Verpflichtungen jederzeit gewissenhaft nachkommt."[394] Auch im bayerischen Innenministerium war über Maunz „in politischer Hinsicht Nachteiliges nicht bekannt".[395] Und die Ortsgruppe der NSDAP München-Blütenstraße lobte ihn sogar, da er sich „bei Eintopfsammlungen […] sehr gebefreudig gezeigt" habe.[396]

Im Rahmen der Überprüfung kamen jedoch erhebliche Zweifel an seiner politischen Zuverlässigkeit auf. Drei Punkte erschütterten seine Glaubwürdigkeit. Zum einen monierte man seine politisch-demokratische Vergangenheit. Teilweise waren die Einwände vage und basierten auf bloßem Hörensagen: „Wie ich hörte, soll M. früher gesinnungsmäßig Demokrat oder Sozialdemokrat gewesen sein", schrieb der Hochschulgruppenführer des Freiburger NS-Dozentenbundes Schmitt.[397] Anderes war konkreter: Man müsse Maunz als „eifrigen Anhänger" der BVP bezeichnen, hieß es.[398] Am besten informiert war wohl das Amt für Beamte der NSDAP in München. Es konnte wohl auf Insiderwissen zurückgreifen und monierte Maunz' Nähe zur BVP im Allgemeinen und zu Karl Stützel im Besonderen: Es sei „nicht recht denkbar, dass ein Mann, der bis zur Machtergreifung das Vertrauen eines der schlimmsten Feinde des Nationalsozialismus besessen hat, […] heute als Rechtslehrer, aus

393 BA Berlin, VBS1 1070085824, Schreiben NSDAP, Stellvertreter des Führers an Gauleitung München-Oberbayern der NSDAP vom 26. November 1936.

394 Ebd., Schreiben Gaupersonalamtsleiter München-Oberbayern vom 4. Januar 1937.

395 Ebd., Schreiben des bayerischen Staatsministeriums des Inneren an die Gauleitung der NSDAP München-Oberbayern vom 18. Dezember 1936.

396 Ebd., Schreiben der Gauleitung der NSDAP München-Oberbayern an Ortsgruppe der NSDAP München-Blütenstraße vom 10. Februar 1937.

397 StaaAr Freiburg, D 180/2, 215035. Schreiben Hochschulgruppenführer des NS-Dozentenbunds Freiburg an Gaupersonalamt des Gaues Baden der NSDAP vom 3. Dezember 1936.

398 Ebd. Schreiben vom Sicherheitsdienst RFSS an die Gauleitung der NSDAP in Karlsruhe vom 8. Dezember 1936.

innerster Überzeugung heraus den Studenten wirklich nationalsozialistischen Geist vermitteln kann."[399] Dass Maunz sogar Mitglied der BVP war, wusste niemand. Es hätte seinen akademischen Hoffnungen wohl ein jähes Ende bereitet.

Ein zweiter Einwand traf Maunz' Charakter. Er sei ein „ausgeprägt egoistischer Streber",[400] dazu „sehr anpassungs- und wandlungsfähig", im Ganzen „nicht ganz durchsichtig". Er würde „sich und seine gewiss vorhandenen Fähigkeiten immer ins rechte Licht [...] stellen"[401]. Und schließlich, drittens, monierte man seine mangelnde Beteiligung in nationalen Verbänden: „Obwohl er der SA angehört, hat er dort noch keinen Dienst gemacht".[402]

Die Einwände brachten die Ernennung zum verbeamteten Ordinarius vorerst zum Scheitern. Allerdings gönnte man Maunz eine Schonfrist und vereinbarte, die endgültige Entscheidung ein halbes Jahr hinauszuschieben. In der Zwischenzeit sollte die Kreisleitung der NSDAP in Freiburg Maunz noch einmal genau unter die Lupe nehmen.[403]

Im Mai 1937 erfuhr Maunz von den Vorbehalten und er zog nun die richtigen Fäden. Wieder einmal setzte er sein soziales Kapital gewinnbringend ein. Carl Schmitt war als Fürsprecher inzwischen keine Option mehr. Der ehemalige „Kronjurist" war über eine Intrige gestürzt und von seinen Ämtern entbunden worden. Paul Ritterbusch folgte ihm im Januar 1937 als Hochschulgruppenleiter nach.[404] Und so bemühte sich Maunz um seinen alten Münchner Lehrer Wilhelm Kisch. Auch nach Ende des Studiums hatte er zu

399 BA Berlin, VBS1 1070085824, Schreiben NSDAP, Gau München Oberbayern, Amt für Beamte an NSDAP, Gauleitung München-Oberbayern, Personalamt vom 29. Dezember 1936.

400 Staa Freiburg D 180/2, 215035, Schreiben vom Sicherheitsdienst RFSS an die Gauleitung der NSDAP in Karlsruhe vom 8. Dezember 1936.

401 BA Berlin, VBS1 1070085824, Schreiben NSDAP, Gau München Oberbayern, Amt für Beamte an NSDAP, Gauleitung München-Oberbayern, Personalamt vom 29. Dezember 1936.

402 StAFrei D180/2 215035, Schreiben NSDAP, Stellvertreter des Führers an Reichs- und Preußischen Minister für Wissenschaft, Erziehung und Volksbildung vom 13. Januar 1937: „Obwohl er der SA angehört, hat er dort noch keinen Dienst gemacht." Vgl. ebd. Gaupersonalamt an Kreisleitung der NSDAP Freiburg vom 1. April 1937.

403 Ebd., Schreiben Gaupersonalamt an Kreisleitung der NSDAP in Freiburg vom 1. April 1937.

404 Vgl. Mehring, Schmitt, S. 378 f.

diesem Kontakt gehalten. Im Frühjahr 1931 hatte er ihn an die gemeinsame Münchner Zeit erinnert. Kisch hatte jovial geantwortet: „Ich gedenke gern Ihrer sehr guten Praktikumsleistungen, die schon damals für Ihre Laufbahn das Beste erwarten ließen."[405]

Kisch war mittlerweile Vizepräsident der „Akademie für Deutsches Recht". Die einflussreiche NS-Juristenorganisation hatte sich die Erneuerung des Rechts auf die Fahnen geschrieben.[406] Hans Frank, der damalige bayerische Justizminister, hatte Kisch, seinen verehrten Münchner Lehrer, persönlich zur Übernahme des Amtes überredet. Mit seinem exzellenten wissenschaftlichen Ruf verlieh Kisch der NS-Juristenorganisation Glanz und er selbst gewann dadurch wiederum an persönlichem Einfluss. Insbesondere für die Juristische Fakultät der Universität in München konnte er Vorteile erwirken.[407] Und er versuchte dies nun auch für Maunz. Immerhin war der nicht nur sein alter Schüler, sondern lieferte dann und wann auch Beiträge für die „Zeitschrift der Akademie für Deutsches Recht". Zudem war Maunz seit 1935 Mitglied des „Verwaltungsrechtsausschusses" der Organisation.[408] Maunz informierte Kisch von der stockenden Berufungsangelegenheit. Kisch antwortete daraufhin mit einem Brief und betonte, dass Maunz das Schreiben für sich nutzen könne, wenn es ihm sinnvoll erscheine. In dem Brief äußerte Kisch, ob wissentlich oder nicht, die Unwahrheit: Einer „Systempartei", worunter im nationalsozialistischen Jargon auch die BVP fiel, habe Maunz nie angehört: „Ich bin über die Behauptung umso mehr überrascht, als mir die Unrichtig-

405 StdA München, NL Maunz 7, Schreiben Wilhelm Kisch an Maunz vom 31. Mai 1931.

406 Hans-Rainer Pichinot, Die Akademie für Deutsches Recht. Aufbau und Entwicklung einer öffentlich-rechtlichen Körperschaft des Dritten Reichs, Kiel 1981, S. 7: Bei der Gründungsversammlung der Akademie am 26. Juni 1933 gab Initiator Hans Frank die „Erneuerung des Deutschen Rechts im Sinne der nationalsozialistischen Weltanschauung nach den Grundsätzen strenger wissenschaftlicher Methoden vorzubereiten" als Ziel aus. Vgl. auch Mehring, Schmitt, S. 325 ff.

407 Adlberger, Kisch, S. 427 f. Vgl. auch Dies., Nützliche Kooperation – Die Juristische Fakultät der Ludwigs-Maximilians-Universität und die Akademie für Deutsches Recht, in: Elisabeth Kraus (Hrsg.), Die Universität München im Dritten Reich. Aufsätze. Teil 1, München 2006, S. 405–430.

408 BayHstA NL Maunz 13, Schreiben von Maunz an Rektor der Universität Freiburg vom 26. Mai 1937.

keit derselben auf Grund einer nun siebzehnjährigen Bekanntschaft [...] in keinem Augenblick zweifelhaft ist."[409]

Mit diesem Trumpf in der Hand wandte sich Maunz nun brieflich an den Freiburger Universitätsrektor Metz. Das Schreiben sollte ihm die Unterstützung der Universität sichern. Er fütterte sie mit Material, damit sie gegenüber den betreffenden nationalsozialistischen Stellen für ihn argumentieren konnte. Er legte dem Brief nicht nur Kischs Referenz bei, sondern auch ein Zeugnis der SA. Es sollte den Vorwurf des mangelnden Engagements in nationalen Organisationen entkräften. Ein Münchner Sturmführer hatte immerhin geschrieben: Maunz' „weltanschauliche Festigung" sei „bestimmt und klar, überzeugt nationalsozialistisch".[410] Allerdings konnte Maunz nur dieses eine Zeugnis vorweisen und das war eine magere Ausbeute. Wirklich überzeugend war das nicht, das wusste er selbst. Er versuchte den Mangel folgendermaßen zu erklären: Sein ehemaliger Münchner Sturmführer, der mittlerweile auch aus der SA ausgeschlossen sei, habe wohl seine Personalakten verloren.[411] Selbstverständlich könne aber sein jetziger „Freiburger SA-Sturmführer [...] mündlich ebenfalls ein günstiges Urteil abgeben". Dies darf man aber wohl bezweifeln. Maunz hätte sicherlich keine Mühen gescheut, sich seine Verdienste schriftlich geben zu lassen, wenn dies realisierbar gewesen wäre. Und dass Maunz nicht vor einem Bluff zurückschreckte und mündliche Referenzen zu seinem Vorteil mitunter einfach erfand, sollte ein Vorfall 1944 zeigen. Dass er sich indes zum Wintersemester 1936/37 geweigert hatte, eine SA-Unterführerstelle zu übernehmen, erklärte Maunz wiederum rührselig so: Er habe ablehnen müssen, da „die berufliche Anspannung im Dienste der Universität damals ungeheuer war [...]. Ich habe damals trotz großer Überlastung einen Teil der Vorlesungen des erkrankten Professor Merk übernommen, um einen Ausfall für die Studenten zu verhindern [...] und die gesamten darauf entfallenden Hörgelder durch die Universitätskasse der Witwe von Professor Merk auszahlen lassen."[412]

409 Ebd., Schreiben Wilhelm Kisch an Maunz vom 6. Mai 1937.

410 BayHstA München, NL Maunz 13, Dienstleistungszeugnis der SA, „Sturm List 7/16", in München.

411 Ebd.

412 Ebd.

Maunz bemühte sich, den Vorwurf der mangelnden Beteiligung zu entkräften und zählte Rektor Metz seine vermeintlichen Leistungen für den Nationalsozialismus auf: Er habe nicht nur „eine besonders umfassende Tätigkeit [...] im NS-Rechtswahrerbund, in der Akademie für Deutsches Recht und beim Reichsrechtsamt der Partei" vorzuweisen. Er habe darüber hinaus auch in Kiel-Kitzeberg „1935 [...] an einem unter dem Schutze der Herrn Reichsminister Rust und Dr. Frank stehenden Schulungslager besonders einsatzbereiter nationalsozialistischer Rechtslehrer teilgenommen".[413] Um letzte Zweifel auszuräumen, überhöhte er seinen Beitrag auf Schmitts Tagung 1936 in Berlin. Er gab vor, sich dort als Antisemit profiliert zu haben: Er habe „in Berlin ein großes Referat über und gegen den Einfluss des Judentums auf die deutsche Rechtswissenschaft [...] gehalten", schrieb er. Reichsrechtsführer Dr. Frank habe ihm „die allergrößte Freude" mitteilen lassen, dass er „in so hervorragender Weise den ‚Kampf gegen das Judentum' unterstützt habe".[414] Doch genau das hatte Maunz ja in Berlin eben nicht getan.

Maunz inszenierte sich gegenüber Metz als der Nationalsozialist, der er nicht war. Doch das wirklich strategisch Meisterhafte an dem Brief an den Freiburger Rektor war, dass er die Inszenierung mit einer kleinen Erpressung kombinierte. Rektor Metz hatte Maunz gebeten, ab dem Wintersemester 1937/38 die Stelle des Prorektors der Universität zu übernehmen. Und natürlich war Maunz für die Stelle geradezu prädestiniert. Wie wohl kein anderer an der Freiburger Universität kannte er die Verwaltung in Theorie und Praxis. Er ahnte, dass Metz nur äußerst ungern auf ihn verzichten wollte und stellte klar: Er werde nur Prorektor, wenn er auch verbeamteter Ordinarius werde. Denn eines liege doch auf der Hand: Sollte er als Ordinarius politisch wirklich ungeeignet sein, dann müsse er seine „Freizeit" selbstverständlich dafür opfern, um die „Arbeit in der Partei, ihren Gliederungen und angeschlossenen Verbänden noch zu steigern". Und dann bliebe selbstverständlich keine Zeit mehr, um als Prorektor zu agieren.[415]

Die Strategie ging auf. Die Universität machte sich für ihn stark und schickte mindestens einmal einen Vertreter ins badische Kultusministerium,

413 Ebd. Unterstreichung im Original.

414 Ebd.

415 Ebd.

der für ihn vorsprach.[416] Das Reichserziehungsministerium stellte die Bedenken schließlich zurück. Am 25. September 1937 wurde Maunz zum ordentlichen Professor ernannt.[417] Kisch beglückwünschte ihn daraufhin freudig und meinte, er habe das Ordinariat „keinen anderen Gründen zu verdanken als [...] bedeutsamen wissenschaftlichen Leistungen und [...] ausgezeichneten Lehrerfolgen."[418] Natürlich war das nur die halbe Wahrheit. Maunz verdankte das Ordinariat mindestens in gleichem Maße seinen sozialen Kontakten, seiner gekonnten Selbstinszenierung und der Geistesgegenwart, sich im entscheidenden Moment in den Berufungsprozess einzuschalten.

416 BayHstA München, NL Maunz 14, Schreiben Horst Müller an Maunz vom 14. August 1947.

417 UA Freiburg, B24-2318, Lebenslauf von Theodor Maunz.

418 StdA München, NL Maunz 13, Schreiben Wilhelm Kisch an Maunz vom 5. November 1937.

3.4 Verwaltung: Leiter des Kommunalwissenschaftlichen Instituts Freiburg, Lehrbuchautor, Prorektor

Das Jahr 1937 stand ansonsten im Zeichen der Verwaltung. Maunz übernahm zum einen die Leitung des „Kommunalwissenschaftlichen Instituts" in Freiburg. Rektor Metz und Freiburgs Oberbürgermeister Kerber hatten ihn beim Reichswissenschaftsministerium dafür vorgeschlagen. Wie die Institute in Berlin und Frankfurt, die als Vorbilder wirkten, sollte auch die Freiburger Einrichtung die Verbindung von juristischer Ausbildung und Verwaltungspraxis verbessern.[419] Im Universitätsgebäude in der Belfortstr. 1 stellte man dafür Räume zur Verfügung und richtete eine „Spezialbibliothek" ein.[420] Maunz' Assistent wurde der Geograf Walter Christaller, ein ehemaliger Kommunist.[421]

In seiner Funktion als Institutsleiter kooperierte Maunz eng mit Freiburgs Oberbürgermeister Kerber, einem überzeugten Nationalsozialisten. Der Oberbürgermeister schickte städtische Beamte in Lehrveranstaltungen über Finanz- und Gemeinderecht ans Institut.[422] Und was man ihnen dort bot, war aus nationalsozialistischer Sicht unverfänglich. Wie einzelne Referatsthemen zeigen, wurde die jüngere Vergangenheit des Kommunalrechts optimistisch als Fortschrittsgeschichte gedeutet. Vor der Machtergreifung habe eine „Krise der Selbstverwaltung" geherrscht, verursacht durch die Selbstverwaltungsautonomie des liberalen Rechtsstaates. Mit der Machtergreifung sei es selbstverständlich zu einer „Weiterentwicklung des deutschen Gemeinderechts" gekommen.[423]

Als Musteranstalt für die Verzahnung von Theorie und Praxis der Verwaltung weckte das Institut das Interesse hoher Amtsträger. 1940 schrieb Maunz einem Kollegen: „Vom Besuche des Herrn Reichsminister Dr. Frick haben Sie

419 Vgl. Stolleis, Geschichte, Bd.3, S. 356. Matthias Zeller, Neue Fächer zwischen Rassenkunde und Rundfunkwissenschaft, in: Bernd Martin (Hrsg.), 550 Jahre Albert-Ludwigs-Universität Freiburg im Breisgau. Festschrift. Band. 3. Freiburg, München 2007 S. 431–453, S. 449.

420 StdA München, NL Maunz 18, Schreiben Maunz an den spanischen Konsul vom 27. April 1942.

421 Vgl. Karl R. Kegler: Walter Christaller, in: Ingo Haar, Michael Fahlbusch (Hrsg.), Handbuch der Völkischen Wissenschaften. München 2008, S. 89–93.

422 Vgl. Zeller, Neue Fächer, S. 450.

423 Ebd.

wohl gelesen. Er interessiert sich besonders für das Kommunalwissenschaftliche Institut und ließ sich von mir über dessen Arbeiten unterrichten."[424] 1942 brachte Maunz dem spanischen Konsul Konzept und Schwerpunkte der Einrichtung näher.[425]

1937 erschien zudem Maunz' Lehrbuch „Verwaltung". Mit dem Buch führte er die nachwachsende Juristengeneration in nationalsozialistische Denkfiguren und Prinzipien ein, in Gemeinschaftsdenken und Führerprinzip.[426] „Eine Gemeinschaft wird geführt, nicht verwaltet", schrieb er. „Verwaltung ist [...] Gestaltung des Gemeinschaftslebens durch Arbeit besonders dazu berufener Behörden und Ämter nach einem vom Führer der Gemeinschaft aufgestellten Plan."[427] Das Führerprinzip verlange Einheitlichkeit und Geschlossenheit, eine klassische Gewaltenteilung mit Kontrollfunktion zwischen den Staatsorganen sei mit ihm unvereinbar:[428] „Mit der Gewinnung eines einzigen Willens- und Handlungsträgers ist die Trennung und Hemmung der Gewalten überwunden. [...] Innerhalb der Volksordnung [...] sind die Gewalten vereinigt in der Person des Führers; sie sind somit zu einer echten Gesamtgewalt, der Führergewalt geworden."[429]

Der Führerwille sei so auch der einzig legitime Prüfstein für die Gesetzgebung und das Handeln der Vollzugsorgane. Maunz stellt klar: „Gesetz ist geformter Plan des Führers [...]. Der Plan des Führers ist oberstes Rechtsgebot."[430] Durch die Konzentration auf den Führerwillen steigen gleichzeitig die Anforderungen an die Verwaltungsbeamten.[431] Früher genügte es, wenn sich die Beamten an die Gesetze hielten. Sie fesselte eine „Kettung an ein starres

424 StdA München, NL Maunz 16, Schreiben Maunz an Dr. Goetz vom 26. März 1940.

425 Ebd., NL Maunz 18, Schreiben Maunz an den spanischen Konsul vom 27. April 1942.

426 Stolleis, Geschichte, Bd.3, S. 358; Ders., Öffentliches Recht in Deutschland: eine Einführung in seine Geschichte (16.–21. Jahrhundert). München 2014, S. 125. Ein Jahr vorher hatte Otto Koellreutter sein Lehrbuch „Deutsches Verwaltungsrecht" veröffentlicht.

427 Theodor Maunz, Verwaltung, Hamburg 1937, S. 11.

428 Vgl. Alisa Schäfer, Führergewalt statt Gewaltenteilung, in: Ernst-Wolfgang Böckenförde, Martin Brandt (Hrsg.), Staatsrecht und Staatsrechtslehre im Dritten Reich. Heidelberg 1985, S. 89–105, S. 93.

429 Maunz, Verwaltung, S. 42.

430 Ebd. S. 40.

431 Ebd.: „Aber auch diese Verengerung stellt an die verwaltende Persönlichkeit in Zukunft nicht geringere, sondern höhere Anforderungen als bisher."

Zwangsnormengeflecht". Nun fesselt sie hingegen die „Bindung an die völkische Ordnung", deren Wille im Führer Ausdruck findet und den es herauszufiltern gilt. Die Verwaltung dürfe sich in ihrem Handeln nicht an Normen orientieren, „wenn ihre Benützung oder die aus ihnen gewonnenen Ergebnisse der Erhaltung und Gestaltung der Gemeinschaft widersprechen oder schaden würden. Das Prinzip der „Gesetzmäßigkeit" wird so zugunsten der „Rechtmäßigkeit" abgewertet.[432]

Mit seinem Lehrbuch „Verwaltung" rückte Maunz endgültig in die erste Garde nationalsozialistischer Verwaltungsrechtler auf. Er hob damit zugleich die Reputation der gesamten Freiburger Fakultät. Im Gegensatz zu Kollegen wie dem Freiherrn von Bieberstein, der sich als „alter konservativer Deutschnationaler" mit dem Publizieren zurückhielt,[433] war Maunz literarisch umtriebig und erntete für seine Veröffentlichungen Anerkennung in der akademisch-nationalsozialistischen Welt. Kurt Münch meinte, bei dem Lehrbuch handele es sich um „den ersten Versuch, die Verwaltung von der Wirklichkeit echter Gemeinschaften her zu erfassen und sie aus der Kraft eines lebendigen Ordnungsdenkens heraus zu gestalten"[434]. Eine andere Besprechung lobte: Maunz habe „dem nationalsozialistischen Denken die wissenschaftliche Ausgangsstellung des deutschen Verwaltungsrechts" bereitet.[435] Dank Maunz, so der Rechtshistoriker Alexander Hollerbach, gewann Freiburg „immer mehr den Rang eines Vororts der deutschen Verwaltungsrechtswissenschaft unter nationalsozialistischem Vorzeichen."[436]

1937 übernahm Maunz zudem wie versprochen das Prorektorat der Freiburger Universität.[437] Drei Semester arbeitete er noch unter Rektor Friedrich

432 Vgl. Alexander Hollerbach, Juristische Lehre und Forschung in Freiburg in der Zeit des Nationalsozialismus, in: Eckard John, Bernd Martin, Marc Mück u. a. (Hg.), Die Freiburger Universität in der Zeit des Nationalsozialismus, Freiburg, Würzburg 1991, S. 91–113, S. 104. Stolleis, Theodor Maunz – ein Staatsrechtslehrerleben, S. 308.

433 Vgl. Alexander Hollerbach, Jurisprudenz in Freiburg. Beiträge zur Geschichte der Rechtswissenschaftlichen Fakultät der Albert-Ludwigs-Universität, Tübingen 2007, S. 34.

434 Kurt Münch, Neues Verwaltungsrecht. Eine kritische Auseinandersetzung mit den Lehrbüchern von Maunz und Köttgen, in: Zeitschrift für die gesamte Staatswissenschaft (1939), S. 359–373, S. 359.

435 H. Reuß, Rezension zu Theodor Maunz, „Verwaltung, in: JW 1937, S. 2263. Vgl. Stolleis, Geschichte, S. 358.

436 Hollerbach, Juristische Lehre und Forschung, S. 104.

437 Hübner, Maunz, S. 19.

Metz, einem Geographen, dann bis zu seinem Ausscheiden zum 1. Trimester 1941 unter dem Biologen Otto Mangold.[438] Beide galten als treue Nationalsozialisten, auch wenn Metz in seiner Amtszeit wiederholt mit der Partei aneinandergeriet und vom NS-Studentenbundführer sogar zum Duell gefordert wurde.[439] Mangold wiederum war gesundheitlich angeschlagen, seine Krankenakte umfasste eine „hartnäckige Furunkulose", „Nierensteine" und einen „Nabelbruch".[440] Maunz musste ihn zeitweise vertreten.[441]

In seiner Funktion als Prorektor unterstützte Maunz mehrmals Dozenten, deren Karrieren wegen politischer Vorbehalte stockten.[442] Ein gutes Beispiel dafür ist Max Müller. Der Philosoph war ein verstoßener Schüler Martin Heideggers. Heidegger hatte Müller als Student gefördert, ihm ein außergewöhnlich positives Zeugnis für ein Stipendium geschrieben und ihn selbst für die Habilitation vorgeschlagen.[443] Doch nach 1933 verlor er Heideggers Gunst, wohl auch wegen seiner tiefen Verwurzelung im Katholizismus. Heidegger schrieb ein Gutachten, das Müllers Chancen auf eine Dozentur in Freiburg in den Keller sinken ließen. Müller wird den Inhalt später so wiedergeben: „Max Müller wird dem Lehrstuhl […] neuen Glanz verleihen. Ich schätze Max Müller in seinem Charakter, seiner pädagogischen Begabung und seinem philosophischen Können nach außerordentlich; aber es ist zu fragen, ob

438 Vorlesungsverzeichnis der Universität Freiburg, 1. Trimester 1941, S. 13.

439 Vgl. Bernd Grün, Der Rektor als Führer? Die Universität Freiburg i. Br. von 1933 bis 1945, Freiburg, München 2010, S. 432.

440 Ebd., S. 515. Über Mangolds Krankenakte schreibt Grün: „Die Liste der ärztlich beglaubigten Gebrechen war in der Tat beeindruckend".

441 StdA München, NL Maunz 16, Schreiben Werner Weber an Maunz vom 19. April 1940: „Ich wusste, daß Sie Prorektor sind; daß sie aber in dieser Eigenschaft gegenwärtig die ganze Universitätsverwaltung leiten müssen, war mir unbekannt."; Ebd., Mangold an Maunz vom 30. September 1940: Mangold dankte Maunz für die Vertretung während seiner Krankheit.

442 Vgl. dazu UA Freiburg, B110, Nr. 316, Antrag der Reintegrierung vom 7. November 1945: „Prof. Maunz hat sich um die Universität und Fakultät erhebliche Verdienste erworben. Er hat während der nationalsoz. Zeit als Dekan es mit Geschick verstanden, dem Druck des Dozentenbunds Widerstand zu leisten."

443 Max Müller, Wilhelm Vossenkuhl, Auseinandersetzung als Versöhnung: ein Gespräch über ein Leben mit der Philosophie = Polemos kai eirēnē. Berlin 1994, S. 50 ff.

bei seiner bekannten Einstellung zu unserem Staate der Staat ihm diesen Weg ermöglichen soll oder nicht."[444]

Maunz wusste, dass Müllers Dozentur damit am seidenen Faden hing. Er schaltete sich ein, rief Müller zu sich ins Amtszimmer und überredete ihn, Heidegger aufzusuchen und um Modifizierung der negativen Stellen zu bitten.[445] Dazu nahm er Müller zusammen mit Rektor Metz gegen Kritik des Dozentenbunds in Schutz. Dieser monierte zwei Artikel, die Müller zu einem Konversationslexikon beigesteuert hatte.[446] In einem Schreiben stellte Maunz zusammen mit Rektor Metz klar: Die beanstandeten Artikel seien zwar „nicht nationalsozialistisch, aber [...] wissenschaftlich vertretbar". Außerdem könne man in ihnen „keine Tendenz eines ‚Anti'" erkennen. Und schließlich müsse der Staat auch Menschen aushalten, die nicht aktiv für ihn Partei ergreifen,

444 Ebd., S. 53 f.

445 Ebd., S. 55: „Maunz hat mich zu Heidegger geschickt. Er solle seine Gutachten ändern und zumindest jene Stellen herausstreichen, die etwas über meine Einstellung zum Dritten Reich aussagten." Vgl. auch Elzbieta Ettinger, Hannah Arendt, Martin Heidegger: eine Geschichte. München 1998, S. 53. Heidegger selbst bestritt wohl gegenüber Müller ein negatives Gutachten geliefert zu haben, StdA München NL Maunz 13, Schreiben Max Müller an Maunz vom 17. Dezember 1937: „Gestern vor 8 Tagen hatte ich eine ausführliche Aussprache mit Herrn Professor Heidegger. Herr Prof. Heidegger erklärte, er hätte sich in gar keiner Weise negativ gegen mich geäussert. So wie die Universität beschaffen sei, sehe er durchaus ein Bedürfnis vorhanden an und mich geeignet, dieses auszufüllen. Ueber meine wissenschaftliche Qualifikation habe er sich auf das allerlobendste geäussert, über meine weltanschauliche und politische Haltung habe er sich nicht ausgelassen, da er dies nicht zu beurteilen habe. Aber auch hier würde er nichts Negatives denken. Er habe einzig und allein die prinzipielle Frage aufgeworfen, ob in der künftigen Universität ein Angehöriger eines christlichen Bekenntnisses noch Platz habe [...]. Eine solche Entscheidung müsste einmal gefällt werden."

446 Ebd., S. 52 ff. Müller äußerte sich in einem Interview wie folgt: „Die Bewerbung scheiterte dann an diesem Widerspruch des nationalsozialistischen Dozentenbundes und der nationalsozialistischen Studentenschaft; aber im Grunde war die Haltung Heideggers wohl auch eine Mitursache des Scheiterns gewesen. Er hat zwei Gutachten über mich erstattet, eines, das über die Fakultät, und das andere, das über den Dozentenbund auf dessen Bitte hin lief. [...] Dem Sinne nach hat Heidegger in diesen Gutachten folgenden Standpunkt vertreten: ‚Max Müller wird dem Lehrstuhl [...] neuen Glanz verleihen. Ich schätze Max Müller in seinem Charakter, seiner pädagogischen Begabung und seinem philosophischen Können nach außerordentlich; aber es ist zu fragen, ob bei seiner bekannten Einstellung zu unserem Staate der Staat ihm diesen Weg ermöglichen soll oder nicht."

sondern als Wissenschaftler lediglich ihrer täglichen Arbeit nachkommen wollen.[447]

Allein, es half nichts. Heidegger blieb unbeugsam und insbesondere das Veto des Nationalsozialistischen Deutschen Studentenbunds (NSDD) wegen Müllers katholischer Vergangenheit hatte ein solches Gewicht, dass Müller die Dozentur verweigert wurde.[448] Müller blieb nichts anderes übrig, als andere Wege zu gehen. Von 1939 bis 1945 schlug er sich als Heerespsychologe durch.[449] Immerhin ging es für ihn nach Kriegsende steil aufwärts: 1945 wurde er Privatdozent, 1946 ordentlicher Professor in Freiburg. 1960 wurde er dann von Maunz, mittlerweile bayerischer Kultusminister, auf einen Lehrstuhl nach München berufen. Dessen Unterstützung gegen Heidegger und dem NSDD rechnete er ihm indes auch noch im Alter hoch an: Maunz habe damals zusammen mit Rektor Metz „tapfer für mich gekämpft"[450].

Nach dem konservativen Philosophen Max Müller unterstützte Maunz den liberalen Nationalökonomen Adolf Lampe. Lampe war ein Querkopf und ein Choleriker. Schon in den 1920er-Jahren hatte er einen Nationalsozialisten zum „wissenschaftlichen Duell" gefordert, „weil er dessen krude Idee von einer nationalsozialistischen Zinspolitik nicht teilen wollte".[451] Und Maunz selbst soll sogar einmal Opfer seiner aufbrausenden Art geworden sein. Vor einer Freiburger Universitätssitzung grüßte Maunz angeblich mit Hitlergruß, worauf Lampe ihm aus Missfallen seinen Hut über den ausgestreckten Arm hängte.[452]

447 Ebd., S. 54.

448 Christian Tilitzky, Die deutsche Universitätsphilosophie in der Weimarer Republik und im Dritten Reich. Teil 1, Berlin 2002, S. 736.

449 Vgl. Kurzbiografie Müllers in: Eckhard Wirbelauer (Hrsg.), Die Freiburger Philosophische Fakultät: 1920–1960; Mitglieder, Strukturen, Vernetzungen. Freiburg, München 2006, S. 972.

450 Vossenkuhl, Max Müller, S. 54.

451 Daniela Rüther, Adolf Lampe, in: Hans Maier (Hrsg.), Die Freiburger Kreise. Akademischer Widerstand und Soziale Marktwirtschaft. Paderborn 2014, S. 125–132, S. 125.

452 Klaus Lampe, Adolf Lampe – Erinnerungen seines Sohnes, in: Hans Maier (Hrsg.), Die Freiburger Kreise. Akademischer Widerstand und Soziale Marktwirtschaft. Paderborn 2014, S. 113–124, S. 116.

Lampe war von den Nationalsozialisten aus politischen Gründen schon mehrmals als Ordinarius abgelehnt worden.[453] Aber in der Freiburger Fakultät war er so angesehen wie gut vernetzt und so wollte man noch einmal probieren, ihn durchzusetzen. Maunz beteiligte sich: Er schickte Lampes Personalakte an das badische Kultusministerium, aber ohne das obligatorische Gutachten des Dozentenbunds, denn es hätte wohl allen Hoffnungen Lampes ein jähes Ende bereitet.[454]

Maunz spekulierte wohl darauf, dass der Freiburger Dozentenbundführer Berger die Sache nicht oder zu spät bemerken würde. Oder, dass er nicht mehr energisch intervenieren würde, wenn die Sache einmal im Gange war. Doch Berger bekam Wind von der Angelegenheit und monierte das fehlende Gutachten. Maunz stellte sich nun auf einen legalistischen Standpunkt: Der Rektor, in dessen Vertretung er gehandelt habe, müsse nach einem Erlass des Reichserziehungsministers nur den Senat hören und dem Dozentenbundführer zwei Abschriften seines Entschlusses zukommen lassen. Er habe sich nichts zuschulden kommen lassen. Immerhin gestand er Berger zu, das Gutachten nachzureichen und bis dahin keine weiteren Schritte zu unternehmen.[455]

Während Lampes Beförderung schließlich scheiterte,[456] waren die Aktivitäten zugunsten Johannes Spörls von mehr Erfolg gekrönt. Spörl war wie Maunz Mitte 30 und hatte wie er ebenfalls Abitur an einem humanistischen Münchner Gymnasium gemacht. Dazu hatte er sich in der Katholischen Jugendbewegung engagiert.[457] 1934, ein Jahr vor Maunz, war er als außerordentlicher Assistent ans Historische Seminar nach Freiburg gekommen. 1940 sollte er nun eine außerordentliche Professur erhalten. Allerdings war er den

453 Vgl. StdA München NL Maunz 16, Schreiben von NS-Dozentenbundführer Dr. Berger an Prorektor Maunz vom 4. April 1940.

454 Ebd.

455 Ebd., Schreiben Prorektor Maunz an NS-Dozentenbundführer Dr. Berger vom 9. April 1940.

456 Vgl. Adolf Braeuer, Lampe, Adolf, in: Neue Deutsche Biographie (NDB). Band 13, Berlin 1982, S. 458 f.

457 Laetitia Boehm, Johannes Spörl (1904–1977). In mutabilitate temporum initium conversationis. Zum Gedenken an den Herausgeber des Historischen Jahrbuchs, in: Historisches Jahrbuch Bd. 97/98 (1978), S. 1–54, S. 9.

Nationalsozialisten wegen seiner katholischen Prägung und der Arbeit für das Historische Jahrbuch der Görres-Gesellschaft verdächtig.[458]

Das Vorgehen ähnelte dem im Fall Lampe: Wieder schickte Maunz die Personalakte ohne das Gutachten des Dozentenbundes ans badische Kultusministerium.[459] Und diesmal klappte es: Spörl erhielt die außerordentliche Professur.[460] Allerdings kam es erneut zum Protest von Dozentenbundführer Berger. Er erklärte die Ernennung Spörls für unrechtmäßig. Maunz, der Verwaltungsfachmann, konterte: Erstens sei es ein Versehen gewesen. Er habe lediglich „vor der Unterzeichnung des mir vorgelegten Berichts an das Ministerium nicht im einzelnen nachgezählt, ob alle von der Fakultät beizubringenden Unterlagen wirklich im Akt lagen". Und zweitens gebe es an der Ernennung Spörls rechtlich sowieso nichts zu rütteln. Er habe sich ministeriell bestätigen lassen, dass „weder die Fakultät noch das Rektorat […] einen rechtlichen Verstoß begangen hätten". Es gebe Fälle, da könne auf Gutachten des Dozentenbundes nicht verzichtet werden, dies sei aber kein solcher Fall.[461]

Spörl konnte seine außerordentliche Professur behalten. Allerdings wurde er lediglich wie eine Hilfskraft bezahlt und ein weiterer akademischer Aufstieg blieb ihm verwehrt. Berufungen auf Lehrstühle in Würzburg und Giessen wurden von der lokalen bzw. der NS-Reichsdozentenschaft vereitelt.[462] Immerhin konnte er sich nun über das Prestige eines außerordentlichen Professors freuen. Und insgesamt entwickelte sich die Freiburger Zeit trotz beruflicher Abstriche zu einer glücklichen Phase in seinem Leben, wie Laetitia Boehm berichtet. Er genoss die „Freiburger Atmosphäre" und die Gesprä-

458 Ebd., S. 15 f.

459 Dass es sich hierbei um Methode handelte zeigt: UA Freiburg, B110, Nr. 316, Antrag der Reintegrierung vom 7. November 1945: „Prof. Maunz hat sich um die Universität und Fakultät erhebliche Verdienste erworben. Er hat während der nationalsoz. Zeit als Dekan es mit Geschick verstanden, dem Druck des Dozentenbunds Widerstand zu leisten."

460 Ebd.

461 StdA München, NL Maunz 16, Schreiben von Prorektor Maunz an NS-Dozentenbundführer Berger vom 19. September 1940. Auch im Fall des Archäologen Werner Technau wurde der Personalakte kein Gutachten beigelegt.

462 Vgl. Böhm, Spörl, S. 16.

che mit Kollegen.[463] Mit Maunz, oder „Manzoni", wie er ihn nannte, knüpfte er eine enge Freundschaft.[464]

Nicht zuletzt erwies sich Maunz auch gegenüber der Freiburger Katholischen Fakultät hilfsbereit. Der Katholizismus befand sich wie im Reich so auch an der Universität Freiburg seit längerem in der Defensive. In der Aufbruchsstimmung der Jahre 1933 und 1934 hatte Heidegger propagiert, dass Nationalsozialismus und Katholizismus sich generell ausschlössen.[465] Seit 1935 gab es dann gezielte Aktionen gegenüber der katholischen Hochschulgemeinde. Männer in SA-Uniformen störten eine Veranstaltung der katholischen Studentenseelsorge und in der *Freiburger Studentenzeitung* wurde daraufhin ein Artikel abgedruckt, der weitere Maßnahmen gegen Katholiken ankündigte.[466] Im Juni 1937 wurden in der Universität Plakate angebracht mit Aufschriften wie „Die deutsche Hochschule kein Ort der Pfaffen". Im selben Monat agitierten nationalsozialistische Studenten vor dem Freiburger Münster gegen Gläubige, die einen Gottesdienst besuchten.[467]

Maunz steckte den Theologen der Fakultät wohl wiederholt Informationen zu. Joseph Sauer notierte am 20. März 1939 in sein Tagebuch: „Nachmittags kam Wikenhauser mit einer neuen Hiobspost, die er mir [...] gegen die Zusicherung, dass ich nicht nach seiner Quelle frage (Maunz?), vorlegte: die Münchner Theologische Fakultät werde nicht mehr eröffnet; in Bälde werde die Tübinger Katholische Fakultät aufgehoben, dann auch gleich die Heidelberger. In drei bis fünf Jahren hoffe man so alle Fakultäten abgewürgt zu haben."[468] 1939 sollte dann der Lehrstuhl für Christliche Archäologie und Kunstgeschichte aus der Theologischen Fakultät herausgelöst und in die Philosophische Fakultät eingegliedert werden.[469] Zweifellos hätte dies

463 Ebd.

464 Vgl. dazu das Unterkapitel zu Johannes Spörl (4.3)

465 Grün, Rektor als Führer, S. 302.

466 Ebd., S. 300.

467 Ebd., S. 428.

468 Zit. nach: Claus Arnold, Katholizismus als Kulturmacht. Der Freiburger Theologe Joseph Sauer (1872–1949) und das Erbe des Franz Xaver Kraus, Paderborn u. a. 1999, S. 390.

469 Ders., Die Theologische und Philosophische Fakultät – oder: der konfessionelle Faktor, in: Eckhard Wirbelauer, Sylvia Paletschek, Dieter Speck (Hrsg.), Die Freiburger Philosophische Fakultät 1920–1960. Mitglieder – Strukturen – Vernetzungen. Freiburg, München 2006, S. 731–747, S. 744.

eine Schwächung der Freiburger Theologie bedeutet.[470] Maunz half als Ratgeber: Er schlug vor, den Freiburger Erzbischof Gröber einzuschalten. Der Erzbischof solle sich nach Rom wenden und dort um Unterstützung werben. Dies könne insbesondere angesichts der aktuellen politischen Lage aussichtsreich sein. „Es sei möglich", sagte Maunz dem Tagebuch Joseph Sauers gemäß, „dass Hitler aus dem Bedürfnis nach einer inneren Einheitsfront Rom in diesem Punkt nachgeben werde, da man unverkennbar auf einen nahen Krieg zusteuere".[471]

470 Ebd.

471 Zit. nach Arnold, Katholizismus, S. 390. Vgl. BayHStA München, MK 69286, Schreiben Maunz an Staatsminister vom 12. Februar 1952: Maunz gibt an, der Theologischen Fakultät bei vertraulichen Sitzungen als Rechtsberater assistiert zu haben.

3.5 Kriegsteilnahme und „Kriegseinsatz der Deutschen Geisteswissenschaften“

Während Maunz im Ersten Weltkrieg knapp um eine Kriegsteilnahme herumgekommen war, musste er bereits im ersten Monat des Zweiten Weltkriegs zur Wehrmacht. Im September 1939 kam er zu einer „Baukompanie“ nach Feldkirch im Breisgau.[472] Froh darüber war er nicht, weder über den Einberufungsbescheid an sich, noch über die Zuteilung. Lieber wäre ihm eine „Luftnachrichtentruppe“ gewesen. Von deren Vorzügen hatte ihn vielleicht Martin Kähler überzeugt, der „Korpsführer des nationalsozialistischen Fliegerkorps“. Kähler hatte bei ihm 1937 eine Arbeit geschrieben.[473] Maunz haderte jedenfalls mit seinem militärischen Schicksal und bat den Freiburger Rektor Metz um Intervention. Metz tat ihm den Gefallen, schrieb an einen Bekannten im Reichsinnenministerium und stellte klar, „dass es wirklich zweckmäßiger wäre, solche Fachleute, von denen es ja gar nicht viele gibt, für andere wichtige Aufgaben einzusetzen“.[474] Im Januar 1940 war Maunz dann wieder zurück an der Universität Freiburg.

Ein Schicksal wie manch seiner 32 Doktoranden (Stand 1940) blieb ihm erspart. Einer von ihnen, Ernst Galli, schrieb ihm von der Ostfront bei klirrender Kälte: „Was nun meine Promotion angeht, so stehen hier meine Aktien wieder denkbar schlecht. Die Urlaubsmöglichkeit ist absolut abgeschnitten. [...] Damit hatte ich also in meinen düsteren Erwartungen an eine weitere Möglichkeit, meine Dissertation zu bearbeiten recht behalten. [...] Hier ist es grässlich kalt, die Temperatur hält sich hartnäckig zwischen -30° -40°. [...] Unsere Heimatgedanken sind jämmerlich geschmolzen, die Hoffnungen gehen nur noch dahin, dass nach diesem harten Januar der Winter wieder sichtbar dem Ende zu nähern werde.“[475]

472 StdA München, NL Maunz 15, Schreiben Rektor Friedrich Metz an Maunz vom 20. September 1939.

473 Vgl. ebd., Schreiben Martin Kähler an Theodor Maunz vom 8. Dezember 1937.

474 Ebd., NL Maunz 15, Schreiben Rektor Friedrich Metz an Maunz vom 20. September 1939.

475 Ebd., NL Maunz 17, Schreiben Ernst Galli an Theodor Maunz vom 2. Januar 1941. Vgl. dazu auch ebd., Schreiben Leutnant Kindermann an Maunz vom 11. Dezember 1941. Kindermann steht ebenfalls „im Osten“ und kann so seine Dissertation nicht „fortführen“.

Im Gegensatz zu Galli hatte es Maunz geradezu luxuriös, als er im April 1943 ein zweites Mal einberufen wurde. In Augsburg erhielt er bei einem Luftnachrichtenregiment eine Ausbildung zum Funker: „Ich habe es gut getroffen", schrieb er. „Die Verpflegung ist vorzüglich, die Wohnung in kleinen modern ausgestatteten Zimmern (Warmwasserleitung) komfortabel. Der Kompanieführer, ein 52-jähriger Studienrat ist ein angenehmer und verständnisvoll sorgender Mann." Abseits des hektischen Freiburger Universitätsbetriebs fiel sogar der Stress der letzten Jahre vorübergehend von ihm ab. So behauptete er jedenfalls: „Meine jetzige Arbeit ist ungleich anstrengungsloser, als es die letzten Jahre in Freiburg waren. [...] Ich habe hier auch meine innere Ruhe wieder vollkommen gefunden."[476]

Natürlich war ein dauerhaftes Soldatenleben aber nicht das Ziel. Maunz wollte zurück ins zivile Leben und hoffte auf den Militärarzt. Der sollte ihn als untauglich einstufen. Doch der Arzt zeigte sich widerspenstig. Maunz konstatierte enttäuscht: „Die Würfel sind anders gefallen. Ich erkenne den Schicksalswurf an, [...] zumal der nächste Arzt wieder einen anderen Tauglichkeitsgrad feststellen kann."[477] Doch es kamen ihm wieder einmal seine Beziehungen zu Hilfe. Die Universitätsleitung trat für ihn ein und bat beim Kommandeur des Luftnachrichtenregiments in Augsburg-Pfersee um „einen Arbeitsauftrag des Reichsluftfahrtministeriums". „Dann könnte auch die Universität in gewissem Maße auf ihn zurückgreifen." Auch der „Einsatz bei einem Luftwaffenstützpunkt in der Nähe von Freiburg" wäre für die Universität von Vorteil, da man angesichts der Einberufung mehrerer Hochschullehrer eine dünne Personaldecke habe.[478] Und tatsächlich wurde Maunz daraufhin zur „Luftnachrichtenstelle Fliegerhorst Freiburg" versetzt.[479] Im Wintersemester 1943/44 konnte er so wieder Veranstaltungen an der Universität halten.[480] Und es kam noch besser: Am 15. Mai 1944 wurde er schließlich aus

476 UA Freiburg, C130/940, Schreiben Maunz an Erik Wolf vom 19. April 1943.

477 Ebd.

478 Ebd. Schreiben Universität Freiburg an Kommandeur der Abt. I des Luftnachrichtenregiments Augsburg-Pfersee vom 24. Mai 1943.

479 Ebd. Schreiben Fakultät an Wehrbezirkskommando Freiburg vom 17. Mai 1944.

480 Vorlesungsverzeichnis Albert-Ludwigs-Universität Freiburg, Wintersemester 1943/44, S. 50: Angekündigt waren u. a. eine Vorlesung „Deutsches Verfassungsrecht" und eine Übung „Öffentliches Recht".

der Wehrmacht „entlassen".[481] Allerdings wurde er im Winter noch als Volkssturmmann im Elsass eingesetzt.[482]

Neben dem praktischen leistete Maunz einen theoretischen Kriegsbeitrag. Wie andere sah er es wohl auch als Chance, einem langanhaltenden Fronteinsatz zu entkommen.[483] Er beteiligte sich am „Kriegseinsatz der Deutschen Geisteswissenschaften". Diesen hatte der Kieler Universitätsrektor Paul Ritterbusch aus der Taufe gehoben, den Maunz beim „Kitzeberger Lager" kennengelernt hatte. Es handelte sich um ein interdisziplinäres Forschungsprojekt, das den Weltkriegsgegnern „an einer ‚Dritten Front' [...] eine intellektuelle Niederlage [...] bereiten" sollte.[484] Ritterbuschs Projekt bewegte sich bald in gewaltigen Dimensionen. 600 Wissenschaftler beteiligten sich.[485] Sie stammten aus allen erdenklichen Disziplinen, aus Anglistik, Romanistik, Geschichte, Jura, Germanistik oder Philosophie. An der Universität Freiburg partizipierten allein 21 Gelehrte, darunter von der Rechtswissenschaftlichen Fakultät Franz Beyerle, Hans Gerber und Erik Wolf.[486] Trotzdem war die zahlenmäßige Bereitschaft der Freiburger Professoren gemessen mit der im Reich nur Durchschnitt.

Maunz lieferte „Gestalt und Recht der Polizei", die umstrittenste Schrift seines Lebens. Walter Eucken sollte sie später als „Katechismus der SS und Gestapo" bzw. als eine „Anleitung zum Bau von Konzentrationslagern" bezeichnen.[487] Maunz selbst wird entgegnen, er habe ja nur die zeitgenössi-

481 UA Freiburg, C130/940, Schreiben Fakultät an Wehrbezirkskommando Freiburg vom 17. Mai 1944.

482 Ebd. Schreiben Dekan an Volkssturmmann Maunz vom 20. Februar 1945; StdA München, NL Maunz 197, Schreiben Maya an Maunz vom 29. November 1944: Maunz diente im Volkssturmbataillon 1, 1. Kompanie, 4. Zug.

483 Vgl. UA Freiburg, C130/940, Schreiben Maunz an Erik Wolf vom 19. April 1943: „Ich habe im Rahmen des erstlich Erlebten große Mühe darauf verwendet, auf meinem zivilen Posten auszuharren."

484 Frank-Rutger Hausmann, Der „Kriegseinsatz der Deutschen Geisteswissenschaften" (1940–1945) und die Albert-Ludwigs-Universität, in: Bernd Martin (Hrsg.), 550 Jahre Albert-Ludwigs-Universität Freiburg im Breisgau. Festschrift. Band. 3. Freiburg, München 2007, S. 470–484, S. 471; Vgl. auch Ders., „Deutsche Geisteswissenschaft im Zweiten Weltkrieg. Die „Aktion Ritterbusch" (1940–1945). Dresden, München 2002.

485 Ebd.

486 Ebd., S. 477 f.

487 Zit. nach Zeller, Neue Fächer, S. 451.

sche Realität beschrieben.[488] Unrecht haben beide nicht ganz. Denn einerseits war Maunz erkennbar um Deskription bemüht. Er wollte die mannigfachen Entwicklungen seit 1933 zusammenfassen, sammeln, ordnen und systematisieren.[489] Er beschrieb den Ist-Zustand, verzichtete auf Kampfvokabular und Elogen, bemühte sich in positivrechtlicher Manier um eine mehr oder wenige sachliche Darstellung. Der Duktus war am Jargon der Zeit gemessen überwiegend neutral, manche sagten kalt, sodass die Darstellung wohl vereinzelt sogar als Kritik rezipiert wurde.[490] Dass sie im Übrigen keine vorbehaltlose Apotheose des Führerstaats war, wird auch am Misstrauen des Reichspropagandaministeriums deutlich. Es gab für die Veröffentlichung zunächst kein grünes Licht. Im Oktober 1941 hatte Maunz das fertige Manuskript an die Hanseatische Verlagsanstalt geschickt.[491] Doch noch im Sommer 1942 lag es im Ministerium. Und erst nachdem Maunz persönlich in Berlin vorgesprochen hatte, konnte die Schrift 1943 auf den Markt kommen.[492]

Andererseits verschaffte er mit „Gestalt und Recht der Polizei" den Gräueltaten der Nationalsozialisten eine juristische Legitimation. Der Inhalt lief, so der Rechtshistoriker Andreas Schwegel, „im Kern auf eine ‚Führerexekutive' hinaus, die in einer normfreien Sphäre operierte". Wo eine „geschriebene Rechtsgrundlage" fehle, könne sich die Polizei, so Maunz, auf eine „institutionelle Ermächtigung" berufen.[493] Maunz reihte sich mit dem Buch in die Schlange von Polizeirechtsliteraten wie Best und Höhn, die der „Entgrenzung der polizeilichen Befugnisse" eine juristische Basis schufen.[494]

488 BayHstA München, NL Maunz 14, Schreiben Maunz an Dekan der Rechts- und Staatswirtschaftlichen Fakultät Freiburg vom 14. Mai 1945: „In dieser Schrift wird das damals in Geltung gewesene Polizeirecht dargestellt."

489 Vgl. Andreas Schwegel, Der Polizeibegriff im NS-Staat. Polizeirecht, juristische Publizistik und Judikative 1931–1944, Tübingen 2005, S. 325.

490 BayHStA München, MK 69286, Schreiben Maunz an Staatsminister vom 12. Februar 1952.

491 StdA München NL Maunz 18, Schreiben Maunz an Paul Ritterbusch vom 12. Juni 1942: „Lieber Herr Ritterbusch! Wie mir die Hanseatische Verlagsanstalt heute mitteilt ist meine staatsrechtliche Kriegseinsatzarbeit [...], die ich im Oktober des vergangenen Jahres abgeliefert habe, vom Reichspropagandaministerium (Herrn Dr. Lutze) bisher noch nicht an den Verlag zurückgekommen."

492 Ebd., Schreiben Reinhard Höhn an Maunz vom 3. Juli 1942.

493 Schwegel, Polizei, S. 326.

494 Hollerbach, Pringsheim – Wolf – Maunz, S. 299.

Neben dem Polizeibuch lieferte Maunz einen zweiten Beitrag zum geisteswissenschaftlichen Kriegseinsatz. Er widmete sich dem historischen „Reich der Spanischen Großmachtzeit“.[495] Den theoretischen Rahmen gab die Großraumlehre Carl Schmitts vor.[496] Schmitt hatte zwei klassische Formen von Großmächten unterschieden: die „Land- und die Seemacht“. Da sich der Reichsgedanke Spaniens mit diesen zwei Typen nicht vollständig beschreiben ließ, ergänzte Maunz die Typologie nun um die „Priestermacht“. Der Begriff sollte die „theokratische Färbung der Regierungslenkung, den bewussten und gewollten Zusammenhang von Politik und Kriegführung mit einer transzendenten Weltordnung“ Spaniens fassen.[497]

Die Aufgabe der transzendenten Orientierung der Politik, die Verwässerung des Konzepts der „Priestermacht“, sei dann auch verantwortlich für den historischen Abstieg Spaniens gewesen. Im 17. Jahrhundert sei Spanien eine „Großmacht“ gewesen, „auch im 18. Jahrhundert hatte es noch im Konzert der Großmächte gesessen“, aber „das 19. Jahrhundert [...] hat Spaniens Laufbahn als Großmacht endgültig abgeschlossen“. Ursachen waren nicht „die Kette von Kriegen oder Niederlagen [...], auch nicht die mächtigen Gegner [...], und selbst nicht der Mangel an seemännischem Blick“. Vielmehr verhielt es sich so: „Die Grundlagen des spanischen Handelns durch Jahrhunderte waren inzwischen verloren gegangen. Die Verbindung von Glaube und Schwert hatte ihren echten Sinn infolge des Gestaltwandels der Erde verloren. Das theokratische Rückgrat für Spaniens Herrschaft, die Priestermacht, war durch Aufklärung und Liberalismus ausgehöhlt. Das Bewusstsein aber, Vollstrecker einer überirdischen Vorsehung zu sein, der Sendungsglaube, war verschüttet. Das musste zum Ende der alten Stellung führen.“[498]

Es ist nicht ausgeschlossen, dass Spanien Maunz auch als Folie diente, um die Entwicklungen in Deutschland zu beschreiben. Jedenfalls lässt die Schrift

495 Theodor Maunz, Das Reich der spanischen Großmachtzeit, Hamburg 1944.

496 Vgl. ebd., S. 7: „Der deutsche Mensch von heute sieht sein Reich als überlegene Landmacht an und erkennt seinen gefährlichsten Gegenpart als die größte Seemacht. Sein Weltbild gleitet so unversehens in den uralten Gegensatz Landmacht gegen Seemacht über [...]. Diese Gegenüberstellung ist in der Tat höchst fruchtbar, und verdient nach den wissenschaftlichen Programmen bahnbrechender deutscher Forscher noch viel stärker bis zu den letzten Folgerungen durchdacht zu werden.“

497 Ebd., S. 8.

498 Ebd., S. 141.

eine solche Interpretation zu. Als sie 1944 erschien, ging das Deutsche Reich wie das frühere Spanische seinem Untergang entgegen. Für Reinhard Mehring ist sie deshalb auch eine leise Distanzierung, ein „Abgesang“ auf das nationalsozialistische Reich. Das Motiv habe Maunz mit Carl Schmitt geteilt, der ähnliches schrieb: Beide wollten eben „bei Kriegsende […] nicht als Dummköpfe dastehen.“[499]

499 Mehring, Schmitt, S. 430.

3.6 Vertrauter Aussenseiter – Das Verhältnis zum Freiburger Widerstand

Maunz' Wirkungsort, die Universität Freiburg, war alles andere als eine nationalsozialistische Bastion.[500] Insbesondere an der Rechts- und Staatswissenschaftlichen Fakultät lehrten mehrere Regimegegner. Schon früh, Mitte der 1930er-Jahre, hatten sich einige von ihnen zu einer Gruppe um Walter Eucken gesammelt. Es waren zunächst insbesondere Juristen und Wirtschaftswissenschaftler, die in Gemeinschaftsseminaren Alternativen zur aktuellen politischen Ordnung diskutierten. Ab 1938 erweiterte sich der Kreis, es stießen u.a. der Historiker Gerhard Ritter und der Agrarwissenschaftler Constantin von Dietze dazu, man wurde ein relativ fester Zirkel, das sog. „Freiburger Konzil".[501] Bald nahmen auch evangelische und katholische Geistliche sowie einige Ehefrauen teil. Man traf sich abwechselnd in Privatwohnungen, debattierte über Gefolgschaft und Widerstand und, inwieweit man als Christ die Pflicht zu dem ein oder anderen habe. Eine konkrete Widerstandsaktion im Sinne Elsers oder Stauffenbergs schloss man aber aus. Man war, so Adolf Lampe, ein „theologischer Diskussionskreis von hohem Niveau mit einigen Laienbeigaben."[502]

Die Aktivitäten waren allein deshalb nicht ungefährlich, weil an der Freiburger Universität ein Zirkel von Professoren und Dozenten existierte, der enge Beziehungen zum Sicherheitsdienst pflegte. Einige Wissenschaftler der Albrecht-Ludwigs-Universität trafen sich wohl sogar „regelmäßig im Haus des SD in der Josefsstraße [...] und zwar in Anwesenheit eines Obersturmbannführers". Sie sprachen dort auch „über Universitätsangelegenheiten".

500 Hans Maier, Akademischer Widerstand, im Dritten Reich, in: Ders. (Hrsg). Die Freiburger Kreise. Akademischer Widerstand und Soziale Marktwirtschaft, Paderborn 2014, S. 11–24, S. 12.

501 Vgl. Nils Goldschmidt, Verfolgung und Widerstand: Die Freiburger Kreise, in: Bernd Martin (Hrsg.), 550 Jahre Albert-Ludwigs-Universität Freiburg im Breisgau. Festschrift. Bd.3, Freiburg, München 2007, S. 503–519, S. 505. Vgl. zur Entstehung des „Freiburger Konzils": Christine Blumenberg-Lampe, Das wirtschaftliche Programm der „Freiburger Kreise". Entwurf einer freiheitlich-sozialen Nachkriegswirtschaft. Nationalökonomen gegen den Nationalsozialismus. Berlin 1973.

502 Zit. nach Daniela Rüther, Der Widerstand des 20. Juli auf dem Weg in die Soziale Marktwirtschaft. Die wirtschaftspolitischen Vorstellungen der bürgerlichen Opposition gegen Hitler, Paderborn u. a. 2002, S. 194.

Und nicht nur aus diesem Kreis musste man Denunziationen befürchten. Sie drohten auch aus den Reihen der Studenten.[503]

Von Maunz drohten sie hingegen nicht. Er wird später erzählen, dass er das Vertrauen der Oppositionellen an der Universität gleich nach seiner Berufung 1935 gewonnen habe. Sie hätten das schlimmste befürchtet, schließlich sei er aus München, der Hauptstadt der Bewegung, gekommen. Doch er begrüßte sie nicht mit einem linientreuen „Heil Hitler“, sondern mit einem „Grüß Gott“.[504]

In Bezug auf den „Freiburger-Kreis“ um Walter Eucken war Maunz ein vertrauter Außenseiter. Er war weitgehend über dessen Aktivitäten im Bilde, wahrte einen gewissen Sicherheitsabstand, doch verhielt er sich loyal. Franz Böhm, ein Mitglied, wird später schreiben: Maunz habe sie zwar für „Fanatiker“ gehalten, doch „wir konnten sicher sein“: Er „würde niemals einen von uns in Schwierigkeiten gebracht haben.“[505]

Maunz zeigte sich gegenüber Mitgliedern des „Eucken-Kreises“ auch hilfsbereit. Im Frühjahr 1937 war der Agrarwissenschaftler Constantin von Dietze als Professor nach Freiburg gekommen, im Sommer vertrat der gläubige Christ dann in Potsdam bei einem Sonntagsgottesdienst einen inhaftierten Pfarrer. Er warnte die Gemeinde vor dessen Nachfolger, einem opportunistischen „Deutschen Christen“. Man nahm von Dietze daraufhin wegen Hausfriedensbruchs, Störung eines Gottesdienstes und der Abhaltung einer nicht genehmigten Versammlung unter freiem Himmel“ in Gewahrsam.[506] Maunz

503 Thomas Schnabel, Die Universität Freiburg im Krieg, in: Eckhard John u. a. (Hrsg.), Die Freiburger Universität in der Zeit des Nationalsozialismus. Freiburg u. a. 1991, S. 221–241, S. 236 f.

504 Zeitzeugengespräch mit Frau Dr. Erika Klein vom 5. November 2015.

505 BayHStA München, NL Josef Schwalber 90, Gutachten über Maunz, Anhang Schreiben Erich Kaufmann an Alois Hundhammer vom 9. August 1950.

506 ThULB Jena, NL Eucken, Universitätsverwaltung Freiburg 1933–45, Schreiben Dr. Hesse (Major im Reichskriegsministerium und Privatdozent an der Universität Berlin) an Dekan Maunz vom 14. Juli 1937: Von Dietze „ist am vergangenen Sonntag, den 11.7., nachmittags von der Geheimen Staatspolizei verhaftet und in das Polizeipräsidium Potsdam gebracht worden. Von hier ist er am Dienstag in das zum Amtsgericht Potsdam gehörige Untersuchungsgefängnis gebracht worden, wo er sich noch befindet. Zur Last wird ihm Folgendes gelegt: Als Ältester des Bruderrates der Bekenntnisgemeinde der hiesigen Heiligegeistkirche [!] hat er am vergangenen Sonntag Vormittag die anwesenden Mitglieder der Bekenntnisgemeinde kurz vor Beginn des Gottesdienstes zum Verlassen der Kirche aufgefordert, da der Geistliche der Gemeinde, Pfarrer Kunkel, infolge Verhaftung nicht er-

war zu dieser Zeit Dekan der Rechts- und Staatswissenschaftlichen Fakultät. Was er genau unternahm ist unbekannt, aber von Dietze wird ihm später schreiben: „Ich denke besonders an die Hilfe, die ich von Ihnen, als Sie Dekan waren, bei meiner ersten Verhaftung 1937 erfuhr."[507]

Auch sieben Jahre später war die Hilfsbereitschaft noch vorhanden. 1944 verhaftete die Gestapo die Freiburger Professoren Constantin von Dietze, Adolf Lampe und Gerhard Ritter. Die drei standen mit Pfarrer Dietrich Bonhoeffer in Kontakt und hatten für ihn eine Programmschrift mit Leitlinien für eine ideale politische und wirtschaftliche Neuordnung für die Post-Hitler-Zeit verfasst. Im Rahmen der „Aktion Gitter", einer umfassenden Säuberungsaktion nach dem Stauffenberg-Attentat vom 20. Juli 1944, hatte die Gestapo nun von dem Projekt erfahren. Die drei Wissenschaftler wurden ins Gefängnis Berlin-Moabit gebracht und dort gefoltert. Sie fürchteten um ihr Leben: Von Dietze schickte seiner Frau Uhr und Ehering.[508]

In der Rechts- und Staatswissenschaftlichen Fakultät wusste man um den Ernst der Lage und wollte helfen: Erik Wolf verfasste einen Brief in „zittrig geschriebenen Zeilen". Er „habe die Nacht über hin und her gedacht, was man tun könnte". Er war nicht der einzige. Die halbe Fakultät diskutierte über Hilfsmöglichkeiten.[509] Auch Maunz war dabei. Und er übernahm im Anschluss an die Überlegungen eine wichtige Rolle: Über einen Vertrauensmann in Berlin beschaffte er Informationen über das bis dato unbekannte Schicksal der Inhaftierten. Er plante auch selbst in die Hauptstadt zu reisen, um Einfluss zu nehmen. Allerdings war die Lage dort angesichts alliierter Luftangriffe und heranrückender feindlicher Truppen chaotisch: Es war unklar, ob und

scheinen konnte, dafür aber ein Deutscher Christ als Geistlicher erschien. Der anwesende Superintendent Thom hat unmittelbar darauf die Anzeige wegen Störung des Gottesdienstes, Hausfriedensbruchs und Abhalten einer Versammlung vor der Kirchentür erstattet."

507 UA Freiburg, C100/829, Schreiben von Dietze an Maunz vom 15. August 1961.

508 Vgl. Hugo Ott, Die Freiburger Kreise – Der Freiburger Kreis, in: Hans Maier (Hrsg), Die Freiburger Kreise. Akademischer Widerstand und Soziale Marktwirtschaft. Paderborn 2014, S. 25–40, S. 37.

509 Die Diskussionen waren durchaus kontrovers. Vgl. BayHstA München, NL Maunz 13, Schreiben Erik Wolf an Walter Eucken vom 26. Januar 1945: „Eben war Herr Maunz wieder bei mir und berichtete, wie schon gestern Abend, von den Gesprächen in der Fakultät. Die anscheinend vorhandenen Divergenzen der Auffassungen, welche im Ergebnis dazu führt, dass in der Sache nichts geschieht, beunruhigt mich."

wohin beteiligte Behörden verlegt werden würden.[510] Dazu kamen persönliche Hemmnisse. Die Reise war gefährlich und Maya stand kurz vor der Entbindung des dritten Kindes.[511] Zu der Fahrt nach Berlin kam es letztlich nie, immerhin kamen die drei Inhaftierten auch ohne sie mit dem Leben davon. Der Volksgerichtshof verhandelte nicht mehr, nachdem eine Fliegerbombe den Gerichtspräsidenten Roland Freisler getötet hatte.[512]

Es ist sogar möglich, dass Maunz für die Freiburger Regimekritiker nicht nur ein vertrauter Außenseiter war, sondern, dass er sich selbst einem Zirkel von Regimekritikern anschloss. Er sei in Freiburg seit 1940 Mitglied einer „christlichen Widerstandsgruppe gegen den Nationalsozialismus" gewesen, wird Maunz im Rahmen der Entnazifizierung einmal behaupten.[513] Das war sicher etwas dick aufgetragen, doch ohne Grundlage war es wohl nicht. Der „Färber-Kreis" war nun keine Widerstandsgruppe im Definitionssinn, denn die Mitglieder verzichteten sowohl auf Öffentlichkeit als auch auf performative Maßnahmen. Doch war er ein Zirkel von Nonkonformisten. Man traf

510 BayHstA München, NL Maunz 14, Schreiben des Berliner Regierungsrats Horst Arndt an Maunz vom 8. Februar 1945: „Sehr geehrter Herr Professor! Wenn ich Ihnen erst mehrere Wochen nach dem Besuch von Herrn Dr. Holz antworte, so bitte ich, dies mit den außergewöhnlichen Zeitumständen zu entschuldigen, denen wir hier arbeitsmäßig, wie auch seit kurzem in unserer Lebensführung in Berlin unterworfen sind. Ich habe jedoch in der Angelegenheit, um deren Willen mich Herr Dr. Holz in Ihrem Auftrag aufsuchte, weiter verfolgt und darf Ihnen heute folgenden Sachverhalt mitteilen: 1. Die Professoren v. Dietze, Lampe, Ritter sind vom Chef der Sicherheitspolizei bereits an den Volksgerichtshof überstellt worden. 2. Einen Termin zur Verhandlung gegen einen oder alle 3 Herren habe ich bisher nicht ermitteln können. […] 4. Über das Projekt Ihrer Reise nach Berlin habe ich mit Herrn Dr. Holz seinerzeit schon kurz gesprochen. […] Ich bin jedoch im Augenblick der Ansicht, dass man mit der Reise zweckmäßigerweise wenigstens noch so lange warten sollte, bis die allerdringendsten Fragen, die mit der Verteidigung von Berlin zusammenhängen und die sich notwendigerweise auch auf die Dienststellen beziehen, mit denen Sie […] hier in Berlin Verbindung aufnehmen müssten, einigermaßen wenigstens geklärt sind. Ich denke hier insbesondere an die meines Wissens z. Zt. noch nicht endgültig entschiedene Frage der Verlagerung der Zentralbehörden aus Berlin bezw. Des Verbleibens von Führungsköpfen in der Reichshauptstadt."

511 BSB München, NL Spörl, Schreiben Spörl an Ministerialdirektor Schwend vom 28. Januar 1952.

512 Maier, Akademischer Widerstand, S. 11.

513 BayHstA München, NL Maunz 14, Anlage im Rahmen der Entnazifizierung: „Teilnehmer einer christlichen Widerstandsgruppe gegen den Nationalsozialismus (seit 1940). Zeugen […]: Dr. Bernhard Welte, Sekretär des Erzbischofs von Freiburg. Karl Färber, Hauptschriftleiter"

sich unter Freunden, diskutierte kritisch, gab sich emotionalen Halt und wartete bis der nationalsozialistische Spuk endlich vorbei sein würde. Eine katholische Wertebasis schweißte zusammen.[514]

Hieb- und stichfeste Belege über die Zugehörigkeit fehlen, doch dass Maunz an Zusammenkünften teilnahm, erscheint durchaus möglich. Für die unmittelbare Nachkriegszeit ist ein vertrauter Briefwechsel mit dem Zeitungsredakteur Karl Färber, dem Kopf der Gruppe, erhalten. Ebenso mit dem Theologen Bernhard Welte. Der Ursprung der beiden Beziehungen könnte im „Färber-Kreis" liegen. Und um die Karrieren von Max Müller und Johannes Spörl, zweier weiterer Mitglieder,[515] hatte sich Maunz als Prorektor der Universität schon während der NS-Zeit gekümmert. Spörl schrieb er im März 1944 dazu ganz im Sinne des „Färber-Kreises": „So heißt es also, unseren Mut auf das Warten zu konzentrieren und die Hoffnung unerschütterlich vor uns zu sehen. Die Zeit verlangt besondere Entsagung und Wachsamkeit von uns. Aber wir bringen sie auch auf und läutern uns dadurch für eine bessere Zukunft."[516]

514 Zum Färber-Kreis: Vossenkuhl, Max Müller, S. 135–170.

515 Zu Spörl und dem Färber-Kreis: Ebd., S. 152–154.

516 BSB München, NL Spörl, Schreiben Maunz an Spörl vom 7. März 1944.

3.7 Kriegsende

Spätestens seit Sommer 1944 arbeitete Maunz für das Oberkommando der Wehrmacht an einer wissenschaftlichen Publikation. Er war froh, am heimischen Schreibtisch in der Freiburger Lugostraße zu sein und nicht an der Front im Kugelhagel.[517] Die Auflösungserscheinungen des Dritten Reiches waren bereits unübersehbar. Ende 1944 berichtete Maunz: „Ich weiß nicht einmal mehr, ob die Abteilung im OKW noch besteht. Seit Mai höre ich von den Herrn, die mir den Auftrag gegeben haben, nichts mehr, befürchte aber alles und mache mich jeden Tag darauf gefasst, dass es endet."[518]

Gleichzeitig lehrte er weiter an der Universität. Er berichtete: „Wir halten weiterhin Vorlesungen bis 1.3.45. […] Wir haben über 200 Hörer in unserer Fakultät, die philosophische 120. […] Häufig überfliegen uns Feinde, aber ohne bisher gegen Freiburg etwas selbst unternommen zu haben. Wegen der zahlreichen Alarme haben wir jetzt den Befehl, auch bei Vollalarm weiterzulesen, also nicht in den Keller zu gehen."[519]

Der bis dato ausgebliebene Fliegerangriff auf Freiburg kam lediglich eine Woche nach Maunz' Brief. Am 27. November 1944 fielen innerhalb von 25 Minuten ungefähr 55000 Bomben, ca. 3000 Menschen wurden getötet. Unter den Universitätsangehörigen gab es hunderte Opfer.[520] Die Altstadt und viele Universitätsgebäude lagen in Schutt und Asche, die Universitätskirche war niedergebrannt, die Universitätsbibliothek war dem Einsturz nahe. Die Gebäude, die das Bombardement mehr oder weniger vollständig überstanden hatten, konnten nicht beheizt werden oder es fehlten Fenster und Türen.[521]

517 Ebd., Schreiben Maunz an Spörl vom 20. Juni 1944: „Ich sitze nun […] bis 1.3.45 an einer wissenschaftlichen Arbeit für das Oberkommando der Wehrmacht am Schreibtisch in der Lugostr. 10 – sofern nicht vorzeitig Wissenschaft und Arbeit abgebrochen werden müssen."

518 Ebd. Schreiben Maunz an Sporelli [Spitzname Spörls] vom 3. Oktober 1944.

519 Ebd. Schreiben Maunz an Spörl vom 20. November 1944.

520 Dieter Speck, Aus den Trümmern eine neue Zukunft bauen – Zerstörung und Neubeginn der Albert-Ludwigs-Universität, in: Freiburger Universitätsblätter 127 (1995), S. 41–54, S.42.

521 Ebd.

Maunz war an diesem Tag selbst nicht in Freiburg. Seit dem 22. November befand er sich beim Volkssturm im Elsass.[522] Maya und die beiden Kinder waren allerdings in der Stadt. Sie blieben unversehrt wie auch die Wohnung in der Lugostraße.[523] Der Alltag in Freiburg geriet infolge der allgemeinen Zerstörung und der weiter über die Stadt hinwegziehenden Fliegergeschwader aus den Angeln. Maya berichtete: „Es fährt ja keine Straßenbahn, man muss alles zu Fuß machen und man hat am Tag nur so wenig Zeit etwas zu erledigen. Die Kellersitzungen nehmen viel Zeit in Anspruch. Ich hätte oft großes Bedürfnis zu ruhen, namentlich nach dem Essen; aber es ertönt immer wieder Sirenen- oder Flaksignal. Nachts liegen wir angezogen auf dem Bett, nur das Kleid wird ausgezogen, um ja möglichst schnell wieder bereit zu sein für den Keller."[524]

Zu den zerstörten Einrichtungen gehörte auch das von Maunz aufgebaute Kommunalwissenschaftliche Institut. Es lag „unter den Quadern der Institutskuppel".[525] Dies wiederum war der Ausgang einer Posse, die etwas über Maunz erfinderischen Umgang mit Autoritäten aussagt. Da Maunz während des Luftangriffs im Elsass war, begannen Dekan Böhmer und Erik Wolf, unterstützt von einigen Studenten und Hitlerjungen, mit der Bergung der Bibliothek seines Instituts. Als Maunz zurückkehrte, scherte er sich nicht sonderlich um das Inventar. So ordnete Dekan Böhmer an, Bücher und sonstige brauchbare Gegenstände ins Juristische Seminar zu schaffen. Dort hatte man einige Räume mit Rollglasfenstern ausgestattet. Die Gegenstände waren so vor Regen und Schnee geschützt und konnten auf Tischen und am Boden trocknen. Aber die Räume wurden bald wieder für den Unterricht gebraucht und so bat Böhmer nun Maunz, die Bücher wegzuschaffen. Man könne sie ja in freie Regale im Juristischen Seminar einordnen. Da Maunz wieder nicht reagierte, stellte Böhmer schließlich ein Ultimatum: Wenn er nicht bald handle, werde er die Bücher auf Flurräume verteilen lassen.[526]

522 StdA München, NL Maunz 197, Schreiben Maya an Volksturmmann Maunz vom 29. November 1944. Maunz diente in Volkssturmbataillon 1 in 1. Kompagnie, 4. Zug. Vgl. auch UA Freiburg, B34/797, Fragebogen der Militärregierung

523 Ebd. Maya schrieb: „Gottlob alles gesund, Wohnung unversehrt."

524 Ebd., Schreiben Maya an Maunz vom 4. Dezember 1944.

525 StdA München, NL Maunz 21, Schreiben an Theodor Maunz vom 14. Februar 1945.

526 UA Freiburg, B24-2318, Schreiben Dekan Boehmer an Rektor vom 20. Februar 1945.

So einen inadäquaten Platz wollte nun aber auch Maunz nicht. Um seinem Willen Nachdruck zu verleihen, bemühte er den Freiburger Oberbürgermeister. Er schrieb: „Der Herr Oberbürgermeister als Vorsitzender des Kuratoriums des Kommunalwissenschaftlichen Instituts lässt Sie durch mich bitten, die Institutsbücher im Juristischen Seminar zu belassen.... Ich habe den Eindruck, dass es der Herr Oberbürgermeister übel vermerken würde, wenn Sie die Bücher auf die Flurräume vor das Juristische Seminar liegen ließen...“[527].

Die Referenz war jedoch frei ausgedacht. Es wäre nie aufgefallen, wenn Dekan Böhmer den Freiburger Oberbürgermeister nicht zufällig auf dem Luginsland getroffen und auf die Direktive angesprochen hätte. So flog die Sache auf, Maunz stand als Lügenbaron da, der Oberbürgermeister war „ägriert“.[528]

In den Wochen darauf näherte sich die Erste Französische Armee von Norden her unaufhaltsam Freiburg. Zum Schutz vor den feindlichen Truppen hatte Maunz noch im Vorjahr zusammen mit Kollegen bei der Reaktivierung des „Westwalls“ mitgewirkt. An Spörl hatte er geschrieben: „Zunächst das Schippen. Seit dem 5. 9. wird mächtig am Westwall geschippt. Auch Heidegger, Ritter, Mangold [...] und andere Männer der Zeitgeschichte schippen. Richtiger ist zu sagen, sie schippten: die meisten haben nämlich krankheitshalber oder auch aus sonstigen Gründen wieder aufgehört.“[529]

Die Franzosen rückten trotz „Westwalls“ weiter vor, der militärische Widerstand in den Orten des Freiburger Umlands blieb verhalten, obwohl es vereinzelt zu Brückensprengungen und Gewehrfeuer durch Werwolfgruppen kam.[530] Der für die Verteidigung Freiburgs zuständige General Bader wies seine Truppen an, auf Kampfhandlungen zu verzichten, und rettete so wohl

527 Zit. nach Ebd.

528 Ebd., Schreiben Dekan Böhmer an Rektor vom 26. Februar 1945: „Als ich ihm mitteilte, dass Maunz am 17. 2. amtlich an mich geschrieben habe, [...] erklärte mir der Herr Oberbürgermeister aufs höchste erstaunt, dass das alles nicht der Wahrheit entspreche. Er selbst denke gar nicht daran, sich in die Angelegenheiten der Universität in irgend einer Weise einzumischen, das Kommunalwissenschaftliche Institut sei nicht, wie Herr Maunz behauptete, eine Städtische, sondern eine Universitätseinrichtung und werde ledigich von der Stadt zum Teil finanziert. Der Oberbürgermeister war über das Vorgehen des Herrn Maunz sehr ägriert, erklärte mir, Herr Maunz habe seinen Namen missbraucht, und er werde ihn deswegen zur Rede stellen.“

529 BSB München NL Spörl, Schreiben Maunz an Spörl vom 3. Oktober 1944.

530 Werner Köhler, Freiburg i. Br. 1945–1949: politisches Leben und Erfahrungen in der Nachkriegszeit, Freiburg 1987, S. 13.

einigen Menschen das Leben. Am Abend des 21. April war Freiburg von den Franzosen besetzt.[531]

531 Ebd.

4. Rückkehrer (1945–1957): Von der Suspendierung an der Universität Freiburg zum Münchner Ordinariat

4.1 Kampf um die Rückkehr an die Freiburger Universität

In der Nacht zum 25. April 1945, der vierten nach der Besetzung Freiburgs, verschafften sich drei französische Soldaten Zugang zu Maunz' Wohnung in der Lugostraße 10. Sie trugen Stahlhelme und Maschinenpistolen und durchstöberten unter dem Vorwand, Wehrmachtssoldaten zu suchen, die Wohnung nach Wertgegenständen. Die Franzosen nahmen Geld, Uhren und Personalpapiere und gingen zur Wohnung Erik Wolfs, seines Kollegen und Nachbarn, ein Stockwerk hinauf. Maunz stieg ihnen nach und informierte Wolf von dem Diebstahl. Wolf stellte sie daraufhin zur Rede, aber die Soldaten stritten alles ab und machten sich auf den Weg nach draußen. Wolf berichtete: „Alle drei gingen die Treppe wieder hinunter. Im Schein des hereinfallenden Mondlichts und der flackernden Kerzen, welche die drei in den Händen trugen, konnte ich nur erkennen, dass es relativ junge Leute waren."[532]

Der Vorfall gibt einen guten Eindruck von der instabilen Lage in Freiburg unmittelbar nach der französischen Besetzung. Es wehte ein Hauch von Anarchie durch die Stadt: Deutsche plünderten im Gasthaus zum Hirschen und am Güterbahnhof, Franzosen und ehemalige Zivil- und Zwangsarbeiter erbeuteten bei einem Fabrikanten in Kirchzarten Wein, Kirschwasser und deutschen Champagner. Es kam zu Vergewaltigungen, verängstigte Einwohner ergriffen die Flucht.[533] Die Zwischenfälle führten zu einem Gefühl der Verunsicherung in der Bevölkerung, wie die unklare Zukunft überhaupt. Andererseits wirkte die Anwesenheit der Franzosen für viele Freiburger befreiend. Der Beginn der Französischen Militärregierung, die mit der Berliner Erklärung im Juni offiziell besiegelt werden sollte, bedeutete das Ende nationalsozialistischer Herrschaft.[534]

532 BayHstA München, NL Maunz 13/1, Erklärung Erik Wolf vom 30. Juni 1945.

533 Köhler, Freiburg 1945–49, S. 15.

534 Stolleis, Geschichte des öffentlichen Rechts, Band 4, S. 25.

Für Maunz begann mit dem Einmarsch der Franzosen ein jahrelanger Existenzkampf. 1945 war für ihn keine „Stunde Null", vielmehr ein umgekehrtes 1933. Ein zweites Mal fiel ihm das zuvor mühsam angehäufte symbolische Kapital auf die Füße. Er hatte viel Mühe darauf verwendet, sich ein nationalsozialistisches Image zu geben, jetzt wurde es zur großen Gefahr für seine Zukunft.

Im September 1945 wurde er von der französischen Militärregierung als Hochschullehrer suspendiert.[535] Zwar hatte sich eine universitäre Reinigungskommission zunächst für seinen Verbleib an der Universität ausgesprochen,[536] doch erschienen den Franzosen seine Verstrickungen in das Geflecht des Nationalsozialismus zu groß. Maunz wurde vorübergehend arbeitslos, kämpfte mit Zukunftsängsten und fiel in ein psychisches Loch. In trübsinniger Stimmung verschanzte er sich mit seiner Frau wiederholt im Wohnzimmer der Freiburger Wohnung. Während seine 16-jährige Tochter seine Seelenqualen bemerkte und provokativ forderte, er solle sich nicht so hängen lassen,[537] wollte er seine eigenen Eltern nicht mit der Wahrheit belasten: „Solltest Du zufällig mit meinen Angehörigen [...] zusammentreffen," schrieb er Spörl nach München, „so sage ihnen bitte nicht, dass ich suspendiert bin! Wir haben ihnen geschrieben, dass ich wegen meiner gefährlichen Fächer vorerst keine Vorlesungen halten kann, damit sich die alten Leute nicht zu sehr um uns sorgen."[538]

Allerdings bot sich ihm schon bald die Chance auf eine adäquate Ersatzbeschäftigung. Das badische Innenministerium suchte nach einem Rechtsexperten und machte ihm das Angebot einer vorübergehenden Beschäftigung. Der Offerte stand jedoch die Suspension durch die Franzosen im Weg, die ihm auch eine Tätigkeit im Ministerium verbot. Doch Maunz hatte schon einen Plan: Er wandte sich an seinen Freund, den katholischen Zeitungsredakteur Karl Färber. Dieser solle wiederum einen Bekannten, Dr. Diemer, zu

535 Silke Seemann, Die politischen Säuberungen des Lehrkörpers der Freiburger Universität nach dem Ende des Zweiten Weltkriegs (1945–1957). Freiburg i. Br. 2002, S. 104.

536 Ebd., S. 101. Zur Reinigungskommission der Universität vgl. auch: Dies., Die gescheiterte Selbstreinigung: Entnazifizierung und Neubeginn, in: Bernd Martin (Hrsg.), 550 Jahre Albert-Ludwigs-Universität Freiburg: Festschrift. Band 3. Von der badischen Landesuniversität zur Hochschule des 21. Jahrhunderts. Freiburg 2007, S. 536–554.

537 Zeitzeugengespräch mit Frau Dr. Erika Klein vom 5. November 2015.

538 BSB München, NL Spörl, Schreiben von Maunz an Spörl vom 26. Februar 1946.

einem Treffen mit dem französischen Kontrolloffizier Jacques Lacant veranlassen. Bei dem Treffen solle Dr. Diemer eine Vorlage übergeben, die bezeuge, dass die Hörer an der Universität „den festen Eindruck gehabt hätten, dass meine Vorlesungen das Gegenteil von nationalsozialistisch“ waren. Natürlich wollte Maunz nicht als Drahtzieher enttarnt werden und so instruierte er Färber genau: Die „delikate Sache“ müsse von Dr. Diemer „höchst geschickt und vorsichtig angepackt werden“. Außerdem sei Geheimhaltung nötig: „Dass ich selbst von der Aktion weiß, sollte [...] nicht einmal Herr Dr. Diemer erfahren, auf keinen Fall aber Lacant.“[539]

Ob der Plan in die Realität umgesetzt wurde, ist unklar, jedenfalls dauerte es nicht lange, bis Maunz im badischen Innenministerium arbeitete.[540] Seine Gestaltungsspielräume waren dort schnell größer als sie an der Universität je hätten sein können. Es entstand die paradoxe Situation, dass er „zwar für die badische Landesregierung die politisch heikelsten Gesetzesentwürfe entwerfen“, aber ihre theoretischen Dimensionen im Hörsaal nicht vortragen durfte.[541] Maunz wurde sogar zum badischen Verfassungsvater. Im Innenministerium arbeitete er an Entwürfen einer neuen badischen Konstitution und verbrachte zu diesem Zweck im Winter 1946/47 mit Leo Wohleb, dem Präsidenten des badischen Staatssekretariats, „viele Stunden und Tage [...] im Colombi-Schlösschen in Freiburg“.[542] Maunz sorgte dabei wohl auch für ein Novum in der deutschen Verfassungsgeschichte. Auf seine Idee hin erhielten die Parteien in der neuen badischen Konstitution Verfassungsrang. Das hatten sie vorher nie und „eine Fernwirkung dieser Parteienverfassung dürfte das

539 BayHstA München, NL Maunz 14, Schreiben Maunz an Karl Färber vom 30. Januar 1946.

540 StaaAr Freiburg, F22/62, Schreiben badisches Kultusministerium an Innenministerium vom 8. März 1946: Maunz wurde zur „Aufstellung eines neuen Plans für die Gemeindeorganisation“ ins badische Innenministerium abgeordnet. Sie Suspendierung wurde dafür von der Militärregierung aufgehoben. BayHstA München, NL Maunz 14, Schreiben Administration Univers. Friburg (!) vom 25. Februar 1946.

541 BayHstA München NL Maunz 14, Schreiben Maunz an Prorektor vom 27. April 1946: „Seltsam wird es immer noch bleiben, dass ich zwar für die badische Landesregierung die politisch heikelsten Gesetzesentwürfe entwerfen, begründen und vor der Militärregierung vertreten darf, dass es aber politisch nicht für tragbar erachtet wird, denselben Stoff den Studierenden an der Universität vorzutragen.“

542 Wöhrle, Wohleb, S. 171.

Parteiengesetz in Verbindung mit dem GG sein, das ebenso die demokratische Strukturen von Parteien betont".[543]

Eine dauerhafte Tätigkeit im badischen Innenministerium war aber nicht das Ziel. Maunz wollte zurück an die Freiburger Universität. Er liebte seinen Beruf als Hochschullehrer, auch wäre ihm eine Verbannung ungerecht vorgekommen. Ein Schuldbewusstsein besaß er nicht. Er habe immerhin in „schwerer Zeit mit bestem Wollen zum Staat gehalten und eigene Opfer dafür gebracht", wird er später einmal schreiben.[544] Und er hatte sich seiner Meinung nach auch nicht über Gebühr angedient. Seine Aktivitäten in nationalen Verbänden seien schwach gewesen. Er sei den Nationalsozialisten wegen seiner katholischen Verwurzelung auch stets verdächtig erschienen.[545] Und er habe „versucht, […] vom Recht zu retten, was zu retten war".[546] Dies reklamierte er auch für sein stark in der Kritik stehendes Polizeibuch: Die Intention sei gewesen, „anstelle rechtsfreier Willkür den Rechtsgedanken und die Bindung der Polizei an die Rechtsordnung zu betonen. Es wurde keineswegs etwa all das als Recht bezeichnet, was die Polizei tut oder tat. Im Gegenteil wurde mehrmals die Forderung aufgestellt, dass sich die Polizei bei ihrem Handeln an das Recht hält."[547] Das Reichspropagandaministerium habe so ja

543 Frank R. Pfetsch, Zur Verfassung des Landes Baden im Mai 1947, in: Paul Ludwig Weinacht (Hrsg.), Gelb-Rote Regierungsjahre. Die Badische Politik nach 1945, Sigmaringendorf 1988, S. 127–147, S. 144. Vgl. auch StaaAr Freiburg, T1, Schühly 397, Schreiben Schühly an Maunz vom 7. Juli 1968: „Nur an eines glaube ich mich zu erinnern, dass die Rechtssätze über die politischen Parteien von Ihnen stammen."

544 LA NRW Duisburg, NL Schmitt, RW 265, Schreiben Maunz an Schmitt vom 31. Dezember 1965.

545 BayHstA München, NL Maunz 14, Schreiben Maunz an Prodekan vom 10. September 1947.

546 Ebd., Schreiben Maunz an der Akademische Rektorat der Universität Freiburg vom 2. November 1945.

547 Ebd., Schreiben Maunz an Dekan vom 14. Mai 1945. Maunz verteidigte sich nun generell damit, Naturrechtler zu sein. Vgl. StdA München, NL Maunz 21, Schreiben von Maunz: „Der wesentliche Kern meiner literarischen Arbeit ist folgende These: das Recht besteht nicht nur aus den Gesetzen (den Rechtsnormen), wie der Rechtspositivismus annimmt. Um zu einer wirklichen Gerechtigkeit zu kommen, muss man ausgehen von konkreten oder natürlichen Ordnungen, in denen das Recht eingeschrieben bereits vorhanden ist, z. B. Volk, Gemeinde, Beamtentum. […] Der Staatsführer handelt rechtmäßig, wenn er sich i. d. völkischen Ordnung bewegt, d. h. in der Rechtsordnung verwurzelt bleibt. Der Staat wird dadurch an ein überstaatliches Recht gebunden. Dieser Gedanke geht letztlich auf das christliche Naturrecht zurück. […] Naturgemäß musste bei der Darstellung des

auch eine Publikation zuerst untersagt.[548] Und Polizeipraktiker könnten sogar bezeugen, dass, die Schrift „gegen die polizeiliche Praxis verwendet worden ist, und den Polizeigegnern geholfen hat".[549]

An der Universität schieden sich an der Frage seiner Rückkehr die Geister. Die Ambivalenzen stehen exemplarisch für die Situation an der Freiburger Hochschule: „Das Problem der Vergangenheitsbewältigung polarisierte die unterschiedlichen Flügel des Lehrkörpers" regelrecht.[550] Eine Gruppe um den Ökonomen Walter Eucken wollte Maunz partout nicht mehr im Lehrkörper. Sie drängte ihn, sich eine Stelle in der Verwaltung zu suchen.[551] Die Gründe waren vielschichtig. Man wollte einen Neuanfang ohne nationalsozialistische Altlasten, eine akademische „Stunde Null". Zwar hielt man Maunz nicht für einen Nazi, aber man fand, dass er es mit seinen Anpassungsbemühungen übertrieben habe. Maunz' Polizeischrift war in Euckens Worten immerhin nichts anderes als der „Katechismus der SS und Gestapo" bzw. eine „Anleitung zum Bau von Konzentrationslagern".[552] Auch gab es noch offene Rechnungen. Maunz hatte Euckens mutige Vorlesung von 1936 offen kritisiert und es Anfang 1945 abgelehnt, für die drei von der Gestapo inhaftierten Universitätsmitglieder nach Berlin zu fahren.[553] Vielleicht spielten darüber hinaus noch Überlegungen eine Rolle, Maunz' Lehrstuhl für befreundete Hochschul-

geltenden Rechts der letzten 12 Jahre die nationalsozialistische Gesetzgebung mit ihrer Terminologie zugrundegelegt werden, weil sonst über das geltende Recht nicht hätte geschrieben werden können. In Wahrheit war aber meine Lehre etwas durchaus anderes, als der Nationalsozialismus wollte, denn das Naturrecht und die NS-Doktrin schließen sich wesensmäßig gegenseitig aus."

548 Ebd.

549 Ebd.: „Praktiker des Polizeirechts, unter anderem auch der jetzige stellvertretende Polizeipräsident von Freiburg, Bürgermeister Streng, versicherten mir, sie hätten aus der Schrift für ihre praktische Tätigkeit und Anschauung viel gelernt; andere bekundeten, daß sie die Schrift mit Vorteil bei der Interessensvertretung gegen die Polizei hätten verwenden können. Auch für später dürfte die Schrift nicht ohne Wert für die Forschung sein, da sie m. W. die einzige wissenschaftliche Darstellung des Polizeirechts jener vergangenen Zeit geblieben ist."

550 Seemann, Die politischen Säuberungen des Lehrkörpers, S. 50.

551 BayHstA München, NL Maunz 14, Schreiben Eucken an Maunz vom 2. November 1945: „Die Fakultät erwartet, daß Sie [...] eine andere geeignete Position im öffentlichen Dienst oder an anderer Stelle finden."

552 Zit. nach Zeller, Neue Fächer, S. 451.

553 BSB München, NL Spörl, Schreiben Spörl an Ministerialdirektor Schwend vom

lehrer freizubekommen.[554] Auch, dass Maunz als Katholik an seiner Fakultät ein konfessioneller Außenseiter war, stärkte seine Position nicht.

Auf der anderen Seite stand eine Gruppe von Unterstützern. Es waren hauptsächlich Katholiken, die im Nationalsozialismus ein wesentlich positiveres Bild von ihm gewonnen hatten. Immerhin hatte er der Theologischen Fakultät als Ratgeber gedient und sich um das berufliche Wohl katholischer Dozenten gekümmert. Dazu schien ihnen Maunz' Verbleib aus politischen Gründen zweckmäßig. Sie sahen mit Argwohn, dass in Baden viele Protestanten einflussreiche Posten besetzten und arbeiteten an einer Rekatholisierung der Universität.[555] Den Theologen Arthur Allgeier hatte Maunz zum Freund gewonnen und dieser hatte auch schon für ein mildes Urteil der universitären Reinigungskommission gesorgt.[556] Nun ließ er seine Beziehungen spielen. Er informierte den damaligen Hochschulreferenten im badischen Kultusministerium Leo Wohleb.[557] Dies war ein großer Schritt in eine erfolgreiche Zukunft, denn Wohleb sollte schon bald zum badischen Staatspräsidenten aufsteigen und Maunz' Schicksal in den nächsten Jahren zum Positiven verändern. Wohleb sagte Hilfe zu und es kam zum Kompromiss mit der Anti-Maunz-Partei: Maunz musste nicht in die Verwaltung wechseln, sondern bekam im November 1945 einen einjährigen „Urlaub zu Studienzwecken".[558] Damit wurde er zwar vorübergehend von der Universität verbannt und die Fakultät erwartete sogar ausdrücklich, dass er sich während des Moratoriums einen neuen Beruf suchte. Aber eine Rückkehr nach Jahresfrist war auch nicht ausgeschlossen.

Zum Widerstand von Seiten der Universität kam die Entnazifizierung. Sie sollte Personen, die sich im Nationalsozialismus schuldig gemacht hatten, aus

28. Januar 1952. Spörl führt Maunz' Ablehnung darauf zurück, dass Maunz Anfang 1945 die Reise zugunsten der inhaftierten Universitätsmitglieder nach Berlin nicht angetreten habe.

554 BayHstA München, MK 69286, Schreiben Maunz an bayerischen Kultusminister vom 12. Februar 1952: „Professor Böhm hat […] auf eigene Faust einen Dozenten des öffentlichen Rechts aus Jena nach Freiburg kommen lassen, um ihn im stillen bereit zu halten und in die Fakultät hineinzuschieben, sobald mein Lehrstuhl frei würde."

555 Seemann, Die politischen Säuberungen, S. 63. Wöhrle, Wohleb, S. 127 f.

556 UA Freiburg, B34/36, Schreiben Dekan der Theologischen Fakultät Allgeier an Rektor vom 13. Oktober 1945: „Um von vornherein persönliche Klarheit zu schaffen, schicke ich voraus, daß ich seit langer Zeit mit Herrn Maunz befreundet bin."

557 Ebd., Aktennotiz zu einer Besprechung vom 23. Oktober 1945.

558 UA Freiburg B110/316 Schreiben Maunz an badisches Kultusministerium vom 3. November 1945.

dem öffentlichen Leben entfernen.[559] Die französische Militärregierung, die im Vergleich zu den Amerikanern verstärkt auf die „auto-épuration", den Willen zur Selbstreinigung setzte,[560] verfügte 1946 zu diesem Zweck die Gründung von Landes- und Oberreinigungsausschüssen.[561] Diese sollten den Lehrkörper der Freiburger Universität durchprüfen. An der Universität fürchtete man eine große Entlassungswelle.[562] Auch Maunz musste damit rechnen, von ihr erfasst zu werden. Er wollte sich seinem Schicksal indes nicht blind überlassen und lotete wieder einmal Einflussmöglichkeiten aus: Sein Freund Spörl sollte den „Christlich-Sozialen-Vertreter" des Gremiums gewinnen. Maunz schrieb: „Es ist Herr Streng. Hast Du vielleicht Gelegenheit [...] ihn entsprechend zu informieren?"[563]

Ob Spörl dies tat ist unklar, aber die bedrohliche Situation nahm eine glückliche Wendung. Dem Senat gelang es, einen Sonderausschuss für die Universität durchzusetzen, der schließlich die Voruntersuchungen übernahm. Dessen Gutachten über verdächtige Professoren fielen in aller Regel nachsichtig aus. Der Landesreinigungsausschuss orientierte sich wiederum an den Gutachten und ließ so ebenfalls Nachsicht walten, auch weil er mit Zeitmangel und Überlastung zu kämpfen hatte. Spätestens seit Herbst 1946 ließ dann eine Versorgungskrise angesichts von Hunger und Kälte die Entnazifizierung nicht mehr als das vordringlichste Problem erscheinen.[564] Der französische Kontrolloffizier Lacant bemerkte später süffisant, dass die Urteile der Landesreinigungskommission sogar „insgesamt großzügiger ausgefallen sind als die Maßnahmen", die die Universität vorher selbst vorgenommen hatte.[565] Auch Maunz profitierte von der allgemeinen Milde, wie er wohl generell davon profitierte, in der französischen Zone zu leben, wo die Entnazifizierung vergleichsweise lax gehandhabt wurde: Er musste zwar eine Beschneidung sei-

559 Zur Entnazifizierung in Baden: Reinhard Grohnert, Die Entnazifizierung in Baden 1945–1949. Konzeptionen und Praxis der „Epuration" am Beispiel eines Landes der französischen Besatzungszone, Stuttgart 1991.

560 Vgl. Seemann: Die politischen Säuberungen, S. 53.

561 Ebd., S. 250 ff., Grohnert, Entnazifizierung, S. 80 ff.

562 Seemann, Die politischen Säuberungen, S. 250.

563 BSB NL Spörl Schreiben Maunz an Spörl vom 17. Mai 1946.

564 Seemann, Die politischen Säuberungen, S. 254 ff.

565 Zit. nach Grohnert, Die Entnazifizierung, S. 143.

nes Lehrauftrages hinnehmen und durfte kein Öffentliches Recht mehr lehren. Dazu kamen Gehaltseinbußen von 15 Prozent. Aber, und das war die Hauptsache: Er durfte an die Universität zurückkehren.[566] Am 21. Januar 1947 bestätigte die französische Militärregierung das Urteil der Landesreinigungskommission.[567] „Ich darf wohl annehmen", schrieb Maunz seinem Freund Allgeier, „dass mein eineinhalbjähriger Kampf um mein Lehramt einen gewissen Abschluss gefunden hat".[568]

Doch das hatte er nicht. Der Widerstand in der Fakultät war weiter ungebrochen. Im Sommer 1946 hatte das Lager der Gegner mit dem Remigranten Fritz Pringsheim noch einmal Verstärkung bekommen. Der Romanist und Rechtshistoriker war 1935 wegen seiner jüdischen Herkunft aus seinem Amt als Universitätslehrer entlassen worden. Er zog daraufhin von Freiburg nach Berlin, wo er bei der „Preußischen Akademie der Wissenschaften" unterkam. Nach einer vorübergehenden Internierung im Konzentrationslager Sachsenhausen emigrierte er dann im April 1939 nach England. Er fasste dort akademisch und privat schnell Fuß, bekam eine Stelle an der Universität Oxford und baute sich einen soliden Freundeskreis auf. Doch schon unmittelbar nach Kriegsende beschäftigte er sich mit seiner Rückkehr nach Freiburg.[569] Walter Eucken waren Pringsheims Gedankenspiele über die Rückkehr mehr als willkommen. Er war mit Pringsheim befreundet und bei Besuchen brachte er ihn in der eigenen Wohnung unter.[570] Er wollte ihn nach Freiburg zurückholen und aus ihm den „Musterfall einer geglückten Wiedereingliederung" machen.[571]

Pringsheim kehrte nach Freiburg zurück und er hielt Maunz als Hochschullehrer für untragbar. Wie Eucken war er der Meinung, dass er die Universität für eine saubere Universität verlassen müsse. Er zwang Maunz, eine wirtschaftsrechtliche Übung abzusagen, die er schon am „Schwarzen Brett"

566 Seemann, Die politischen Säuberungen, S. 265.

567 UA Freiburg, B110/316, Militärregierung an Rektorat vom 21. Januar 1947.

568 Ebd., C 67/2815, Schreiben Maunz an Allgeier vom 25. November 1946.

569 Vgl. Hollerbach, Pringsheim – Wolf – Maunz, S. 280 ff.

570 ThULB Jena, NL Eucken, Korrespondenz P, Schreiben Pringsheim an Eucken.

571 Zit. nach Bernd Martin, Die Entlassung der jüdischen Lehrkräfte an der Freiburger Universität und die Bemühungen um ihre Wiedereingliederung nach 1945, https://freidok.uni-freiburg.de/fedora/objects/freidok:2011/datastreams/FILE1/content (17. Februar 2018), S. 19.

der Universität angekündigt hatte. Auch forderte er Maunz auf, keine Doktoranden mehr zu betreuen, da er ohnehin bald aus der Fakultät ausscheiden solle.[572] Zudem kompromittierte er Maunz wohl beim badischen Staatspräsidenten und anderen höheren Persönlichkeiten.[573]

Die Aktivitäten fanden am 29. Juli 1947 ihren Höhepunkt. Pringsheim war mittlerweile Dekan der Rechts- und Staatswissenschaftlichen Fakultät. Er bestellte Maunz in sein Zimmer und baute vor ihm eine Drohkulisse auf: Würde er auf seinem Posten als Universitätslehrer beharren, dann drohe ihm der Komplettabsturz. Denn Hans Nawiasky, sein alter Lehrer, sei über seine Wandlung und Anpassungsbereitschaft während des Nationalsozialismus derart erbost, dass er eine weitere Lehrtätigkeit nicht akzeptieren würde. Nawiasky würde „alles tun", um ihn „aus seiner jetzigen Stellung herauszubringen". Auf dem Konstanzer Juristentag sei sein Verbleib darüber hinaus „heftig kritisiert" worden. Es drohe auch eine Pressekampagne gegen ihn, etwa aus der Schweiz. Darüber hinaus solle er sich den Sturm der Entrüstung ausmalen, wenn bekannt würde, dass Carl Schmitt und Ernst Rudolf Huber ihn als den „Vertreter des Verwaltungsrechts gerühmt" hätten, der „den ersten erfolgreichen Einbruch nat-Soz Gedanlengutes [!] ins Verwaltungsrecht vollzogen habe".[574] Er würde wohl nie wieder eine angesehene Stellung an einer Universität oder in der Verwaltung finden. Daher wäre es besser, sich aus eigenem Antrieb geräuschlos auf einen sicheren Posten in einer höheren Behörde zurückzuziehen. Er solle doch auch einmal an die „Existenz" seiner Familie denken.[575]

Maunz ließ sich davon nicht einschüchtern. Er reagierte äußerlich gelassen: Er bedankte sich bei Pringsheim für die „Informationen, die er erhalten habe" und sagte zu, sich nun energischer um einen Wechsel ins Innen-

572 BayHstA München, NL Maunz 14, Schreiben Maunz an badisches Kultusministerium vom 12. Januar 1948. Vgl. auch ebd. Schreiben von Dekan Pringsheim an Theodor Maunz vom 8. Mai 1947.

573 Ebd., Schreiben Maunz an badisches Kultusministerium vom 12. Januar 1948.

574 UA Freiburg, Aktennotiz in Sachen „Professor Mauntz"[!] von Fritz Pringsheim, datiert auf den 30. Juli 1949. „Am 29.7.47. hatte ich Herrn Mauntz [!] zu einer Besprechung gebeten. [...]. Der Zweck war, Herrn M. dringen zu raten, jeder Möglichkeit einer Anstellung, z.B. im Innenministerium, mit Energie zu verfolgen und von seiner noch sicheren Position in der Fakultät aus, diese als Sprungbrett benutzend, wo anders unter zu kommen."

575 BayHstA München, NL Maunz 14, Schreiben von Maunz an Prodekan vom 10. September 1947.

ministerium zu bemühen.[576] Natürlich war dies nur ein Lippenbekenntnis, um Pringsheim zu beschwichtigen. An Spörl schrieb Maunz seine wahren Absichten: Er werde den „Gegnern keinen Jota“ nachgeben und die Universität „keineswegs freiwillig“ verlassen.[577]

Das musste er auch nicht. Die badische Regierung stand hinter ihm. Er leistete ihr als Rechtsberater wertvolle Dienste und besaß bei ihr einen exzellenten Leumund. Wegen seiner juristischen Feinarbeit, seiner umgänglichen Art, seiner Konfession und auch, weil man in Bezug auf seine Vergangenheit der Meinung seines katholischen Unterstützerkreises zuneigte, zu dem man gute Beziehungen pflegte.[578] Wohleb, mittlerweile badischer Staatspräsident, und Paul Fleig, Ministerialdirektor im badischen Kultusministerium, „ermunterten“ Maunz, sich nicht unterkriegen zu lassen und „sagten Hilfe zu“.[579] Nachdem Maunz am 12. September 1948 im Spruchkammerverfahren in die Kategorie des „Mitläufers“ eingestuft wurde,[580] konnte er offiziell als integer genug gelten, um seine Profession als Hochschullehrer wieder voll auszufüllen. Das Kultusministerium drängte auf die Wiederherstellung seiner gesamten Lehrbefugnis. „Wir würden Wert darauf legen“, so das Ministerium, „dass […] Maunz mit Wirkung vom WiSe 1949/50 das ihm bei Berufung

576 UA Freiburg, B110/316, Aktennotiz in Sachen „Professor Mauntz“[!] von Fritz Pringsheim, datiert auf den 30. Juli 1947: „M. erklärte, dass mancherlei neues ihm heute bekannt geworden sei, und dass er nunmehr mit neuer Energie den Übertritt in das Innenministerium betreiben wolle.“

577 BSB München, NL Spörl, Schreiben Maunz an Spörl vom 11. Oktober 1947.

578 Vgl. BayHstA München, MK 69286, Bestätigung des badischen Innenministers Alfred Schühly vom 12. Februar 1952: „Ich habe miterlebt, wie 1945 einige Kollegen der rechts- und staatswissenschaftlichen Fakultät Freiburg versucht haben, den ordentlichen Professor Dr. Maunz von seinem Lehrstuhl zu verdrängen […]. Die Kollegen hatten für ihr Vorgehen keinerlei Legitimation und die Gründe, die sie […] vorbrachten, waren weder einleuchtend noch stichhaltig. Insbesondere erwies sich das Verhalten von Professor Dr. Maunz während des Dritten Reichs das im Hinblick auf die Behauptungen jener Kollegen genau nachgeprüft worden ist, als einwandfrei, und auch gegen seine literarischen Arbeiten […] konnten begründete Beanstandungen weder in wissenschaftlicher noch in politischer Hinsicht erhoben werden. Aus diesen Gründen hat die badische Landesregierung volles Vertrauen auf Professor Maunz gesetzt“.

579 BSB München, NL Spörl, Schreiben Maunz an Spörl vom 3. Dezember 1947.

580 UA Freiburg, B24-2318, Säuberungsbescheinigung vom 12. September 1948: „Eingruppierung: Mitläufer. Entscheidung: Keine Sühnemaßnahmen“.

übertragene Lehrgebiet für Öffentliches Recht in Vorlesungen und Übungen wieder vertritt“[581].

Die Fakultät bäumte sich ein letztes Mal auf: „Das Ethos des Lehramtes“ spreche gegen einen „staats- und verwaltungsrechtlichen Lehrauftrag von Herrn Maunz“, ließ der Dekan der Rechts- und Staatswissenschaftlichen Fakultät von Caemmerer im Februar 1950 verlauten. Besonders Maunz' Polizeischrift aus dem Jahre 1943 habe „die gesetzlose Polizeiherrschaft des Hitlerregimes zu vorbehaltlos vertreten und legitimiert“. Deshalb sollten besonders „das Völkerrecht, das Staatsrecht und das Verwaltungsrecht [...] durch einen Wissenschaftler anderer Richtung und Haltung vertreten werden“.[582] Es nützte nichts. Das Ministerium verfügte die Wiederherstellung des alten Lehrauftrags und Maunz konnte seinen Lehrauftrag forthin wieder voll ausschöpfen. Er war vollständig rehabilitiert.

Es war ein Ergebnis seiner sozialen Kunstfertigkeit, dass die Beziehungen zu seinen Fakultätskollegen trotz aller Grabenkämpfe noch intakt waren. „Das kollegiale Verhältnis zu Herrn Maunz“, schrieb Dekan von Caemmerer, „ist nicht zuletzt in dankbarer Anerkennung seiner Hilfsbereitschaft in allen die Universität angehenden Angelegenheiten durchaus gut“.[583] Maunz war trotz allen Gegenwinds umgänglich geblieben und so kam es wohl, dass er bereits im Sommersemester 1951 das Amt des Dekans bekleiden konnte.[584]

Doch die letzten Jahre hatten tiefe Spuren hinterlassen. Die Frustration über seine Behandlung durch die Fakultät war groß und er scheute sich nicht davor, sie in einen Vergleich zu gießen, der angesichts der nationalsozialistischen Gräueltaten das rechte Maß vermissen ließ: „Ich weiß nun, was es heißt, jahrelang ein Verfolgter eines Regimes gewesen zu sein“, schrieb er an Spörl.[585]

581 Ebd., Schreiben badischer Staatspräsident und Kultusminister Leo Wohleb an Rektorat vom 2. November 1949.

582 UA Freiburg, B24-2318, Schreiben Dekan von Caemmerer an badisches Kultusministerium vom 14. Februar 1950.

583 Ebd.

584 Vorlesungsverzeichnis der Albert-Ludwigs-Universität Freiburg, Sommersemester 1951. Vgl. Seemann, Die politischen Säuberungen, S. 304.

585 BSB München, NL Spörl, Schreiben Maunz an Spörl vom 17. Mai 1950.

4.2 Verfassungskonvent auf Herrenchiemsee und Wechsel nach München

Im Sommer 1948 reiste Maunz als Rechtsexperte der badischen Regierung zum Verfassungskonvent nach Herrenchiemsee. Der Anlass des Konvents war von historischer Bedeutung. Die westdeutschen Ministerpräsidenten hatten von den Alliierten den Auftrag zur Ausarbeitung einer Verfassung erhalten. Nun sollte eine Sachverständigentagung einen Entwurf erarbeiten, auf den eine spätere verfassungsgebende Versammlung aufbauen konnte.[586] Die Rolle des Gastgebers hatte der bayerische Ministerpräsident Hans Ehard gerne übernommen: Er hoffte damit, wie mit der Tagung überhaupt, „den Einfluss Bayerns auf die Gestaltung der künftigen Verfassung möglichst zu intensivieren".[587]

Die Herrenchiemseer Insel bot den Teilnehmern mit ihren Wiesen, Waldwegen, Schlossgärten und dem blauen See einen hortus conclusus mit idealen Arbeitsbedingungen: Störungen drohten lediglich durch „Reporter und Stechmücken".[588] Wegen der Währungsreform verirrten sich kaum Touristen auf die Insel und, da insgesamt nur zwei Telefonapparate zur Verfügung standen, war auch der Einfluss der politischen Parteien von außen marginal. Dies war besonders den Ministerpräsidenten willkommen, weil die Parteien eine deutlich unitaristischere Linie vertraten als sie selbst.[589]

Maunz bezog ein Zimmer im „Alten Schloss", einem ehemaligen Augustinerchorherrenstift, wo auch die Tagungen stattfanden. Andere Teilnehmer wie der Tübinger Rechtsprofessor Carlo Schmid oder der Bremer Bürgermeister Theodor Spitta wohnten gegenüber im Schlosshotel, das aus Kapazitätsgründen aber nicht alle der über 30 Männer aufnehmen konnte.[590]

Inhaltlich besaß Maunz nach eigener Aussage freie Hand. Der badische Staatspräsident Wohleb, der ihn als einen seiner engsten Rechtsberater ent-

586 Vgl. Angela Bauer-Kirsch, Herrenchiemsee. Der Verfassungskonvent von Herrenchiemsee – Wegbereiter des Parlamentarischen Rates. Bonn, 2005, S. 12 ff.

587 Hans Ehard, Tatsachen und Zusammenhänge aus meiner elfjährigen Ministerpräsidentenschaft. München 1964, S. 3.

588 Zit. nach Bauer-Kirsch, Herrenchiemsee, S. 30.

589 Barbara Fait, Auf dem Weg zum Grundgesetz: Verfassungskonvent Herrenchiemsee 1948. Augsburg 1998, S. 28.

590 Vgl. Ebd. S. 40.

sandt hatte, habe ihm keine „Weisungen" gegeben und er sei so „ganz frei" und lediglich der eigenen „Überzeugung" verpflichtet gewesen. Sein Hauptziel sei es gewesen, Fehler der Vergangenheit zu vermeiden. Er habe in dem Wissen gehandelt, so Maunz, dass bei der „Weimarer Verfassung [...] damals Verschiedenes falsch gemacht worden war, insbesondere was die Stellung des Reichspräsidenten anbelangte, der sogar Länderregierungen absetzen konnte".[591] Und in der Tat hatte Maunz selbst gegen die Absetzung der preußischen Regierung 1932 vor dem Staatsgerichtshof in Leipzig anprozessiert. Doch natürlich war er nicht so ungebunden wie er vorgab, sondern hatte Verpflichtungen gegenüber Wohleb und dem Land Baden.

De facto war Maunz auf Herrenchiemsee nur Rechtsberater des Oberlandesgerichtspräsidenten Paul Zürcher, lediglich „ein Gehilfe des badischen Delegierten", wie er es später nannte.[592] Doch sollte sein Einfluss über den eines Handlangers hinausreichen. Er saß im zweiten Unterausschuss, einer der Verfassungsschmieden des Konvents, wo man sich mit der Frage der Zuständigkeit von Bund und Ländern beschäftigte.[593] Dort ergriff er am zweithäufigsten das Wort und bildete mit dem Wortführer, dem Bayer Ottmar Kollmann, ein föderalistisches Tandem.[594] Zusammen feilten sie nach den offiziellen Sitzungen im „Hotelzimmer" an Positionen und Texten[595] und in den Sitzungen plädierten sie für starke Einzelstaaten. Mit Kollmann machte Maunz etwa darauf aufmerksam, „dass unerfreuliche Lücken für die Gesetzgebung entstehen könnten, falls die Landesgesetzgebung von einem Gebiet schlechthin ausgeschlossen sei".[596]

Maunz prägte schließlich die Ergebnisse des Konvents mit und nahm dadurch auch Einfluss auf das Grundgesetz, das dem Konvent in vielen Punk-

591 Thomas Schnabel, Erinnerungen von Zeitgenossen. Zeitzeugeninterview mit Theodor Maunz, in: Alfred Kube, Thomas Schnabel (Hg.), Südwestdeutschland und die Entstehung des Grundgesetzes, Villingen-Schwenningen 1989, S. 137–143, S. 140.

592 LA NRW Duisburg, NL Schmitt, Schreiben Maunz an Schmitt vom 30. Oktober 1948.

593 Vgl. Bauer-Kirsch, Herrenchiemsee, S. 45.

594 Ebd., S. LXXXIX.

595 StdA München, NL Maunz 31 Schreiben Maunz an Kollmann vom 22. Januar 1949.

596 Deutscher Bundestag, Bundesarchiv (Hrsg.), Der Parlamentarische Rat 1948/49. Akten und Protokolle. Band 2: Der Verfassungskonvent von Herrenchiemsee, bearbeitet von Peter Bucher, Boppard 1981, S. LXXXVI.

ten folgte.[597] Maunz wurde ein zweites Mal Verfassungsvater, auch wenn sich sein Beitrag nicht en detail bemessen lässt. Er selbst zweifelte jedenfalls nicht an seinem Einfluss auf das Grundgesetz: Vieles von dem, was er erarbeitet habe, sei dann auch tatsächlich ins Grundgesetz aufgenommen worden, sagte er später.[598]

Für ihn selbst war wohl noch wichtiger, dass er sich von der Herrenchiemseer Insel eine Brücke zurück nach Bayern baute. Als wackerer Föderalist hinterließ er bei der bayerischen Delegation einen glänzenden Eindruck. Natürlich halfen auch sein Charme und insbesondere seine bayerische Herkunft. Er war nicht nur in Bayern geboren, sondern auch in bayerischen Behörden sozialisiert worden. An biografischen Schnittmengen mangelte es sowieso nicht. Josef Schwalber, Staatssekretär im bayerischen Innenministerium, kannte Maunz seit Münchner Studententagen.[599] Ottmar Kollmann wiederum war Maunz' ehemaliger Vorgesetzter im Verfassungsreferat des bayerischen Innenministeriums.[600] Hans Nawiasky, der bayerische Rechtsberater, war als sein Doktorvater ohnehin ein alter Bekannter, auch wenn die Beziehung zu diesem Zeitpunkt noch zerrüttet war. Und den bayerischen Ministerpräsidenten Hans Ehard, der den Konvent ebenfalls besuchte, kannte Maunz auch persönlich. Erst im Vorjahr hatte er ihm einen schmeichlerischen Brief geschrieben: „Nur kurze Zeit konnte ich unter Ihrer Leitung als des seinerzeitigen Vorsitzenden des Justizprüfungsamtes München tätig sein, bevor ich mich für die akademische Laufbahn entschied. Aber in dieser kleinen Spanne habe ich doch Ihre meisterhafte Sachbeherrschung, Ihre überlegene Sicherheit und Ihre unbeugsame Festigkeit gefühlt, die Sie überall ausgezeichnet hat bis zum höchsten Amt des Staates."[601]

Der bayerischen Staatsregierung offenbarte sich auf Herrenchiemsee, welches Potenzial in Maunz steckte: Er würde einen formidablen Rechtsbe-

597 Bauer-Kirsch, Herrenchiemsee, S. 254.

598 Schnabel, Interview Maunz, S. 140.

599 Vgl. BayHstA München NL Maunz 19, Schreiben Maunz an Frau Staatsminister Schwalber vom 3. November 1969: „Ich darf Ihnen daher auf diesem Wege sagen, wie tief mich der plötzliche Tod Ihres Gemahls getroffen hat, mit dem ich seit meiner Studentenzeit eng verbunden war und immer wieder, besonders beim Verfassungskonvent auf Herrenchiemsee [...] erfolgreich zusammengearbeitet habe."

600 Vgl. Forstner, Innenministerium, S. 52.

601 StdA München, NL Maunz 30, Schreiben Maunz an Ehard vom 14. Oktober 1947.

rater abgeben und das Recht im Hörsaal in einer vorteilhaften, föderalistischen Weise vortragen.[602] Und so bemühte man sich schon wenige Wochen nach Ende des Konvents, Maunz auf einen Lehrstuhl nach Bayern zu holen. In Würzburg wurde gerade ein Nachfolger des Staatsrechtlers Wilhelm Laforet gesucht und das Kultusministerium lenkte den Blick nun auf Maunz. Zunächst sperrte es sich gegen die von der Fakultät vorgeschlagenen Wissenschaftler, denn Laforets Nachfolger sollte „in erster Linie Bayerisches Verwaltungsrecht lesen".[603] Dann kam der unmissverständliche Wink mit dem Zaunpfahl: Man bitte, „den o. Professor Dr. Maunz der Universität Freiburg i. Br. in fachlicher und politischer Hinsicht würdigen zu lassen".[604]

Die bayerische Staatsregierung erwies Maunz damit allerdings einen Bärendienst. Die Würzburger Fakultät lehnte seine Berufung nicht nur ab, sondern nahm auch, wie Maunz schrieb, „wenig freundlich zu meinem Vorleben und meinen Vorstrafen Stellung". Durch den Vorstoß wurde den Beamten im bayerischen Kultusministerium also spätestens offenbar, welch große moralischen Vorbehalte die Juristischen Fakultäten gegen Maunz hegten. Maunz resümierte: Das Ganze sei vor allem „peinlich [...] wegen des allgemeinen Eindrucks auf Rheinfelder", dem Hochschulreferenten im bayerischen Kultusministerium. Maunz haderte mit dem eigenen Schicksal, das andere hingegen nur zu gerne geteilt hätten: „Das Bayer. Kult. Min. arbeitet <u>zu viel</u> für mich."[605]

Doch Maunz blieb dessen Wunschkandidat. In Bonn traf er im Dezember 1949 auf Kultusminister Hundhammer und dieser „war wieder von zuvorkommendster Liebenswürdigkeit".[606] Maunz hielt den Minister derweil mit juristischen Arbeiten bei Laune. Zum Jahreswechsel 1950 berichtete er: „Ges-

602 Besonders Bayerns Ministerpräsident Ehard war ein glühender Verfechter des Föderalismus. Vgl. dazu Karl-Ulrich Gelberg, Hans Ehard, Die föderalistische Politik des bayerischen Ministerpräsidenten 1946–1954. Düsseldorf 1992.

603 UA Würzburg, 0-3102-4 Nr. 13, Schreiben bayerisches Kultusministerium an Rektorat der Universität Würzburg vom 15. September 1948. Schreiben auch in: BayHstA, MK 72438.

604 Ebd. Schreiben bayerisches Kultusministerium an Rektorat der Universität Würzburg vom 29. November 1948.

605 BSB München NL Spörl, Schreiben Maunz an Spörl vom 15. Januar 1949 (Unterstreichung im Original).

606 Ebd. Maunz an Spörl vom 4. Dezember 1949.

tern erhielt ich einen liebenswürdigen Brief von Hundhammer, der mein Rechtsgutachten über ‚Besatzungsrecht im Kultusbereich' an alle Bundesministerien und die Landesjustiz – und – Kultusministerien der Bundesrepublik versandt hat."[607] Anfang 1950 sagte Hundhammer dann gegenüber dem Badenser Alfred Schühly, dass er Maunz nach München „ziehen wolle, sobald er die haushaltsrechtlichen Möglichkeiten dazu habe".[608] Maunz selbst hoffte wiederum selbst inständig auf den Wechsel. Die ständigen Querelen an der Universität hatten ihm Freiburg einigermaßen verleidet. Dazu sehnte sich seine Frau Maya nach der Münchner Heimat.[609]

Wie die Rückkehr aber vonstattengehen sollte, war unklar. An der Münchner Universität waren zwar zwei öffentlich-rechtliche Lehrstühle neu zu besetzen, aber die Fakultät würde ihn wohl niemals für sie vorschlagen: „Ich glaube nicht, dass ich auf einen Dreiervorschlag für die Nachfolge von Apelt oder Nawiasky kommen kann",[610] schrieb Maunz. Er sei daher „skeptisch und illusionslos".[611] Dazu gab es bald ein weiteres Hindernis. Hundhammer hatte mittlerweile beim Münchner Ordinarius Erich Kaufmann ein Gutachten über Maunz' Rolle in der NS-Zeit in Auftrag gegeben. Es fiel vernichtend aus.

Kaufmann war wie Pringsheim nach Kriegsende aus dem Exil zurückgekehrt und in vielem Maunz' Antipode. Er war Protestant und Naturrechtler und hatte im Nationalsozialismus nicht auf die Unterstützung Carl Schmitts bauen können, im Gegenteil. Schmitt hatte Kaufmanns Entpflichtung als Honorarprofessor an der Universität Berlin angeschoben.[612] Kaufmann, der trotz protestantischer Taufe im Nationalsozialismus als Jude galt, war 1938 nach Holland geflohen und lehrte seit 1947 als Ordinarius in München.[613] Er kannte Maunz jedoch nicht persönlich und so holte er wiederum selbst ein Gutachten bei Franz Böhm ein. Der wiederum war als Freiburger Kollege

607 Ebd. Schreiben Maunz an Spörl vom 3. Januar 1950.

608 Ebd. Schreiben Maunz an Spörl vom 5. März 1950.

609 Zeitzeugengespräch mit Frau Dr. Erika Klein vom 5. November 2015.

610 Ebd. Schreiben Maunz an Spörl vom 10. Juli 1949.

611 Ebd. Schreiben Maunz an Spörl vom 4. Dezember 1949.

612 Mehring, Schmitt, S. 314: „Erich Kaufmann dagegen verfolgte er erbittert. [...] An Kaufmanns Vertreibung von der Berliner Universität wirkte er massiv mit."

613 Hans Liermann, Kaufmann, Erich, in: Neue Deutsche Biographie (NDB). Band 11, Berlin 1977, S. 349 f. Michael Stolleis, Geschichte des öffentlichen Rechts. Vierter Band 1945–1990. München 2012, S. 62 f.

jahrelang mit Maunz auf Tuchfühlung und, da er sich zudem im Freiburger Widerstand betätigt hatte, konnte er als ebenso informiert wie politisch integer gelten.[614]

Böhms Expertise ist ein kritisches, aber plausibles Psychogramm. Er glaube nicht, so Böhm, „dass Maunz nur fünf Minuten lang an den NS und Hitler geglaubt hat. Dazu war er viel zu schlau." Auch habe er sich in Freiburg nie nationalsozialistisch „gebärdet". Seine Taktik sei es aber gewesen, in einen „modus vivendi" mit den Nationalsozialisten zu kommen und vorzugeben, „als finde man alles überaus prächtig, was diese Hornochsen anstellen". Maunz sei „klug, schlau, zäh, versteht sich ausgezeichnet auf seinen Vorteil, versteht sich bewundernswert anzuschmiegen". Da er „ein außergewöhnlich ängstlicher Mann" sei, versuche er sich stets den Gegebenheiten anzupassen. Er sei zwar weder ein Denunziant noch ein von „Bösartigkeit" geprägter Mensch, aber insbesondere das „Buch über die Polizei" müsse man ihm zur Last legen.[615] Mithilfe von Böhms Informationen fällte Kaufmann nun das Urteil: Maunz sei „ein ungeeigneter Lehrer für die heutige deutsche Jugend".[616]

Natürlich war Maunz über das Gutachten erbost. Allerdings weniger über den Inhalt. „Dass Gegner und Widerstände vorhanden sind, war [...] von vornherein klar", schrieb er. Vielmehr stieß ihn Hundhammers Strategie sauer auf: „Deprimiert war ich naturgemäß darüber, dass mein Gegner Erich Kaufmann ausgerechnet damit betraut wurde, über mich Erkundigungen einzuziehen und sich dann an Böhm wandte, obwohl es ein leichtes gewesen wäre, vernünftiger zu verfahren!"[617] Es sei „schwer ersichtlich", wie das Kultusministerium „einen kathol. Bayer auf den Lehrstuhl bringen will, wenn es sich lediglich von den nichtkathol. Nichtbayern in der Fakultät beraten lässt".[618]

614 Maunz' Tochter hatte während des Nationalsozialismus zusammen mit einem Kind Franz Böhms Unterricht bei einer Freiburger Privatlehrerin erhalten: Zeitzeugengespräch mit Frau Dr. Erika Klein vom 5. November 2015.

615 BayHstA München, NL Josef Schwalber Bd. 90, Gutachten über Maunz, Anhang Schreiben Erich Kaufmann an Alois Hundhammer vom 9. August 1950.

616 Ebd., Schreiben Erich Kaufmann an Kultusminister Alois Hundhammer vom 9. August 1950.

617 BSB München, NL Spörl, Schreiben Maunz an Spörl vom 4. Februar 1952.

618 Ebd. Schreiben Maunz an Spörl vom 8. Februar 1951.

Gegen die Anschuldigungen selbst verteidigte er sich derweil routiniert. Er spielte mittlerweile fünf Jahre den Anwalt in eigener Sache: Aufgrund seiner klerikalen Bindung konnte er gar nicht nationalsozialistisch eingestellt sein, denn Nationalsozialismus und Katholizismus schlössen sich aus. Die Sätze in seinem Buch über die Polizei habe er sehr „vorsichtig formulieren" müssen, weil sonst eine „Verhaftung" gedroht hätte.[619] Und ein Jurist müsse sowieso auch „den Mut finden das Publikum mit schädlichen Dingen bekanntzumachen, genau so wie ein Botaniker auch eine giftige Pflanze beschreiben müsse."[620] Ein Vergleich, den er auch in Zukunft gerne bemühen sollte.

Man glaubte ihm und wollte ihm auch glauben. Kaufmanns Gutachten änderte an den Bestrebungen der Staatsregierung nichts. Im März 1951 erhielt Maunz von Ministerialrat Decker das Versprechen, dass man weiter zu ihm stehe.[621] Und wenig später erfuhr er dann, dass man einen Durchbruch erzielt hatte: Auf der Generalversammlung der Görresgesellschaft vom 13. bis 16. Oktober 1951 teilte man ihm mit, dass man nun ein Verfahren habe, ihn zu berufen. Auf der Tagung waren nicht nur seine alten Freunde Arthur Allgeier, Wilhelm Laforet und Johannes Spörl anwesend, sondern auch die bayerische Politikprominenz wie Ministerpräsident Ehard und der neue Landtagspräsident Hundhammer.[622] Entweder Staatskanzleichef Schwend oder Kultusminister Schwalber teilte Maunz mit: Falls die Fakultät sich weigere, ihn auf den Dreiervorschlag für die Nachfolge Nawiaskys oder Apelts zu setzen, würde Nawiasky einfach ein Sondervotum einlegen: „Das würde altbewährten akademischen Gepflogenheiten entsprechen."[623]

Nawiasky, sein alter Lehrer, sollte also in die Rolle des Königsmachers schlüpfen. Die Bereitschaft hierzu war alles andere als selbstverständlich. Kurz nach dem Krieg wäre sie undenkbar gewesen. Nawiasky nahm Maunz sein Verhalten in der NS-Zeit übel und vielleicht sann er damals sogar darauf, eine weitere akademische Karriere seines Schülers mit allen Mitteln zu verhindern. So kolportierten es jedenfalls Eucken und Pringsheim in Freiburg

619 BayHstA München, MK 69286, Schreiben Maunz an bayerischen Kultusminister vom 12. Februar 1952.

620 BayHstA München, NL Maunz 13, Schreiben Maunz.

621 BSB München, NL Spörl, Schreiben Maunz an Spörl vom 24. März 1951.

622 Vgl. Jahresbericht der Görresgesellschaft 1951. Köln 1952.

623 BSB München NL Spörl, Schreiben Maunz an Spörl vom 8. Januar 1952.

und Maunz schenkte ihnen Glauben.[624] Er nahm die potenzielle Gefahr ernst, die von Nawiasky ausging. Er fürchtete „Querschüsse (in der Presse oder sonstwie)" und strebte daraufhin einen „Nichtangriffspakt" mit ihm an.[625]

Mithilfe Johannes Spörls kam er auch zustande. Spörl war seit 1947 Professor für Mittelalterliche Geschichte an der Universität München und bot nun an, Nawiasky auf dem Münchner Campus abzufangen und milde zu stimmen.[626] Spätestens 1948 redeten Spörl und Nawiasky dann wohl miteinander. Maunz resümierte zufrieden: „Wenn Du gelegentlich mit Nawy zusammentriffst und mein Lob singst (auch mein politisches im 3. Reich), kann es mir nur recht sein, selbst wenn er widersprechen und meine Schandtaten aufzählen sollte."[627] Im Sommer 1948 hatten Maunz und Nawiasky zudem zusammen auf Herrenchiemsee gearbeitet, ein gemeinsames Erlebnis, das wohl weitere Spannungen abgebaut hatte. Im Dezember 1948 erhielt Maunz dann von Nawiasky schon wieder einen „sehr netten Brief".[628]

Nawiasky hielt sich an den Plan der Staatsregierung. Zuerst versuchte er auf der Fakultätssitzung vom 15. Dezember 1951, Maunz auf den Dreiervorschlag der Fakultät zu hieven.[629] Allerdings vergeblich. Eine Abstimmung ergab vielmehr eine krachende Niederlage. Mit „9 Stimmen gegen 1 Stimme bei einer Stimmenthaltung" lehnte die Fakultät eine Nominierung von Maunz ab. Deutlicher konnte das Ergebnis kaum sein. Es offenbarte, wie massiv sich die Fakultät gegen einen Wechsel von Maunz sträubte.[630] Man einigte sich

624 BayHstA München NL Maunz 14, Schreiben Maunz an badisches Kultusministerium vom 12. Februar 1948: „Schließlich hat […] Herr Dekan Pringsheim […] mir […] eröffnet, daß schwerwiegende Angriffe von Professor Nawiasky (St. Gallen) gegen mich bevorstünden. […] Herr Dekan Pringsheim riet mir, an meine berufliche Existenz, meine Familie und an die Wirkung der Angriffe auf die Militärregierung zu denken, und lieber aus der Fakultät auszuscheiden, bevor die Angriffe von Nawiasky kämen."

625 BSB München, NL Spörl Schreiben Maunz an Spörl vom 3. September 1947.

626 BSB München NL Spörl Schreiben Maunz an Spörl vom 3. September 1947.

627 Ebd. Schreiben Maunz an Spörl vom 30. Oktober 1948.

628 Ebd. Schreiben Maunz an Spörl vom 22. Dezember 1948.

629 UA München, L-X-3d, Juristische Fakultät an Kultusministerium vom 18. Dezember 1951.

630 Ebd. Schreiben Rektor Rosenberg an Kultusministerium vom 7. Januar 1952.

stattdessen auf die Professoren Hans Peters (Köln), Hans Julius Wolff (Münster) und Ernst Friesenhahn (Bonn).[631]

Wenige Tage später reichte Nawiasky nun das Separatvotum ein: Auf der Liste der Fakultät fehle eine „Persönlichkeit […], die in ihrem wissenschaftlichen Werk eine ausgesprochene föderalistische Grundhaltung erkennen lässt", schrieb er. In München seien Wissenschaftler mit einer solchen Grundhaltung aber „sozusagen Tradition". Maunz besitze eine solche Grundhaltung und wäre daher der geeignete Kandidat für den Lehrstuhl. Nawiasky gestand zwar auch ein: „Ich verkenne die Berechtigung der Bedenken nicht, die sich aus dem im Jahre 1933 plötzlich erfolgten Bekenntnis des Genannten zum NS ergeben können." Aber er war auch der Meinung, „dass Herr Maunz sich seither gründlich und ehrlich wieder von dieser Auffassung abgewendet hat".[632]

Die Fakultät änderte ihre Meinung auch nach Nawiaskys Votum nicht. Am 7. Januar schrieb Dekan Rosenberg an das Kultusministerium und stellte klar, dass Nawiaskys Votum in der Sitzung vom 15. Dezember „nicht angemeldet worden" sei und Maunz zudem fast einstimmig als ungeeignet befunden worden war. Die Ablehnung selbst beruhe auf wissenschaftlichen wie persönlichen Gründen: „Die Fakultät ist gegen die Berufung von Maunz. 1. weil seine Leistungen weit zurückstehen hinter den Leistungen der Vorgeschlagenen […] und 2. weil er sich nicht nur am Anfang der nationalsoz. Regierung, sondern bis 1945 die nationalsoz. Standpunkte vertreten hat und in seinem Buch über die ‚Polizei' die Theorie und Praxis der SS in ein rationales System gebracht und dadurch die Methoden Himmlers, dem gebildeten Publikum schmackhaft und annehmbar gemacht hat." Alles in allem, so Rosenberg, sei „Herr Prof. Maunz […] nicht die Persönlichkeit, der man ein Ordinariat an der größten deutschen Universität anvertrauen kann".[633]

Mittlerweile war zudem ein Gerücht aufgetaucht, das Maunz' Verhalten gegen Kriegsende in ein schlechtes Licht rückte. Er habe im Anschluss an den 20. Juli 1944 an der Freiburger Universität in Parteiuniform eine hetzerische Rede gehalten. Es war wohl unwahr, denn der Vorwurf war in den

631 Ebd. Juristische Fakultät an Kultusministerium vom 18. Dezember 1951.

632 Ebd. Separatvotum Hans Nawiasky vom 2. Januar 1952.

633 Ebd. Schreiben Dekan Rosenberg an bayerisches Kultusministerium vom 7. Januar 1952.

verschiedensten Reinigungsverfahren nie aufgetaucht.[634] Auch stritt Maunz es gegenüber seinem Intimus Spörl vehement ab: „Diese ewigen, auf Eucken zurückgehenden Behauptungen", schrieb er, „gehen allmählich gegen meine Ehre. Sie sind auch völlig unwahr."[635] Spörl wiederum riet zynisch zu einem entschlossenen Vorgehen: „Endlich müsste man gegen die dummen, verantwortungslosen Schwätzer die Atomwaffe anwenden".[636]

Spörl griff dann doch zu subtileren Mitteln. Er inszenierte Maunz gegenüber der bayerischen Staatsregierung als Opfer einer Schmutzkampagne. Staatskanzleichef Schwend teilte er mit, „dass nicht das geringste Wort wahr ist; es ist von üblen Gerüchtemachern völlig aus der Luft gegriffen."[637] Auch mit Kultusminister Schwalber und dem Münchner Rektor sprach Spörl offenbar.[638] Spörl konstatierte: „Von 1945 ab war ich der Überzeugung, dass Herrn Maunz bitteres Unrecht geschieht."[639] Die Staatsregierung vertraute ihm und Spörl konnte Maunz beruhigen: „Deine alten Freunde sind nicht irre geworden an Dir, im Gegenteil: sie sind der Überzeugung, man müsse das unerhörte Unrecht sobald wie möglich aus der Welt schaffen."[640]

Derweil wurde der Fahrplan für Maunz' Rückkehr nach München konkreter. Am 24. Februar 1952 teilte Hans Rheinfelder, der Hochschulreferent im bayerischen Kultusministerium, Maunz mit, „dass man nun eine Form gefunden habe", ihn „zu holen". Für die Nachfolge des Lehrstuhls von Hans Nawiasky solle zunächst ein Ruf an Hans Peters gehen, dem „primo loco" auf

634 BayHstA München, MK 69286, Bestätigung Prof. Gottlob von der Theologischen Fakultät Freiburg vom 14. Februar 1952: „Ich bin mit Professor Maunz in der Zeit zwischen 1940 und 1945 fast täglich im Dozentenzimmer und auch sonst zusammengekommen. Nicht ein einziges Mal ist Professor Maunz in einer braunen Uniform gekommen." BSB München, NL Spörl, Schreiben Spörl an Ministerialdirektor Schwend vom 31. Januar 1952: „Im übrigen ist bei den sehr scharfen Untersuchungen 1945/47 ein solcher Punkt niemals zur Sprache gekommen, der unzweifelhaft als stark belastend dabei hätte behandelt werden müssen."

635 Ebd. Schreiben Maunz an Spörl vom 15. Januar 1952.

636 StdA München, NL Maunz 33, Schreiben Spörl an Maunz vom 17. Januar 1952.

637 BSB München, NL Spörl, Schreiben Spörl an Ministerialdirektor Schwend vom 31. Januar 1952.

638 StdA München NL Maunz 33, Schreiben Spörl an Maunz vom 17. Januar 1952.

639 BSB München, NL Spörl, Schreiben Spörl an Ministerialdirektor Schwend vom 28. Januar 1952.

640 Ebd. Schreiben Spörl an Maunz vom 24. Februar 1952.

der Vorschlagsliste. Dieser würde mit Sicherheit ablehnen.[641] Dies war nicht nur die Einschätzung des Ministeriums, sondern dies hatte Peters auch vorab gegenüber Maunz geäußert.[642] Nach der Absage Peters werde die Liste „dann nicht weiter verfolgt", sondern Maunz werde einen Ruf erhalten.[643] Diese Lösung hatte natürlich den angenehmen Nebeneffekt, dass sie den Anschein vermittelte, das Fakultätsvotum würde ernst genommen.

Die Berufung schien nun zum Greifen nah. Man saß auf heißen Kohlen. Spörl, dessen Bruder im Kultusministerium arbeitete, schrieb: „Ich möchte nicht zuletzt wegen dieser Angelegenheit München [...] nicht verlassen, weil jeden Tag sich wieder neue Situationen ergeben können und man einfach da sein muss."[644] Und Maunz selbst war „begierig" zu wissen, „wie es weitergeht und was Peters [...] unternimmt"[645]. Doch anders als erwartet, schien Peters einem Wechsel nach München nicht abgeneigt. Immerhin konnte beruhigen, dass es noch einen Alternativplan gab. Spörl hatte ihn erfahren, als er Kultusminister Schwalber an dessen 50. Geburtstag „auf dem Wege von der Ludwig- zur Kaulbachstraße" begleitete: „Der Kumi hält nach wie vor wie vor daran fest, Dich in irgendeiner Weise zu holen; bis zur Entscheidung von Peters wolle Schwalber „auf jeden Fall [...] den anderen Lehrstuhl nicht Heckel anbieten."[646]

Den anderen Lehrstuhl brauchte man jedoch nicht. Peters sagte am 24. Mai 1952 ab,[647] im Kultusministerium ging man daraufhin zum nächsten Schritt über. Am 17. Juni erging der Ruf an Maunz.[648] In einem Schreiben an den Dekan nannte der Kultusminister seine Gründe: „Zur Berufung von Prof. Maunz habe ich mich nicht nur deshalb entschlossen, weil ein begründetes

641 Ebd.: „Rheinfelder, den ich gestern sprach, sagte mir, dass man nun eine Form gefunden habe, Doch zu holen. Vor ein paar Tagen hat Peters den Ruf erhalten; Rheinfelder rechnet mit einer sehr baldigen Ablehnung."

642 Ebd., Schreiben Maunz an Spörl vom 15. Januar 1952: „Peters sagte mir vor einigen Monaten selbst, M. käme für ihn nicht in Frage."

643 Ebd. Spörl an Maunz vom 24. Februar 1952.

644 Ebd.

645 Ebd. Schreiben Maunz an Spörl vom 8. März 1952.

646 StdA München, NL Maunz 33, Schreiben Spörl an Maunz vom 24. März 1952.

647 UA München, L-X-3d Schreiben Hans Peters an bayerisches Kultusministerium vom 24. Mai 1952.

648 Ebd. Schreiben bayerisches Kultusministerium an Dekan vom 17. Juni 1952.

Sondervotum für ihn vorliegt, sondern vor allem, weil das gesamte Kabinett eine Betonung des Bayerischen Verwaltungsrechts gefordert hat."[649]

Der Widerstand an der Universität war aber noch immer nicht gebrochen. Man war erbost über das eigenmächtige Handeln der Staatsregierung, dem Aushebeln der akademischen Selbstverwaltung, und beklagte, dass das Kultusministerium nicht – wie bei Berufungen üblich – eine Stellungnahme von Senat und Fakultät eingeholt hatte. Der zuständige Senatsreferent Professor Lütge, ein Ökonom, hielt das „Vorgehen des Ministeriums" für „so ungewöhnlich, dass der Senat [...] alle Schritte unternehmen muss, um die endgültige Berufung des Herrn Maunz zu verhindern".[650]

Man probierte es mit einem Brief. Der Dekan Leo Rosenberg schrieb Maunz ein paar eisige Zeilen und teilte ihm mit, dass er an der Münchner Universität unerwünscht sei. Man hoffte, Maunz würde daraufhin vielleicht von seinem Ruf Abstand nehmen.[651] Doch Maunz reagierte gelassen. Es sei ihm „klar gewesen", „dass Rosenberg noch etwas unternehmen würde". Der Brief habe ihn lediglich in seiner „Entschlossenheit gestärkt".[652] Wichtiger als dieser Brief, der keinerlei rechtliche Relevanz besaß, war ohnehin die Frage, ob der Senat einen offiziellen Protestschritt unternehmen werde. Die Frage wurde lebhaft diskutiert und bedeutete einen „letzten Zitterer", wie es Spörl formulierte. Doch die entsprechende Senatssitzung verlief „außerordentlich gut"; mithilfe von Rektor Schmaus, einem katholischen Theologen, und des Prodekans der Juristischen Fakultät, Mariano San Nicolò, wurde ein weiterer Protest abgelehnt.[653]

Dem Wechsel nach München stand jetzt nichts mehr im Weg. Doch Maunz hatte die Befürchtung, dass die Meldung von seiner Berufung schlafende Hunde wecken könnte. Er fürchtete eine öffentliche Debatte über seine Vergangenheit und die Umstände seiner Berufung. Er wandte sich deshalb an Spörl, der praktischerweise nicht nur Geschichtsprofessor an der LMU war, sondern zugleich die Universitätspressestelle leitete. Um nicht heraus-

649 Ebd.

650 Ebd., Sen-I-34, Schreiben Professor Lütge an Rektor Schmaus vom 14. Juli 1952.

651 Ebd. Lütge meinte über Rosenbergs Brief: „Es ist ja wohl zu hoffen, dass Herr Maunz daraus die einzig mögliche Konsequenz zieht."

652 BSB München, NL Spörl, Schreiben Maunz an Spörl vom 21. Juli 1952.

653 StdA München NL Maunz 33, Schreiben Spörl an Maunz vom 19. Juli 1952.

zustechen, bat Maunz, mit dem Publikmachen seiner Berufung zu warten, „bis eine Sammelveröffentlichung mit anderen Kollegen möglich ist". Zusätzlich solle sich Spörl auch an Franz Josef Schöningh, den Mitbegründer der *Süddeutschen Zeitung* wenden, um „eine hässliche Glosse" vom berüchtigten Ernst Müller-Meiningen jr. zu verhindern. Falls Spörls Beziehung zu Schöningh dafür nicht ausreiche, werde er selbst seinem Verbindungsbruder Hermann Proebst schreiben, der das Innenressort der *Süddeutschen Zeitung* leite.[654] Wer auch immer dann letztlich dafür verantwortlich war, Zufall war es wohl kaum: In der *Süddeutschen Zeitung* vom 5. August 1952 wurde der neue Münchner Ordinarius als „Herr Theodor Maucher" angekündigt. Maunz war damit natürlich sehr zufrieden. Er schrieb an Spörl: „Ich kenne den Kollegen nicht. Aber Spaß beiseite! Es wäre mir die größte Freude, wenn keine Benachrichtigung käme; denn in dieser an Klippen reichen Berufung muss doch einmal ein Abschluss gefunden werden. Der würdigste Abschluss ist aber diese Pressenotiz."[655]

654 BSB München, NL Spörl, Schreiben Maunz an Spörl vom 21. Juli 1952.

655 Ebd., Schreiben Maunz an Spörl vom 5. August 1952.

4.3 „Sporelli" – Der Freund Johannes Spörl

Die Freundschaft zwischen Maunz und Spörl hielt über Jahrzehnte und angesichts der Bedeutung, die Spörl für die Karriere von Maunz hatte, ist es sinnvoll, sein Leben in einem Exkurs genauer zu betrachten. Zwischen den beiden Freunden gab es viele Gemeinsamkeiten, aber auch bedeutende Unterschiede.

Johannes Spörl kam am 5. September 1904 in München zur Welt.[656] Er war das älteste von drei Kindern, stammte aus einfachen Verhältnissen, sein Vater hatte eine Ausbildung als Bäcker, arbeitete dann aber als Postgehilfe. Der Vater hegte wohl ein großes Interesse an Geschichte und erzählte gern von entscheidenden historischen Momenten der Landesgeschichte. Die Mutter, deren familiäre Wurzeln in Niederbayern lagen, brachte ihn in Kontakt mit der ostbayerischen Klosterkultur. Später, als Münchner Gelehrter und nach dem Tod von Mutter und Vater, sollte Spörl wieder in die elterliche Wohnung in der Kaiserstraße ziehen. Noch bis zu seinem eigenen Tod zierte das Türschild den Namen seines Vaters Georg Spörl.[657]

Spörl besuchte das humanistische Ludwig-Gymnasium in München und wurde in seiner Kindheit und Jugend maßgeblich vom Katholizismus beeinflusst. Er fand früh Gefallen an den Frömmigkeitsformen der Abtei St. Bonifaz in München und wurde Mitglied der katholischen Jugendorganisation Quickborn.[658]

Dieser war aus einer Gruppe oberschlesischer Schüler entstanden, die das Ideal eines abstinenten Lebens teilten. Zahlenmäßig bedeutend wurde der Kreis nach dem Ersten Weltkrieg. Der Verein der Quickbornfreunde hatte von Alois von Löwenstein-Wertheim die Burg Rothenfels erworben und hielt dort im Hochsommer 1919 eine große Veranstaltung ab, den Quickborntag. Dieser wurde in den kommenden Jahren wiederholt. Die Teilnehmer diskutierten über das Verhältnis zwischen Jungen und Mädchen oder die Notwendigkeit, dem Alkohol fern zu bleiben. Zudem gab es an katholischen Feiertagen die Möglichkeit zu gemeinsamen Feiern.[659] Spörl reiste mit mehreren Münchner Freunden auf die Burg Rothenfels und das Gemeinschaftserlebnis

656 UA München, E-II-3213 Personalakte Spörl, Standes-Liste.

657 Vgl. Boehm, Johannes Spörl (1904–1977), S. 7.

658 Vgl. ebd.

659 Vgl. Godehard Ruppert, Quickborn, publiziert am 15.10.2007; in: Historisches

beeindruckte ihn wohl in einer Weise, wie es auch Maunz in der katholischen Jugendbewegung getan hatte.

Zudem wurde durch den „Quickborn“ der Grundstein für eine lebenslange enge Beziehung gelegt. Romano Guardini, Religionsphilosoph und Theologe, war ein engagierter Förderer der Bewegung. Er leitete auf der Burg Rothenfels Werkwochen und zelebrierte Osterfeierlichkeiten. Guardini wurde für Spörl eine Art „väterlicher Gönner“. Spörl vertraute sich ihm an, erwies sich als zuverlässig und sah zu Guardini auf. Es entstand ein intensiver postalischer Austausch um „Alltagsdinge“ und „Organisationsfragen“. Spörl kümmerte sich sogar häufig um die Reinschrift von Manuskripten, die Guardini ihm zugesendet hatte. Darüber hinaus versuchte er die Verbreitung von Guardinis Werk zu befördern, etwa durch die Neuausgabe von „Vom Sinn der Kirche“. Guardini wiederum widmete Spörl 1943 sein Buch „Der Tod des Sokrates“. Kurz vor Guardinis Tod leistete Spörl ihm seelischen Beistand. Als Guardini dann gestorben war, entschied er über den Zeitpunkt, ihm die Totenmaske abnehmen zu lassen. Die Maske wanderte aus Spörls Nachlass 1978 an die Katholische Akademie in Bayern.[660]

Spörl, der im Gegensatz zu Maunz nie einer Studentenverbindung beitreten sollte, begann 1923 nach dem Abitur in München mit dem Studium. Er immatrikulierte sich für Philosophie und Theologie, konzentrierte sich ab 1925 dann aber ganz auf die Geschichte, die Historischen Hilfswissenschaften, die mittelalterliche Philologie und die Geographie. Er hörte bei Hermann Oncken und insbesondere bei Michael Doeberl, dem bekannten Landeshistoriker, dessen Lehrveranstaltungen großen Eindruck auf ihn machten.[661]

Nach dem Studium widmete sich Spörl seiner Promotionsschrift. Doktorvater war der Historiker Heinrich Günter, der 1924 aus Tübingen als Nachfolger Hermann von Grauerts nach München gekommen war. Günters Forschungen zur mittelalterlichen Legende und Hagiographie weckten Spörl später zu eigenen Arbeiten auf dem Gebiet. Spörl, der im Unterschied zu Maunz ein lebenslang inniges Verhältnis zu seinen geistigen Vorbildern und Förderern unterhielt, verehrte Günter bis zu dessen Tod in einer „sohnesähnlichen

Lexikon Bayerns, URL: <http://www.historisches-lexikon-bayerns.de/Lexikon/Quickborn> (3.11.2020).

660 Vgl. Boehm, Johannes Spörl, S. 11.

661 Vgl. ebd., S. 12.

Weise".[662] Die Promotion mit dem Titel „Das Alte und das Neue am Mittelalter. Studien zum Problem des mittelalterlichen Fortschrittbewusstseins" nahm die „mittelalterliche Gegenwarts- und Vergangenheitsbewertung in Abgrenzung gegen Renaissance und Neuzeit" in den Blick.[663] Spörl leistete mit seiner anspruchsvollen Schrift Pionierarbeit, er war der erste deutsche Historiker, der diese Thematik eingehend bearbeitete.[664]

Die Promotion schloss Spörl mit „magna cum laude" ab.[665] Im Gutachten von A.O. Meyer heißt es: „Das Thema ist für eine Anfängerarbeit etwas zu hoch gegriffen. [...] Daß ihm die volle Reife für sein Thema noch fehlt, hat nicht nur der Herr Ref. angedeutet, sondern empfindet der Vf. anscheinend selbst. Strengere Sichtung der Stoffauswahl und straffere Gedankenführung wären vor Drucklegung zu fordern."[666]

Zur Vorbereitung auf das Staatsexamen für das höhere Lehramt in den Fächern Geschichte, Deutsch und philosophische Propädeutik ging Spörl anschließend nach Bonn. Im Oktober 1930 begann er sein Referendariat und unterrichtete an Schulen in Köln-Deutz und Aachen.[667]

Bald darauf nahm er Urlaub, um sich seiner Habilitation an der Universität Freiburg widmen zu können. Sie beschäftigte sich mit den „Grundformen mittelalterlicher Geschichtsanschauung". Am Beispiel von vier hochmittelalterlichen Geschichtsschreibern – Anselm von Havelberg, Ordericus Vitalis, Otto von Freising und Johannes von Salisbury – arbeitete er die Unterschiedlichkeit des Geschichtsbewusstseins im europäischen Mittelalter heraus.[668] Betreut wurde die Arbeit von Philipp Funk, der 1929 nach Freiburg gekommen war.[669]

Die Schwierigkeiten, die Spörls akademische Laufbahn nach der Machtergreifung der Nationalsozialisten begleiten sollten, zeigten sich dann erst-

662 Vgl. Boehm, Johannes Spörl, S. 14.

663 Ebd., S. 42.

664 Ebd.

665 UA München, 0-Npr-1929, Promotionsakte Spörl, Bestätigung Promotion vom 7. Oktober.

666 Ebd., Gutachten von A.O. Meyer vom 8. Juni 1929.

667 UA München, E-II-3213 Personalakte Spörl, Standes-Liste.

668 Vgl. Boehm, Johannes Spörl, S. 45.

669 Vgl. ebd., S. 15.

mals 1934. Spörl wurde am 23. Februar mit Probevortrag und Kolloquium habilitiert, aber zunächst wurde er noch nicht in den universitären Lehrkörper aufgenommen. Spörl hatte die neuen nationalsozialistischen Voraussetzungen von Wehrsport und Arbeitsdienst noch nicht erfüllt.[670] Philipp Funk, der Geschäftsführer des Historischen Seminars, setzte sich für ihn ein: Spörl sei „der einzige Assistent am Seminar". Man könne deshalb nicht auf ihn verzichten.[671]

Nach dieser Intervention wurde Spörl die Lehrerlaubnis vom badischen Kultusministerium unter der Voraussetzung erteilt, dass er „bis spätestens 1. November 1934 eine zweimonatige Dienstzeit in einem Arbeitsdienst- oder Wehrsportlager ablegt."[672] Spörl kam dem im Frühjahr und Herbst 1934 nach.[673] Mit dem Nachweis des Arbeitsdienstes wurde die Habilitation dann auch offiziell.[674]

Den weiteren universitären Aufstieg verhinderten politische Bedenken. Im Vergleich zu Maunz war Spörl nach der Machtergreifung weniger anpassungsbereit und weniger zielstrebig, er investierte wenig bis kaum Mühe, sich ein nationalsozialistisches Image zuzulegen oder mit betont nationalsozialistischen wissenschaftlichen Werken Reputation aufzubauen.

Zwar konnte sich Spörl der Unterstützung der Philosophischen Fakultät sicher sein,[675] aber demgegenüber standen negative politische Einschätzungen der Dozenten- und Studentenschaft. Als die Bonner Universität im Dezember 1935 ein Gutachten über Spörl anforderte, hieß es: „Die wissenschaftlichen Leistungen von Dr. Spörl sind [...] durchaus befriedigend. Sie bleiben aber völlig im Raum der bisherigen Wissenschaftshaltung, an deren Überwindung

670 UA München, E-II-3213, Personalakte Spörl, Schreiben Philosophische Fakultät an Akademisches Rektorat.

671 Ebd., Schreiben Professor Funk an Akademisches Rektorat vom 24. März 1934.

672 Ebd., Schreiben badisches Kultusministerium an Akademisches Rektorat vom 12. April 1934.

673 Ebd., Bescheinigungen über Arbeitsdienst vom 12. April 1934 und 8. September 1934.

674 Ebd. Schreiben badisches Kultusministerium an Rektor der Universität Freiburg vom 10. November 1934.

675 Ebd., Schreiben Philosophische Fakultät an Rektor der Universität Freiburg vom 26. Dezember 1935: „Der gute Eindruck, den wir bei seiner Habilitation von ihm gewannen, hat sich während seiner bisherigen Tätigkeit durchaus bestätigt."

der Nationalsozialismus heute arbeitet. [...] Dr. Spörl ist wissenschaftlich eindeutig im aktiven Katholizismus gebunden, was sich auf die Wissenschaft eindeutig auswirkt. [...] Auch im Seminarbetrieb ist eine Auswirkung dieser weltanschaulichen Richtung zu spüren, z. B. in der Anschaffung von Büchern und in der Begünstigung von Studenten gleicher Weltanschauung oder indifferenter Mitglieder.“[676]

Spörl erhielt wegen Einschätzungen wie dieser weder einen Ruf nach Bonn noch nach Würzburg, Giessen oder Tübingen, auf die er sich Hoffnungen machte.[677] Er arbeitete weiter für einen Hungerlohn von 120 Reichsmark im Monat als Assistent in Freiburg.[678] 1939 wurde er dann wenigstens als Dozent ins Beamtenverhältnis gerufen wurde.[679] 1940 wurde er außerordentlicher Professor, die Entlohnung blieb aber bescheiden.[680]

Trotz dieser starken beruflichen Rückschläge entwickelte sich die Zeit in Freiburg für Spörl zu glücklichen Jahren. Er knüpfte eine Vielzahl von Freundschaften zu Wissenschaftlerkollegen, Geistlichen und Intellektuellen und die persönliche Vertrautheit sowie der intellektuelle Austausch waren für ihn eine große persönliche Bereicherung.[681]

Einer der wichtigsten sozialen Treffpunkte in dieser Zeit war das Haus des Zeitungsjournalisten Karl Färber in der Scheffelstraße nahe der Dreisam. Regelmäßig kam Spörl dort in der Bibliothek oder der guten Stube mit anderen Gelehrten und Intellektuellen wie Max Müller, Enrico Ochsner, Bernhard Welte, Bernhard Pfister oder Reinhold Schneider zusammen, um über Alltagsdinge zu sprechen oder philosophische, historische oder theologische Fragestellungen zu diskutieren.

Auch über die persönlichen Sorgen angesichts der nationalsozialistischen Herrschaft wurde im „Färber-Kreis“, so der heute bekannte Name der katho-

676 Ebd., Schreiben Studentenschaft der Universität Freiburg an Rektorat vom 7. Januar 1936.

677 Vgl. Boehm, Johannes Spörl, S. 16.

678 UA München, E-II-3213 Personalakte Spörl, Schreiben Dekan Philosophischen Fakultät der Universität Freiburg an badischen Kultusminister vom 21. Dezember 1938.

679 Ebd., Schreiben Reichsminister für Wissenschaft, Erziehung und Volksbildung an badischen Kultusminister vom 3. Oktober 1939.

680 Ebd., Schreiben Reichsminister für Wissenschaft, Erziehung und Volksbildung an Rektor der Universität Freiburg vom 16. Juli 1940.

681 Vgl. Boehm, Johannes Spörl, S. 16.

lisch geprägten Gruppierung, debattiert. Die Mitglieder lehnten den Nationalsozialismus allesamt ab. Das Haus von Karl Färber, der aus Hochachtung und wegen seiner aus österreichischem Adel stammenden Frau nur „der Fürst" genannt wurde, war für die Teilnehmer so im Wortsinn ein Freiraum, ein Erholungsort vom nationalsozialistischen Alltag.[682] Man suchte auch, so der Teilnehmer Hubert Armbruster, nach Wegen, „um den Ansprüchen dümmlicher Amtsverwalter und törichter, aber gefährlicher Funktionäre – besonders aus dem Bereich der Universität – auszuweichen und sie mit der ‚Klugheit der Schlangen' aus dem Felde zu schlagen. [...] Ein gut eingespieltes System gegenseitigen Hinweisens und Warnens bewahrte uns oft vor politischem Ungemach."[683]

Spörl gehörte dabei zu jenen Teilnehmern, die ein besonders enges Verhältnis zu Karl Färber unterhielten. Er wurde wie ein Familienmitglied betrachtet und verbrachte sehr viel Zeit in Färbers Haus.[684] Bei Färbers Hochzeit 1924 in München hatte Spörl indes schon als Mesner und Ministrant mitgewirkt.[685] Nach Ausbruch des Krieges 1939 und der Flucht Färbers aus Freiburg sicherte Spörl Gemälde und weitere Wertgegenstände aus dem Besitz, verpackte sie und brachte sie „im Handwagen an die Bahn".[686]

Neben dem Gesprächskreis um Karl Färber, dem für Spörl sicherlich wichtigsten Zirkel, gab es noch zwei weitere Runden, an denen Spörl teilnahm. Sie zeugen von seinem Wunsch nach Geselligkeit und regem geistigen Austausch. Dies gilt sowohl für das sogenannte „Professorenseminar" des Nationalökonomen Karl Diehl als auch für die „Donnerstags-Runde" um Walter Eucken,

682 Vgl. Hubert Armbruster, De vita Joannis Spoerl, in: Clemens Bauer, Laetitia Boehm, Max Müller (Hg.), Speculum historiale. Geschichte im Spiegel von Geschichtsschreibung und Geschichtsdeutung. Freiburg 1965, S. 752–756, S. 756: „Wenn wir dann allein oder zu mehreren im fürstlichen Haushalt aufkreuzten und uns schließlich zur Runde zusammenfanden, überkam uns das Gefühl, daß nun so etwas wie der ‚Weg ins Freie' beginne, in die Entspannung, Gelöstheit, ins Ausruhen vom Alltag, in die festliche Erhebung des Gemüts."

683 Armbruster, De vita Joannis Spoerl, S. 754 f.

684 Vgl. Karl Färber, De vita Joannis Spoerl, Clemens Bauer, Laetitia Boehm, Max Müller (Hg.), Speculum historiale. Geschichte im Spiegel von Geschichtsschreibung und Geschichtsdeutung. Freiburg 1965, S. 759–762, S. 759: „Da darf ich [...] vorausschicken, daß Du so vom Jahre 1937/38 an durch den ganzen Krieg hindurch in unserer Familie in der Scheffelstraße Dein eigentliches Heim gehabt hast."

685 Vgl. ebd.

686 Ebd.

Konstantin von Dietze, Gerhard Ritter und Julius Speer, dem späteren Rektor der Universität München.[687]

In die Kreise eingeführt wurde Spörl hauptsächlich von seinem akademischen Mentor Heinrich Finke.[688] Dieser spielte wiederum auch für die Tätigkeit innerhalb der „Görres-Gesellschaft“ eine bedeutende Rolle. Ab 1931 arbeitete Spörl als Redaktionsgehilfe Finkes beim „Historischen Jahrbuch“, dem bedeutenden geschichtswissenschaftlichen Organ der katholischen Organisation. 1933 hielt er dann auf der Freiburger Generalversammlung der „Görres-Gesellschaft“, deren Vorsitzender Finke auch war, einen Vortrag über „Das mittelalterliche Denken als Forschungsaufgabe“.[689] Vier Jahre später, 1937, übernahm Spörl schließlich die Herausgeberschaft des „Historischen Jahrbuchs“.[690]

Gerade in Anbetracht seiner damaligen Situation als junger und politisch verdächtiger Gelehrter, dessen weiterer akademischer Aufstieg weitreichende Zugeständnisse an die Nationalsozialisten benötigt hätte, ist es ein Zeichen seines Muts und seiner Prinzipienfestigkeit, dass er die Aufgabe übernommen hat.[691] Eine wissenschaftliche Kehrtwende wie Maunz sie hinlegte, kam für ihn nicht infrage. Spörl zeigte, dass ihm an einer Anbiederung, einem opportunen Selbstmanagement, wenig lag.

Im Historischen Jahrbuch, dessen Verantwortlicher er nun wurde, war die Zäsur der Machtergreifung der Nationalsozialismus fast nicht erkennbar. Die wissenschaftlichen Arbeiten und Rezensionen nach 1933 waren eine „Fortsetzung traditioneller Forschung“.[692] Inhalte und Forschungsergebnisse wurden nicht an die politischen Erwartungen angeglichen. Auch wurde nicht versucht, die Herrschaft der Nationalsozialisten historisch zu rechtfertigen. Die Gründe für diese „Resistenz“ liegen wohl in der Tatsache, dass die katho-

687 Vgl. Clemens Bauer, De vita Joannis Spoerl, Clemens Bauer, Laetitia Boehm, Max Müller (Hg.), Speculum historiale. Geschichte im Spiegel von Geschichtsschreibung und Geschichtsdeutung. Freiburg 1965, S. 757–758, S. 758.

688 Vgl. ebd.

689 Boehm, Johannes Spörl, S. 19.

690 Ebd.

691 Vgl. ebd.

692 Ursula Wiggershauser-Müller, Nationalsozialismus und Geschichtswissenschaft. Die Geschichte der Historischen Zeitschrift und des Historischen Jahrbuchs 1933–1945. Hamburg 2000, S. 263.

lische Historiographie seit dem Kulturkampf eine Skepsis gegenüber politischen Parteinahmen entwickelt hat, um als wissenschaftlich ebenbürtig gelten zu können. Quellennähe war für viele katholische Historiker zur unabdingbaren Voraussetzung für ihr wissenschaftliches Arbeiten geworden. Dazu speiste sich die Autoren- und Herausgeberschaft aus einem Milieu, das den Nationalsozialisten auch aus klerikal-weltanschaulichen Gründen distanziert gegenüberstand. Überzeugte Nationalsozialisten drängten sich der Zeitschrift so auch nicht auf.[693]

Dass Spörls Einstellung zu diesem Autorenkreis passte, wird auch am Vorwort des 62. Jahrgangs 1942/43 deutlich. Die Exemplare konnten leider nicht mehr ausgeliefert werden, weil ein Bombenangriff sie zerstörte, aber Spörls Text hat sich erhalten: „Aus einer bestimmten geistesgeschichtlichen Situation des vorigen Jahrhunderts hervorgegangen, blieb das Historische Jahrbuch allzeit fern jeder engen konfessionellen Bindung und dem allzu billigen Anlehnen an gängige Schlagworte. Künftige historiographische Forschung möge darüber entscheiden, wie weit es dieser dem lauten Tagesgeschrei abholden Zeitschrift gelungen ist, die stille kontinuierliche Linie deutscher Wissenschaftspflege zu wahren."[694]

Zwei Jahre zuvor, im Herbst 1940, war Spörl zur Wehrmacht einberufen worden. Er durchlief u. a. militärische Stationen in Breslau, Smolensk und am Comacchio-See. 1941 schaffte es sein Freund Reinhold Schneider eine Stelle bei der Archiv-Kommission des Auswärtigen Amtes in Berlin zu besorgen. In der Hauptstadt traf sich Spörl dann öfter mit dem Juristen Hans Peters, dem Erstplatzierten des Fakultätsvorschlags für den Münchner Lehrstuhl, den Maunz 1952 bekommen sollte, und Mitstreiter in der Görres-Gesellschaft. Zusammen mit Peters tauchte Spörl zudem „in dem als ‚Geheim' deklarierten Leitheft des SD ‚Die Görres-Gesellschaft 1941' auf.[695]

Bei Kriegsende war Spörl in Oberitalien, wo er als Gefangener, bei der 21. Englischen Panzerbrigade andere Soldaten in einer Art Kriegsgefangenenhochschule unterrichtete und mit dem „Grotefend" als einzigem Hilfsmittel Vorlesungen und Übungen zur Geschichte anbot, u. a. zu „Binsenweisheiten

693 Vgl. ebd.

694 Zit. nach Boehm, Johannes Spörl, S. 2.

695 Boehm, S. 21.

der Geschichte".[696] Über das lebenslange Verbindende berichtet Spörls Schülerin Laetitia Boehm: „Ich habe es später miterlebt, wie eines Tages bei einer Sprechstunde des Dekans der Münchener Philosophischen Fakultät 1969 ein ‚älterer Student', den ich als geschichtsbegeisterten berufstätigen Gast aus Lehrveranstaltungen kannte, plötzlich beim Betreten des Raumes zur Verwirrung der Wartenden auf den Dekan zuging und ihn umarmte: das Wiedererkennen eines Kriegskameraden von damals."[697]

Da Spörls Forschungsbibliothek, seine Vorlesungsmanuskripte und wissenschaftlichen Notizen, im Krieg bei einem Bombenangriff verbrannt waren, stand er nach der Entlassung aus der Kriegsgefangenschaft vor einem Berg von Arbeit.[698] Er musste sich neue Konzepte erarbeiten, die alten rekonstruierte er in der Regel nicht. Im Wintersemester 1945/46 las er in Freiburg über Geschichtsschreibung im Mittelalter und Papstgestalten des frühen und hohen Mittelalters.[699]

Am 1. Mai 1947 ging für ihn dann der Traum in Erfüllung, der ihm im Nationalsozialismus verwehrt worden war. Er erhielt in München einen Lehrstuhl für Mittelalterliche Geschichte.[700] Seine Berufung ist in gewisser Weise typisch für die Berufungspraxis der Kultusministerien auf dem Gebiet der mittelalterlichen Geschichte nach 1945. Man war bemüht, die „Benachteiligungen aus religiösen oder politischen Gründen zu kompensieren".[701] Alle sechs in Deutschland bis 1950 neuzubesetzenden Ordinariate gingen an Katholiken, kein einziges an einen Protestanten. Dieses konfessionelle Ungleichgewicht führte bei protestantischen Vertretern der Zunft wiederum zu dem Gefühl, benachteiligt zu werden. Es wurde von protestantischer Seite sogar kolportiert, manche Kollegen seien aus Karrieregründen schon konvertiert.[702]

696 Vgl. ebd., S. 22 f.

697 Boehm, Johannes Spörl, S. 23.

698 Ebd., S. 22.

699 Vgl. ebd., S. 23.

700 UA München, E-II-3213, Personalakte Spörl, Schreiben bayerisches Kultusministerium an Rektorat der Universität München vom 22. April 1947.

701 Anne-Christine Nagel, Im Schatten des Dritten Reiches. Mittelalterforschung in der Bundesrepublik Deutschland 1945–1970. Göttingen 2005, S. 33.

702 Vgl. ebd.

In seinen Münchner Lehrveranstaltungen behandelte Spörl ab dem Sommersemester 1947 zunächst insbesondere die Ideengeschichte. Er las über das Wesen und die Geschichte der mittelalterlichen Geschichtsschreibung oder das Kontinuitätsproblem zwischen Antike und Mittelalter.[703] Dazu besorgte er mit seinen Kollegen Max Spindler und Franz Schnabel die Wiederbestückung der Seminarbibliothek, die der Krieg auf 200 Bände dezimiert hatte. 1951 gründete Johannes Spörl im Auftrag des Rektorats die Universitäts-Pressestelle. Er pflegte die Kontakte zu Journalisten, hielt Pressekonferenzen ab und stellte bis spät in die Nacht Presserundbriefe über Berufungen der Universität her.[704]

Der Untergang des Nationalsozialismus ermöglichte ihm zudem wieder ein Wirken innerhalb der Görres-Gesellschaft. In der nach dem Krieg wiedergegründeten Vereinigung agierte er ab 1949 als Vorstandsmitglied und Sektionsleiter, später auch als Vizepräsident unter dem Präsidenten Hans Peters.[705] Er engagierte sich für die Wiederbelebung der historischen Forschung innerhalb der Gesellschaft und bereitete dann 1951 die Generalversammlung in München vor. Das „Historische Jahrbuch" führte er zu wissenschaftlichen Höhen: Spörls Herausgebertätigkeit und seine Redaktionsarbeit, so Laetitia Boehm, „ließen die Zeitschrift in internationales Ansehen hineinwachsen".[706]

In seinen wissenschaftlichen Arbeiten widmete sich Spörl nach 1945 insbesondere dem mittelalterlichen Staats- und Kaisergedanken. Charakteristisch für seine Werke überhaupt und insbesondere in dieser Zeit ist der Anthropozentrismus. Spörl stellte gern historische Persönlichkeiten in den Mittelpunkt seines Schaffens, fragte von dort aus nach dem Abstrakten, etwa nach den ideellen Einflüssen, die geschichtliche Individuen prägten oder der Wirkung, die sie entfalteten. Dabei legte er Wert darauf, dass man den jeweiligen Menschen als Produkt seiner Zeit verstand. Weniger als anderen Mittelalterhistorikern ging es ihm dabei um Aktualisierung und das Aufzeigen von Parallelen zwischen Mittelalter und Gegenwart. Die Alterität des Mittelalters sollte sichtbar bleiben.[707]

703 Vgl. Boehm, Johannes Spörl, S. 37.

704 Vgl. ebd., S. 28.

705 Vgl. ebd., S. 29.

706 Ebd., S. 31.

707 Vgl. ebd., S. 46 f.

In zunehmenden Alter beschäftigte er sich dann vermehrt auch mit der Universitätsgeschichte, einem Forschungsinteresse, das sich nicht zuletzt auch durch die Übernahme des Münchner Universitätsarchivs befördert worden war. 1958 hatte er die Ausstellung „Universität und Stadt“ im Rahmen des Münchner Stadtjubiläums initiiert, 1972 war er dann maßgeblich an den Bänden zum Jubiläum der Ludwig-Maximilians-Universität beteiligt.[708] Sowohl die Forschungen zur Universitätsgeschichte als auch die Leitung des Universitätsarchivs wurden von seiner Schülerin Laetitia Boehm fortgeführt. Neben Boehm, die 1954 mit einer Arbeit zur Geschichtsschreibung des ersten Kreuzzuges promoviert wurde, betreute Spörl ungefähr 50 weitere Doktoranden, darunter mit Ferdinand Seibt, Hermann-Joseph Busley und Hubert Glaser einige, die sich später als Historiker einen Namen machen sollten.[709]

Mit Maunz war Spörl seit der Freiburger Zeit eng befreundet. Sie teilten die Münchener Herkunft, die Verwurzelung im Katholizismus, die Liebe zur Wissenschaft und Spörl sah es mit Freude, dass Maunz – neben anderen Freiburger Freunden wie Bernhard Pfister oder Max Müller – Anfang der 1950er-Jahre ihm nach München nachfolgen wollte.[710] Charakterlich waren sie jedoch sehr verschieden, ja in gewisser Weise Antipoden. Spörl war weit weniger biegsam und anpassungsbereit, neigte weniger zum Verheimlichen und Taktieren, sondern führte Auseinandersetzungen insbesondere im Wissenschaftsbetrieb hart und offen und machte seine Überzeugungen und Standpunkte transparent. Er war als „Universitätspolitiker beliebt und gefürchtet; die Geister schieden sich an ihm.“[711]

Johannes Spörl starb am 19. April 1977. Von seinen Schülern Rainer A. Müller und Laetitia Boehm wurde er tot in seiner Wohnung aufgefunden. Er lag in seinem Bett, „das Nachtlicht brannte noch; […] die Brille war beiseitegelegt, ein Buch – Abschiedsbriefe aus dem Widerstand – war sorgfältig zugeklappt, mit offensichtlichem Lesemerkerl beim letzten Brief von Helmut Graf von Moltke, dem einstigen Mittelpunkt des Kreisauer Kreises.“[712] Zwei Tage später traf sich Maunz in der Wohnung des gemeinsamen Freundes Franz

708 Vgl. ebd., S. 49.

709 Vgl. ebd., S. 37 ff.

710 Vgl. ebd., S. 34.

711 Ebd., S. 28.

712 Ebd., S. 53.

Elsen mit anderen Bekannten Spörls, um Erinnerungen und Gedanken an den jahrzehntelangen Wegbegleiter auszutauschen.[713]

713 Vgl. ebd.

4.4 Münchner Universitätslehrer und Gutachter

Aus Baden verabschiedete sich Maunz nach der geglückten Berufung nach München mit einer Niederlage. Sie besiegelte zugleich den Untergang des kleinen Landes im Südwesten. Dessen Zukunft war freilich schon seit längerer Zeit ungewiss. Nach dem Zweiten Weltkrieg hatten die Alliierten die ehemaligen Territorien von Baden und Württemberg nach der Reißbrettmethode in drei Verwaltungseinheiten aufgeteilt: „Württemberg-Hohenzollern", „Württemberg-Baden" und „Baden". Diese „unorganischen" Gebilde sollten jedoch Territorien auf Zeit bleiben, darüber waren sich die Politiker im Südwesten einig.[714] Über die konkrete Neugestaltung der Territorien schieden sich aber die Geister. Ein populärer Vorschlag sah vor, dass alle in einem starken Südweststaat aufgehen sollten.[715] Für den badischen Staatspräsidenten Leo Wohleb freilich ein Schreckensszenario. Er wollte die Eigenständigkeit seines Landes.

Um sein Ziel zu erreichen, baute er nicht zuletzt auf juristische Mittel. Maunz arbeitete so zusammen mit Paul Zürcher, einem Wohleb-Vertrauten, 1948 einen „Vorentwurf" zu einem Staatsvertrag aus, der allen Absorptionsbemühungen Einhalt gebieten sollte. Der Vertrag kam jedoch nicht zustande und so sollte eine Volksabstimmung über die Zukunft im Südwesten entscheiden. Es hing nun viel am Abstimmungsmodus, der das Ergebnis entscheidend beeinflussen würde. Da der festgesetzte „Vier-Bezirke-Modus" ein Ergebnis zugunsten eines eigenständigen Badens erschwerte, entschloss sich Staatspräsident Wohleb, vor das Bundesverfassungsgericht zu ziehen.[716]

Das Bundesverfassungsgericht war zu diesem Zeitpunkt noch nicht konstituiert, es sollte seine erste Verhandlung werden. Maunz lieferte ein Gutachten und trat beim Prozess als einer der bevollmächtigten Vertreter Badens auf. Der Ausgang des Prozesses war denkbar knapp. Die Richter des zweiten Senats votierten mit sechs zu sechs. Die Stimmengleichheit bedeutete zugleich

714 Klaus Jürgen Matz, Das Land Baden 1945–52, in: Hansmartin Schwarzmeier, Meinrad Schaab (Hrsg.), Handbuch der baden-württembergischen Geschichte. Band 4. Die Länder seit 1918, Stuttgart 2003, S. 477–590, S. 527.

715 Wöhrle, Wohleb, S. 338 ff.

716 Wöhrle, Wohleb, S. 376 ff., Matz, S. 541 f.

das Scheitern der Klage und die Bestätigung des „Vier-Bezirke-Modus".[717] Die Volksabstimmung vom 9. Dezember 1951 brachte schließlich das Ergebnis zugunsten des Südweststaates, dem späteren Baden-Württemberg. Wäre nach dem von Wohleb favorisierten Modus abgestimmt worden, wäre er nicht zustande gekommen.[718]

Maunz war über die Niederlage, die das Ende Badens besiegelte, verärgert und empfand das Urteil als ungerecht.[719] Andererseits ließ sich der Richterspruch als Rechtfertigung für seinen Wechsel nach München nutzen. Wohleb schrieb er: „Wenn Altbaden wiederhergestellt worden wäre", hätte er sich „nicht entschließen können, einem auswärtigen Ruf Folge zu leisten".[720] Dies war selbstverständlich gelogen, aber doch eine Möglichkeit, Wohleb schonend beizubringen, dass er nach vielen Jahren der engen Kooperation und Förderung nach Bayern ging.

Dort richtete er sich wiederum in der Vorstadtidylle Münchens ein. In Gräfelfing bezog er mit der Familie ein kleines Haus, von dem er bequem zur Universität pendeln und ansonsten in Ruhe „zwischen Wald und Gärten arbeiten" konnte.[721] Im April 1953 war das „Chaos des Umzugs" weitestgehend beseitigt. Im Sommersemester 1953 hielt Maunz an der Ludwig-Maximilians-Universität erstmals die große, vierstündige Vorlesung über „Deutsches Staatsrecht".[722] Zusätzlich gab er Übungen und Seminare.

Bei den Münchner Studenten gehörte er bald zu den beliebten Hochschullehrern. Beim Betreten des Hörsaals wurde er zwar nicht mit frenetischem

717 Ebd. 376 ff., Matz, S. 541 f.

718 Carola Bury, Die politische Auseinandersetzung zwischen Badenern und Südweststaatlern (1948–1951), in: Paul Ludwig Weinacht (Hrsg.), Gelb-Rote Regierungsjahre. Die Badische Politik nach 1945. Sigmaringendorf 1988, S. 292–308. S. 305. Wöhrle, Wohleb, S. 376 ff.

719 StdA München, NL Maunz 30, Maunz an Wohleb vom 2. Januar 1952: „Die Ereignisse haben in den letzten Monaten eine Wendung genommen, die auch vom Standpunkt des Rechts aus schmerzlich beklagt werden muss und die zweifellos noch weitere, den Rechtsgedanken und das Vertrauen des Volkes schädigende Entwicklungen nach sich ziehen wird."

720 StaaA Freiburg, T1, Leo Wohleb 85, Schreiben Maunz an Wohleb vom 2. September 1952.

721 UA Freiburg, C130/940, Schreiben Maunz an Erik Wolf vom 22. April 1953.

722 Vorlesungsverzeichnis Ludwig-Maximilians-Universität München, Sommersemester 1953.

Applaus begrüßt wie ehemals sein Lehrer Kisch, aber die meisten Studenten kamen gerne zu ihm, auch aus anderen Fakultäten.[723] Er wurde eine Art „Institution […] beim Erwerb öffentlichrechtlicher Scheine“[724]. Es lag auch an seinen pädagogischen Qualitäten. Maunz dozierte „locker und elegant“ und würzte die bisweilen fade juristische Suppe mit einer Prise Humor. So empfand es jedenfalls Roman Herzog, der spätere Bundespräsident, der bei Maunz studierte und ihm dann jahrelang als Assistent zuarbeitete. Herzog nennt ein Beispiel, den Fall der Eleonore Gräfin von Zitzewitz, um Maunz' pädagogische Art zu illustrieren: Die alleinstehende Gräfin Zitzewitz hat einen Sohn entbunden, den sie nun Karl Amadeus nennen will. Laut BGB erhält das Kind den Familiennamen der Mutter. Dieser lautet: „Gräfin von Zitzewitz“. Der Standesbeamte will nun also den Namen eintragen lassen: Karl Amadeus Gräfin von Zitzewitz. – Wie ist die Rechtslage?“[725]

Als Hochschullehrer war Maunz aber auch beliebt, weil er verschwenderisch mit guten Noten umging. Peter Lerche, neben Herzog ein weiterer Schüler, berichtet darüber in einer Anekdote: Maunz' Assistenten hätten sich darauf geeinigt, „bei der Vorbenotung der schriftlichen Übungsarbeiten […], die Arbeiten regelmäßig mit einer Notenstufe unter jener zu versehen, die wir an sich für richtig hielten – wohl wissend, dass Maunz die Benotung regelmäßig um eine Notenstufe nach oben hinaufsetzen würde.“[726] Und laut Roman Herzog machte damals das Bonmot die Runde, Maunz' Benotung „beruhe auf dem Meistbegünstigungsprinzip.“[727] Dies bot für Studenten natürlich Anreize seine Vorlesungen zu besuchen,[728] aber auch Maunz hatte davon seine Vorteile: Volle Saalreihen verschafften ihm Hörgeld.[729] Und vielleicht wirkten die

723 Lerche, Theodor Maunz, in: Staatsrechtslehrer des 20. Jahrhunderts, S. 576.

724 Stolleis, Maunz, S. 307.

725 Herzog, Theodor Maunz als Lehrer, S. 112.

726 Lerche, Theodor Maunz, Juristen im Portrait, S. 556 f.

727 Herzog, Maunz als Lehrer, S. 110.

728 Vgl. BayHstA München NL Schwalber 90, Schreiben Erich Kaufmann an Kultusminister Hundhammer vom 9. August 1950: „Bei den Studenten ist Maunz als Lehrer und Pädagoge durchaus geschätzt. Besonders seine Übungen erfreuen sich großen Zulaufs. Zu bemängeln ist allenfalls, daß seine Prädikate und Beurteilungen im allgemeinen zu günstig ausfallen und die Anziehungskraft seiner Übungen daher z. T. nicht auf ganz gesunden Grundlagen beruht.“

729 Stolleis, Maunz, S. 307.

guten Noten auch manchmal wie ein Narkotikum, das den studentischen Willen betäubte, tiefer in seiner Vergangenheit zu bohren.

Ein pädagogischer Erfolg war zu dieser Zeit auch sein „Deutsches Staatsrecht". Im März 1950 hatte ihn die bayerische Staatsregierung „zu einer größeren literarischen Arbeit aus dem geltenden Staatsrecht aufgefordert".[730] Im Mai 1950 arbeitete Maunz dann „schon eifrig" an dem Projekt und der „Beck Verlag" verkündete das Erscheinen für „Herbst".[731] Maunz konnte den Herbsttermin allerdings nicht einhalten und so erschien das Kurzlehrbuch erstmals 1951.[732] Mit der Darstellung der „Besatzungszeit", der „Rechtslage Deutschlands", der „Grundrechte", der „Kulturordnung", der „Wirtschaftsordnung", „der Funktionen und Aufgaben des Bundes" sowie der „Entstehung der DDR" und dem „Sonderstatus Berlins" deckte das Buch auf wenigen Seiten ein breites Spektrum ab. Der Stoff war komprimiert und gut verdaulich. Die Darstellung war praxisnah und – typisch für Maunz – frei von umfassenden Theoretisierungen. Das Buch informierte solide über „grundlegende Fragen [...], die in den folgenden Jahren wichtig werden sollten".[733]

Es entwickelte sich zum Verkaufsschlager. Da seinerzeit kein vergleichbares Werk existierte, stieß es in eine Marktlücke. Das „Deutsche Staatsrecht" war „das erste uneingeschränkt brauchbare Studienbuch zum Staatsrecht der Bundesrepublik".[734] Im Mai 1955 waren schon 16000 Exemplare ausgeliefert und Maunz konnte zufrieden feststellen, dass sich sein Buch mittlerweile „in den Händen sehr vieler Rechtsstudenten" befinde.[735] Da der Erfolg in den nächsten Jahren und Jahrzehnten nicht entscheidend abebbte, wurde es ein Klassiker, so ähnlich „wie der Volkswagen Käfer, ein unverwüstliches Modell der Bundesrepublik".[736] Maunz selbst wollte den Wert seines Buches indes nicht zu hoch ansetzen. Zumindest nicht gegenüber dem geschätzten Carl Schmitt, der in der Bundesrepublik ein Dasein als „outlaw" in Plettenberg

730 BSB München, NL Spörl, Schreiben Maunz an Spörl vom 18. März 1950.

731 Ebd., Schreiben Maunz an Spörl vom 17. Mai 1950.

732 StdA München, NL Maunz 177, Schreiben Maunz an C.H. Beck vom 31. Juli 1950.

733 Stolleis, Maunz, S. 307.

734 Stolleis, Geschichte des öffentlichen Rechts, Bd. 4, S. 142.

735 LA NRW Duisburg, NL Schmitt, RW 579/233, Schreiben Maunz an Carl Schmitt vom 8. Mai 1955.

736 Stolleis, Maunz, S. 307.

fristete und mit dem er weiter korrespondierte. Er übte sich in Bescheidenheit und sprach von einer „anspruchslosen Veröffentlichung“.[737]

Seit der Rückkehr nach München betätigte sich Maunz auch fleißig als Rechtsberater der bayerischen Staatsregierung. Diese Funktion hatte man ihm vor seinem Wechsel zugesichert und sie hatte den Münchner Lehrstuhl zusätzlich attraktiv gemacht. „Dass Du nun auch in München Regierungsberater wirst, […] reicht ja viel weiter als diese Arbeit in dem kleinen Schnapsladen des kleinen Mannes von Südbaden“, hatte ihm Karl Färber geschrieben.[738] Direkt nach seiner Übersiedlung nach Gräfelfing wurde Maunz schon „von den bayerischen Ministerien zu Rechtsgutachten in großem Umfang herangezogen“.[739]

Bevor er die Staatsregierung mit seiner Arbeit zufriedenstellte, zog er sich aber ihren Missmut zu. Zwei Bundesbrüder hatten ihn gebeten, ein Gutachten für die sozialdemokratische hessische Landesregierung zu verfassen.[740] Es ging um die Beteiligung der Bundesrepublik am „Europäischen Verteidigungsbeitrag“ und damit zugleich um die Frage der Wiederbewaffnung Deutschlands. Maunz argumentierte, diese sei nur mit einer Verfassungsänderung zulässig. Und dafür sei eine „qualifizierte Mehrheit“ im Bundestag nötig.[741] Dies entsprach nun genauso wenig den Vorstellungen der Bundesregierung wie der bayerischen Staatsregierung. Letztere zeigte sich besonders enttäuscht über seine Ausführungen, schließlich hatte sie ihn nicht nach München gezogen, um sich von ihm ihre Politik torpedieren zu lassen. Der Unmut drang an die Öffentlichkeit: „Nach neuestem Bonner ‚on dit‘“, schrieb der *Spiegel* am 26. November 1952, „ist der bayerische Ministerpräsident Dr. Hans Ehard außerordentlich verärgert über den Rechtsgelehrten der Münchener Universität, Professor Maunz, der der sozialdemokratischen Regierung Hessens

737 LA NRW, RW 579/233, Schreiben Maunz an Carl Schmitt vom 8.Mai 1955.

738 StdA München, NLM 34, Schreiben Karl Färber an Maunz vom 8. August 1952.

739 BayHstA München, NL Maunz 15, Schreiben Maunz an Erik Wolf vom 22. April 1953.

740 BSB München, NL Spörl, Schreiben von Maunz an Spörl vom 8. November 1952: „Die Gutachtertätigkeit wurde mir seinerzeit verschafft von beiden Verfassungsreferenten einem C.V.er und einem K.V.er, beide in Wiesbaden.“

741 Ebd.

ein Rechtsgutachten [...] geliefert hat. Ehard hat sich seinerzeit sehr bemüht, Maunz den Ruf an die Universität München zu verschaffen."[742]

Maunz waren die atmosphärischen Störungen unangenehm, er bezeichnete das Hessengutachten als „leidige Sache". Klein beigeben wollte er jedoch nicht. Die Angelegenheit war eine von wenigen, in denen er einmal seinen persönlichen Standpunkt offenbarte. „Ehard, Hundhammer, Seidel u. a." könnten ihn nicht davon „abbringen, dass es so richtig ist"[743], schrieb er an Spörl. Allerdings sensibilisierte ihn der Vorfall auch für die Zukunft. Er ließ nun mehr Vorsicht walten. 1953 holte er sich zuerst das Placet von Staatskanzleichef Schwend, bevor er ein Gutachten der „Arbeitsgemeinschaft der deutschen Rundfunkanstalten" annahm. Er habe auch, wie er schrieb, „alle Punkte weggelassen, in denen die bayer. Staatskanzlei früher einmal eine andere Auffassung vertreten hat".[744]

Nach diesen Anlaufschwierigkeiten etablierte er sich als zuverlässiger Hausgutachter der CSU. Die folgenden Arbeiten erregten keinen Anstoß mehr. Im Mai erhielt er sogar parteiübergreifende Zustimmung: „Im Landtagsgutachten wegen des Bauernverbandes gelang es mir", schrieb Maunz erleichtert, „Hundhammer, Schlögl, Baumgartner, Knoeringen und Franckenstein zufriedenzustellen".[745] Und 1954 stützte er das Bemühen der bayerischen Staatsregierung nach einer Gesandtschaft beim Heiligen Stuhl: Laut Völkerrecht und Grundgesetz sei eine Gesandtschaft möglich. Die deutschen Länder besäßen „beschränkte Völkerrechtssubjektivität", die ihnen zwar nicht erlaube, eigene Beziehungen zu „auswärtigen Staaten" zu unterhalten, aber da es sich beim Vatikan um keinen „auswärtigen Staat" handele, aber doch

742 *Der Spiegel* vom 26. November 1952. Dass Ehard sich um Maunz sehr bemüht hatte, traf in der Tat zu. Vgl. StdA München NL Maunz 30, Schreiben Ministerpräsident Ehard an Maunz vom 28. Juli 1952: „Ich freue mich sehr, dass sie sich entschlossen haben, den Ruf an die Universität München anzunehmen. Es war mir seit langem ein besonderes Anliegen, nach München wieder einen Universitätslehrer zu bekommen, der wirklich in der Lage ist, auch bayerisches Verwaltungsrecht zu lesen. Ich wüsste mir hierfür keinen besseren als Sie und freue mich sehr, dass die Schwierigkeiten nun überwunden sind."

743 BSB München, NL Spörl, Schreiben von Maunz an Spörl vom 8. November 1952.

744 BSB München, NL Spörl, Schreiben Maunz an Spörl vom 3. April 1953.

745 Ebd., Schreiben Maunz an Spörl vom 25. Mai 1953.

gleichzeitig um ein „Völkerrechtssubjekt", stehe der Einrichtung einer bayerischen Gesandtschaft prinzipiell nichts im Wege.[746]

Das zukunftsträchtigste Gutachten lieferte Maunz jedoch 1955. Mit ihm gewann er in der Öffentlichkeit kulturpolitisches Profil, was für die Berufung zum bayerischen Kultusminister noch wichtig werden sollte.[747] Es ging um das große Reizthema der bayerischen Landespolitik: die Volksschullehrerbildung. Damals galt noch das Bekenntnisprinzip: Jeder Volksschüler besuchte die Schule desjenigen Glaubens, dem er angehörte. Zumindest in der Theorie, denn in Wirklichkeit hatten insbesondere die Flüchtlingsströme nach dem Krieg zu konfessionell-heterogenen Landstrichen geführt und den Regelbruch zum Normalfall gemacht. Es gab viele Minderheitenschüler, die auf Schulen eines anderen Bekenntnisses gingen, doch blieb das Prinzip der Bekenntnisschule unangetastet und so wurde die Ausbildung der Volksschullehrer weiter in konfessioneller Trennung vollzogen.[748] Allerdings galt die bisherige Lehrerausbildung seit längerem als unprofessionell und nicht mehr zeitgemäß.[749] Es herrschte Reformbedarf und die Viererkoalition unter dem Sozialdemokraten Wilhelm Hoegner, die der CSU im Dezember 1954 die Regierungsverantwortung abgenommen hatte, hatte bereits wenige Wochen nach der Regierungsübernahme einen Gesetzesentwurf vorgelegt: Die künftigen Volksschullehrer sollten ein sechssemestriges Studium an einer überkonfessionellen Pädagogischen Hochschule absolvieren.[750] Die vorherrschende strikte Trennung von evangelischen und katholischen Studenten sollte damit aufgehoben werden. Natürlich rüttelte man damit auch an den Grundfesten des gesamten Bekenntnisschulsystems. Denn wenn die angehenden Lehrer zusammen lernen konnten, wieso konnten dies nicht auch die Schüler?

746 StdA München, NL Maunz 48, Gutachten über die „Befugnis Bayerns eine Gesandtschaft an den Heiligen Stuhl zu entrichten".

747 Der einflussreiche Lehrerverbandsfunktionär Wilhelm Ebert wurde so erstmals auf Maunz aufmerksam. Vgl. Wilhelm Ebert. Band 1. Bad Heilbrunn 2009, S. 283.

748 Vgl. Winfried Müller, Schule und Schulpolitik 1950–1964, in: Max Liedtke (Hg.), Handbuch der Geschichte des Bayerischen Bildungswesens 3. Band, Bad Heilbrunn 1997, S. 691–764, S. 701–714. Schmaderer, Lehrerbildung, S. 427–430. Jana Richter, Eine Schule für Bayern. Die schulpolitischen Auseinandersetzungen um die Einführung der Christlichen Gemeinschaftsschule in Bayern nach 1945. München 1997.

749 Vgl. Hubert Buchinger, Volksschule und Lehrerbildung im Spannungsfeld politischer Entscheidungen 1945–1970, München 1975, S. 548 f.

750 Ebd., S. 556.

Die Bekenntnisschule war für die CSU aber eine conditio sine qua non. Dies hatte nicht nur Alois Hundhammer, einer der treukatholischsten Vertreter in der Partei, immer wieder betont. Auch liberalere Kräfte wie Hans Ehard oder Hanns Seidel hielten an ihr fest.[751] Maunz schrieb nun 1955 das passende Gutachten. Er war dabei einer der wenigen, wenn nicht sogar der einzige involvierte Rechtsgelehrte, der sich der CSU-Meinung anschloss.[752] Aus Verfassung und dem bayerischen Konkordat von 1924 leitete Maunz den Primat der Religion in der Pädagogik ab. Die Religion sei in Bayern die verfassungsmäßige Basis der Erziehung: Die Erziehung baue erst auf religiösen Grundsätzen auf. Der Volksschullehrer habe nicht nur im Religionsunterricht die Verantwortung, die Kinder im Sinn der katholischen oder evangelischen Kirche zu unterrichten; er müsse dies in allen „dafür in Betracht kommenden Fächern" tun. Dies sei Prinzip der christlichen Bekenntnisschule und dafür brauche es eben auch „bekenntnisschulmäßige Lehrerpersönlichkeiten".[753] Um die Lehrer zu solchen Persönlichkeiten zu machen, sei wiederum eine umfassende konfessionelle Ausbildung nötig. Damit plädierte Maunz zwar nicht für die Extremposition einer vollkonfessionalisierten Lehrerbildung, aber immerhin für eine weitgehende Konfessionalisierung und damit für eine Ablehnung des Regierungsentwurfes, der schließlich wegen Querelen mit der katholischen Kirche auf Eis gelegt wurde.[754] Die Reform der Lehrerbildung scheiterte so schließlich und eine Lösung sollte erst dem neuen Kultusminister gelingen: ihm selbst.

751 Müller, Schule und Schulpolitik 1950–1964, S. 704 ff.

752 Ebert, Mein Leben S. 283.

753 Theodor Maunz, Staatsrechtliche Grundfragen der Lehrerbildung in Bayern. München 1955, S. 4.

754 Vgl. Buchinger, Volksschule, S. 597: „Das durch die fehlende Gesprächs- und Verständigungsbereitschaft der katholischen Kirche bewirkte und seitens der CSU mit allen Mitteln unterstützte Scheitern der Lehrerbildungsgesetzes".

5. Minister (1957–1964): Politik als Beruf

5.1 Berufung ins Kabinett Seidel

Im Oktober 1957 feierte die CSU ihr landespolitisches Comeback. Die bisher in Bayern regierende „Viererkoalition" aus SPD, Bayernpartei, GB/BHE und FDP, die 1954 völlig überraschend an die Macht gelangt war,[755] war am Bundestagswahlergebnis vom 15. September und der gescheiterten Reform der Volksschullehrerbildung zerbrochen.[756] Der CSU-Landesvorsitzende Hanns Seidel nahm daraufhin als Vertreter der stärksten Landtagspartei Koalitionsverhandlungen mit FDP und GB/BHE auf und einigte sich auf die Bildung einer neuen Regierung.[757]

Seidel war ein Vertreter des liberalen Flügels der CSU und ein Mann des Ausgleichs.[758] Mit seiner sachlichen Art und seiner moderaten Wortwahl genoss er auch beim politischen Gegner Respekt.[759] Er dachte nun aus mehreren Gründen daran, Maunz zum Kultusminister zu machen. Er wollte eine Persönlichkeit, die Neutralität verkörperte, einen Mann „aus dem Geistesleben".[760] So hatte es die „Viererkoalition" mit dem Gelehrtenminister August Rucker, einem Professor für städtisches Ingenieurwesen und Städtebau,[761] vorgemacht und so wollte es nun auch Seidel halten. Immerhin war das kulturpolitische Klima angesichts der umstrittenen Volksschullehrerfrage stark

755 Vgl. Karl-Ulrich Gelberg, Vom Kriegsende bis zum Ausgang der Ära Goppel, in: Alois Schmid (Hrsg.), Handbuch der bayerischen Geschichte. Band. 4: Das Neue Bayern. Von 1800 bis zur Gegenwart, Teilban d. 1: Staat und Politik, München, S. 635–956, S. 817 ff. Hartmann, Bayerns Weg, S. 564.

756 Ebd., S. 836., Hartmann, Bayerns Weg, S. 567.

757 Ebd., S. 837 ff., Hartmann, Bayerns Weg, S. 569.

758 Vgl. Hans Ferdinand Groß, Hanns Seidel 1901–1961. Eine politische Biographie, München 1992, S. 129 ff.; Friemberger, Goppel, S. 110.

759 Groß, Seidel, S. 129 ff.

760 ACSP München, Protokoll der Sitzung der CSU-Landtagsfraktion vom 15. Oktober 1957.

761 Vgl. Karl-Ulrich Gelberg, Rucker, August, in: Neue Deutsche Biographie (NDB). Band 22. Berlin 2005, S. 159 f.

aufgeheizt und die turnusgemäße Landtagswahl stand schon im kommenden Jahr bevor. Angesichts dessen könne es für den Wahlkampf nur gut sein, wie er sagte, wenn „die kulturpolitischen Fragen draußen bleiben“.[762]

Dazu gab Maunz zu der Hoffnung Anlass, den Gordischen Knoten der bayerischen Volksschullehrerbildung zu durchschlagen. Die Volksschullehrerbildung war seit Jahren das bestimmende kulturpolitische Thema in Bayern und an ihrer Reformierung waren schon mehrere Kultusminister seit 1945 gescheitert. Eine Lösung schien nun aber dringender denn je. Die Qualität der bisherigen Institutionen war mangelhaft und man wollte nicht noch weitere Kohorten schlechtausgebildeter Lehrer. Maunz hatte mit seinem Gutachten von 1955 bewiesen, dass er die Parteilinie kannte und stützte. Darüber hinaus besaß er juristische Expertise und Ansehen innerhalb der katholischen Kirche. Beides war vonnöten, weil man eine Reform wegen des Konkordats von 1924 von der katholischen Kirche absegnen lassen musste. Staatsrechtliche Fragen würden genauso eine Rolle spielen wie gute Beziehungen zu katholischen Würdenträgern.

Nicht zuletzt kannte und schätzte man sich. Erst im letzten Jahr hatte Maunz Seidel mit einem maßvollen Gutachten über das Verhältnis von Staat und Kirche beeindruckt: „Es wäre sicherlich möglich gewesen die aus der kulturpolitischen Requisitenkammer wieder auftauchenden Schlagworte noch schärfer zu beleuchten“, schrieb Seidel. „Es war aber sicherlich klug, es zu unterlassen.“[763] Auch eine persönliche Verbindung zum Ministerpräsidenten in spe gab es. Man verstand sich gut und Seidels Sohn arbeitete an der Münchner Universität als Maunz’ Korrekturassistent.[764]

Ein absoluter „Wunschkandidat“ Seidels war Maunz nun aber auch nicht. Vielmehr fand Seidel niemanden, der seinen Vorstellungen vollkommen entsprach. Und eine Ideallösung war Maunz schon wegen des Makels seiner NS-Vergangenheit nicht. Seidel wusste über sie wohl nicht allzu viel, immerhin, dass eine seiner Schriften, „Gegenstand der Kritik geworden“ sei. Er meinte wohl das Polizeibuch. Doch sah Seidel erstens keine rechtlichen Barrieren,

762 ACSP München, Protokoll der Sitzung der CSU-Landtagsfraktion vom 15. Oktober 1957.

763 StdA München, NL Maunz 35, Schreiben Seidel an Maunz vom 17. April 1956.

764 StdA München, NL Maunz 36, Schreiben Dr. Joachim Seidel an Maunz vom 19. Juli 1957.

ihn ins Kabinett zu berufen. Maunz hatte ihm versichert: Die Vorwürfe seien schon 1945 geprüft worden, eine öffentliche Tätigkeit sei ihm nicht verboten. Dazu sah Seidel auch keine moralischen: Maunz habe sich, so Seidel, längst reingewaschen, denn er sei ja „seit 1952 [...] ein hochgeachtetes Mitglied der Juristischen Fakultät". Groß auf den Prüfstand stellte er Maunz' Vergangenheit nicht. Auch deshalb nicht, weil er Maunz ohnehin nur die Rolle eines Lückenbüßers zudachte. Nach der Landtagswahl im kommenden Jahr sollte eine parteipolitisch profiliertere Persönlichkeit übernehmen.[765]

Für Maunz selbst bedeutete das Ministeramt die Erfüllung eines alten Traumes. Seine Frau Maya hatte er Anfang der 1920er-Jahre ja sogar mit dem Argument umgarnt, wenn sie ihn heirate, werde man sie später einmal mit „Frau Minister" ansprechen.[766] Dazu war die Vorstellung mit Mitte Fünfzig noch einmal eine neue Herausforderung anzunehmen ebenso verlockend wie die, dass er, der Volksschullehrersohn, zum Herrn über die Bereiche Bildung, Wissenschaft und Kultus aufsteigen würde.[767] Er sah auch keinen Grund, sein Licht unter den Scheffel zu stellen. So gut wie der Architekturprofessor August Rucker, der bisherige Minister, würde er die Geschäfte allemal führen.[768] Als Seidel ihn fragte, ob er für ein „Übergangsjahr bereit wäre", sagte er zu.[769]

Ihn auf den Ministersessel zu bringen, war jedoch schwerer als gedacht. Die FDP, der Koalitionspartner, sperrte sich. Und es sah zunächst ganz danach aus, als ob sie die Ernennung verhindern würde. Noch am 15. Oktober, dem Tag vor Maunz' Vereidigung im bayerischen Landtag, wehrten sich die Liberalen mit Händen und Füßen. Seidel musste der CSU-Landtagsfraktion berichten: „Herrn Maunz will die FDP einfach nicht."[770] Insbesondere Hildegard Hamm-Brücher, eine junge Chemikerin, opponierte. Aus Protest gegen Maunz' Vergangenheit verließ sie die Koalitionsverhandlungen.[771] Es

765 ACSP München, Protokoll der Sitzung der CSU-Landtagsfraktion vom 15. Oktober 1957.

766 StdA München, NL Maunz 197, Schreiben Maunz an Maya vom 2. Juli 1923.

767 Zeitzeugengespräch mit Frau Dr. Erika Klein vom 5. November 2015.

768 Ebd.

769 ACSP München, Protokoll der Sitzung der CSU-Landtagsfraktion vom 15. Oktober 1957.

770 Ebd.

771 Hildegard Hamm-Brücher, Gegen Unfreiheit in der demokratischen Gesellschaft. Aufsätze, Debatten, Kontroversen. München 1968, S. 275.

war der Anfang einer jahrelangen „einsamen Opposition".[772] Mit ihren politischen Vorstößen sollte sie Maunz während seiner siebenjährigen Amtszeit immer wieder in Bedrängnis bringen.

Am Vormittag des 16. Oktobers arbeitete Seidel dann daran, Maunz der FDP schmackhaft zu machen. Ihm selbst blieb derweil nichts anderes übrig, als zu warten. Maunz vertrieb sich die Zeit in seinem Haus in Gräfelfing, ein Reporter klingelte an der Tür, Maunz bat ihn herein, doch war noch keine Entscheidung gefallen und so warteten beide gemeinsam im Arbeitszimmer auf den erkenntnisbringenden Anruf. Zwar schellte das Telefon unaufhörlich, aber „es meldeten sich nur Gesprächspartner, die genau so wenig wußten". Um 13 Uhr war es dann schließlich so weit. Maunz hob ab und bekam die Nachricht: Er war bayerischer Kultusminister.[773] Wohl unter dem Argument, dass mit ihm ein neutraler Fachmann am Münchner Salvatorplatz einziehen würde, hatte die FDP den Widerstand aufgegeben.[774] Am 16. Oktober wurde er im bayerischen Landtag vereidigt.[775]

Die CSU stellte Maunz der Öffentlichkeit als „parteilosen" Minister vor.[776] Doch dies war Etikettenschwindel. Maunz war bereits seit 1954 Mitglied der CSU.[777] Ministerpräsident Seidel wusste das,[778] doch wollte er Maunz mit der Aura der Überparteilichkeit umgeben und nahm deshalb die Täuschung der

772 Vgl. Fritz Glashauser, Die Bildungs- und Kulturpolitik der bayerischen FDP. Programmpolitik zwischen öffentlicher Darstellung und parteiinterner Willensbildung, München 1988, S. 57. Hübner, Maunz, S. 70.

773 Die *Abendzeitung* vom 17. Oktober 1957.

774 BayHstA Ministerratsprotokolle 50, Ministerratsprotokoll vom 5. November 1957: „Ministerpräsident Dr. Seidel führt aus, unter den Koalitionsparteien sei vereinbart worden, das Kultusministerium nicht mit einer profilierten parteipolitischen Persönlichkeit zu besetzen. Deshalb sei auch Prof. Maunz als Staatsminister für Unterricht und Kultus gewonnen worden, eine Wahl, die auch von den Universitäten begrüßt worden sei."

775 StB 16. Oktober 1957, S. 3828.

776 Die Presse schrieb unisono vom „parteilosen" Kultusminister Maunz. Vgl. stellvertretend: *Bamberger Volksblatt* vom 17. Oktober 1957 und *Schwäbische Landeszeitung* vom 12. Dezember 1957. Die Fehlinformation fand daraufhin Eingang in die Geschichtsschreibung, wo Maunz ebenfalls als „Parteiloser" erscheint: Groß, Seidel, S. 182; Friemberger, Goppel, S. 111; Gelberg, Vom Ende, S. 840; Hartmann, Bayerns Weg, S. 569.

777 BayHstA München, NL Maunz 1, Ehren-Urkunde. Maunz wurde zum 17. April 1984 für 30-jährige Mitgliedschaft geehrt. Er war also 1954 in die CSU eingetreten.

778 ACSP München, Protokoll der Sitzung der CSU-Landtagsfraktion vom 15. Oktober 1957: „Dr. Seidel äußert, sowohl Maunz wie Lades seien CSU-Mitglieder".

Öffentlichkeit in Kauf. Maunz selbst trug seinen Teil bei. Er log nicht, aber er erweckte einen falschen Eindruck. Ein Mittel, von dem er in den kommenden Jahren öfter Gebrauch machen sollte. Dem Zeitungsreporter, den er in sein Gräfelfinger Arbeitszimmer gebeten hatte, diktierte er in den Block: „Im übrigen wolle er stets als Parteiloser entscheiden."[779] Maunz sagte nicht, dass er Parteiloser sei, aber er wusste, dass man es so auffassen würde.

Die Amtszeit im Ministerium begann Maunz dann mit einer respektvollen Geste, oder wie es Franz Böhm wohl formuliert hätte: mit einem Beweis seiner Anschmiegsamkeit.[780] Wenn man Peter Lerche glauben darf, marschierte er im Kultusministerium von Amtszimmer zu Amtszimmer, um sich jedem Mitarbeiter persönlich vorzustellen.[781] Als Kultusminister leitete er fortan eine Behörde, die nach Personal und Haushalt größer war als alle anderen bayerischen Ministerien. Im Jahr 1963 zählte das Kultusministerium 145 Beamte und 103 Angestellte, von Januar bis Dezember gab es 13 000 Posteingänge. Auch der politische Spielraum war so groß wie bei keinem der anderen sieben Ministerien. Nur das Kultusministerium hatte „nach dem Grundgesetz [...] einen eigenen staatspolitischen Raum". Der Wirkungskreis war riesig, die *Süddeutsche Zeitung* fasste ihn in einer Reportage einmal so zusammen: Maunz unterstehe „der gesamte Bildungsbereich vom Kindergarten bis zu den Hochschulen und das gesamte Kunstwesen von den staatlichen Theatern bis zur Heimatpflege. Akademien und Universitäten, Forschungsinstitute und Schulen, Bibliotheken und Museen, pädagogische Institute, Archive, und sogar die Walhalla an der Donau".[782]

Es zeigte sich allerdings früh, dass über Maunz das Damoklesschwert der Vergangenheit hing. Die SPD und der mächtige Lehrerverband BLLV beschäftigten sich bereits kurz nach seiner Ernennung mit seiner Rolle in der NS-Zeit. Und hätten sie öffentlichen Wirbel veranstaltet, hätte Seidel wohl sicherlich darauf verzichtet, ihn 1958 ein zweites Mal zu berufen. Im „Montagskreis", einer informellen Gesprächsrunde um den SPD-Landesvorsitzen-

779 *Abendzeitung* vom 17. Oktober 1957.

780 BayHstA München, NL Josef Schwalber Bd. 90, Gutachten über Maunz, Anhang Schreiben Erich Kaufmann an Alois Hundhammer vom 9. August 1950. Böhm schrieb, Maunz verstehe es sich wunderbar „anzuschmiegen".

781 Peter Lerche, Theodor Maunz, S. 577.

782 *Süddeutsche Zeitung* vom 28./29. April 1962.

den Waldemar von Knoeringen und dem BLLV-Präsident Wilhelm Ebert, diskutierte man Maunz' Vita kritisch. Die bestimmende Frage lautete: War „Maunz ein Nazi?“[783]. Thomas Ellwein, der Geschäftsführer der bayerischen Landeszentrale für Heimatdienst, erstellte eine Materialsammlung und der erste Eindruck war: ja. Allerdings wollte man Maunz auch nicht vorverurteilen und bat informierte SPD-Genossen um Einschätzungen, insbesondere in Baden-Württemberg. Diese legten nun das Gegenteil nahe: Maunz sei gerade kein überzeugter Nationalsozialist gewesen.[784]

Auch der Kronjurist der SPD, Adolf Arndt, bestätigte dies. Im Dezember 1957 teilte er bei einem Besuch in München zudem mit, „dass […] andere Staatsrechtslehrer in jenen bösen Jahren noch Schlechteres geschrieben hätten“. Arndt riet von Knoeringen, im Landtag „nicht ohne Not“ auf die Vergangenheit zurückzugreifen und Maunz „die Chance einer rechtsstaatlich demokratischen und toleranten Amtsführung zu geben“.[785] Man folgte dem Rat, zumal auch die ersten persönlichen Begegnungen positiv verliefen. Als man Maunz in seinem Amtszimmer am Salvatorplatz besuchte, machte er glaubhaft, dass er „Rechtsgelehrter und kein Nazi“ gewesen sei. Er schilderte überzeugend die Zeitumstände, die politischen Zwänge eines Rechtsgelehrten im totalitären Staat, bemühte wieder das Bild vom Botaniker, der auch giftige Pflanzen beschreiben müsse.[786] Schließlich hoffte man, dass mit Maunz ein liberaler Geist und eine Art Anti-Hundhammer ins Kultusministerium einziehen würde. Und beschloss, seine Vergangenheit ruhen zu lassen.

Gerade dies wollte der junge Würzburger Student Otto Köhler nicht. Er hatte von Maunz' umstrittener Vergangenheit erfahren, sich in der Würzburger Universitätsbibliothek auf Spurensuche begeben und eine Zitatensammlung aus Maunz' nationalsozialistischen Werken erstellt.[787] Im Februar 1958,

783 Vgl. Ebert, Mein Leben, S. 291

784 Ebd.: „Waldemar von Knoeringen berichtete bald darauf im Montagskreis, alle mit Maunz' Vergangenheit befassten Genossen seien sich einig gewesen: ‚Maunz war nie ein Nazi!‘“; Zum Montagskreis, vgl. Ebert, Mein Leben, S. 181 ff.

785 BayHstA München, NL Maunz 16, Schreiben Adolf Arndt an Maunz vom 28. Februar 1958.

786 Ebert, Mein Leben, S. 295 ff.

787 Stefan Huth, „Würzburg war wirklich eine Schule des Widerstands“. Gespräch mit Otto Köhler. Über seine Kindheit im Kriegs- und Nachkriegsdeutschland, erste publizistische Gehversuche und eingebettete Journalisten, in: junge Welt online vom 10. Januar

wenige Monate nach Maunz' Amtsantritt, präsentierte er das Ergebnis auf der Vollversammlung des AStA der Universität Würzburg. Er zitierte Maunz' Aufforderung zur „Rechtserneuerung auf die nationalsozialistische Weltanschauung", ebenso eine Stelle, in der Maunz es befürwortet hatte, dass eine mit einem Juden verheiratete Frau nicht mehr als „unbescholten" gelten könne. Die Zitate machten Eindruck, die Atmosphäre unter den gut 800 anwesenden Studenten lud sich auf. Köhler forderte Maunz' Rücktritt: Er habe „die Würde und das Ansehen der deutschen Hochschule an Hitler" verraten und „die Rechtswissenschaft zur Dirne der nazistischen Ideologie" gemacht.[788]

Es war wohl nun auch dem professionellem Krisenmanagement der Staatsregierung zu verdanken, dass der Protest keine größeren Kreise zog. Vorab hatte sie von Köhlers Plänen erfahren und entgegengesteuert. Dem Vorsitzenden des Würzburger RCDS, Elmar Schulze, hatte sie Papiere aus Maunz' Personalakte zugespielt, garniert von weiterem Entlastungsmaterial.[789] Schulze trat nun auf der Versammlung als Maunz' Anwalt auf und entschärfte die Situation. Auch andere konservative Redner sprangen Schulze zur Seite.[790] Man wies darauf hin, dass Maunz 1947 im Urteil einer deutschen Spruchkammer rechtskräftig als „unbelastet" eingestuft worden sei. Juden hätten sich nach 1945 auch bei ihm bedankt. Darüber hinaus hätten ihn mehrere Sozialdemokraten zur Amtseinführung beglückwünscht. Der SPD-Bundestagsabgeordnete Adolf Arndt habe Maunz sogar eine Person genannt, „die mir eine demokratische Haltung garantiert"[791]. Das Plenum schlug sich schließlich auf die Seite von Maunz. Von den etwa 800 anwesenden Studenten stimmten lediglich 25 Studenten für den Misstrauensantrag, den Köhler gegen Maunz eingebracht hatte.[792] Auch die überregionale Presse thematisierte den Vorfall nicht nennenswert.

2015 (http://www.triller-online.de/c2189.htm). Vgl. auch *Main-Post* vom 13.Februar 1958, *Fränkisches Volksblatt* vom 13. Februar 1958 und *Frankenpost* vom 4. März 1958.

788 StdA München, NL Maunz 104, Offener Brief von Otto Köhler an Maunz vom 24. Februar 1958.

789 Unveröffentlichte Lebenserinnerungen von Dr. Elmar Schulze.

790 Huth, Gespräch Köhler.

791 StdA München, NL Maunz 112, Gegendarstellung RCDS Würzburg vom 17. Februar 1958.

792 Ebd.

Der Würzburger Vorfall hatte allerdings noch zwei Nachspiele. Zunächst musste Maunz noch einmal auf Köhler reagieren. Der gab sich noch nicht geschlagen und versuchte nach seinen Bemühungen im Hörsaal nun mit einem Brief, Maunz' Rücktritt zu erwirken. Köhler schrieb: Maunz könne die Vorwürfe, die er im Würzburger Auditorium erhoben habe, unmöglich auf sich sitzen lassen. Er habe nun die Wahl: „Entweder verklagen Sie mich [...] oder Sie treten [...] von Ihrem Amt als Minister für Unterricht und Kultus zurück."[793] Maunz tat natürlich weder das eine noch das andere, er war gewieft genug, Köhler nicht in die Falle zu gehen. Je weniger Beachtung man der Sache beimaß, desto besser. Statt einer Klage vor einem ordentlichen deutschen Gericht erhielt Köhler einen knappen, sachlichen Brief. Und damit war die Sache erledigt.[794]

Nun erhielt Maunz aber auch selbst noch einen Brief. Auf der Vollversammlung hatte man Adolf Arndt als Kronzeugen der Verteidigung mit dem Satz zitiert: Maunz ist ein „Mann, der mir eine demokratische Haltung garantiert". Dies war auch in einem Entlastungsartikel der Zeitschrift „Kulisse" vom 18. Februar zu lesen.[795] Doch war das Zitat falsch. Arndt hatte Maunz am 14. Oktober 1957 lediglich geschrieben, dass er ihn „als einen um Toleranz und gegenseitiges Verständnis bemühten Menschen kennengelernt habe".[796]

Arndt stellte dies nun öffentlich richtig und verwahrte sich gegenüber Maunz vor dieser bewussten „Verfälschung" seiner Aussage. Wie er sich überhaupt vor einer Instrumentalisierung verwahrte. Er wolle nicht, dass man ihn „in die Würzburger Vorgänge hineinzuziehen versucht". Zumal um Maunz' Rolle in der NS-Zeit zu bagatellisieren. Denn so schuldlos wie Maunz sich gebe, sei er nicht. Die Erzählung vom Rechtslehrer, der sich auf die „bloße Wiedergabe" des geltenden Rechts beschränkt habe, sei eine Legende. Vielmehr habe Maunz mit seinen Publikationen den Eindruck erweckt, als ob es sich bei der damaligen „Unrechtslage [...] um Recht handele". Das hätte insbesondere Studenten in die Irre geführt. Nun wollte Arndt aber auch nicht

793 StdA München, NL Maunz 104, Offener Brief von Otto Köhler an Maunz vom 24. Februar 1958. Vgl. dazu auch Frankfurter Rundschau vom 27. Februar 1958.

794 Ebd., Entwurf eines Antwortschreibens.

795 BayHstA München, NL Maunz 16, Schreiben Adolf Arndt an Maunz vom 28. Februar 1958.

796 Ebd., Schreiben Adolf Arndt an Maunz vom 14. Oktober 1957.

den Stab über Maunz brechen. Man mochte sich und „gutwilligen Menschen“ müsse man ja auch eine Chance zur „Umkehr“ geben.[797]

797 BayHstA München, NL Maunz 16, Schreiben Adolf Arndt an Maunz vom 28. Februar 1958.

5.2 Moderator und Modernisierer: Kulturpolitik

Die Wissenschaft gab Maunz auch als bayerischer Staatsminister nicht auf. Er nutzte fortan die Nischen, die das politische Tagesgeschäft ließ. Um vier Uhr morgens saß er mitunter schon am Schreibtisch und arbeitete an seinem Grundgesetzkommentar, der seit einigen Jahren auf dem Markt war, oder an einer Neuauflage des „Deutschen Staatsrechts". Zwischen sieben und acht, bevor er mit seinem Chauffeur Fischer aufbrach, telefonierte er mit seinem Assistenten Roman Herzog, um universitäre Angelegenheiten zu besprechen.[798] Er fand auch noch Zeit für Seminare und Vorlesungen an der Münchner Universität. Im Sommersemester 1958 las er sogar vierstündig.[799] Seine Veranstaltungen waren voller als sonst, er hatte den Ministerbonus.[800]

Ministerpräsident Seidel sah die Doppeltätigkeit kritisch. Er fürchtete, dass Maunz ihren Belastungen nicht gewachsen sein würde.[801] Doch Maunz wollte von der Wissenschaft nicht lassen. Sie war für ihn eine willkommene Abwechslung zur Politik, die er als wenig inspirierend empfand. Die Tätigkeit als Minister sei „nicht eigentlich schöpferisch", schrieb er an Carl Schmitt. Sie erfordere „in der Hauptsache Organisation und Vermittlung".[802] Maunz brachte seinen Politikstil damit gut auf den Punkt. Er verstand sich weniger als Gestalter denn als Moderator.

Die Opposition sollte ihm gerade dies immer wieder als Orientierungslosigkeit anlasten. Hildegard Hamm-Brücher (FDP) urteilte über eine seiner Landtagsreden: „Es war wohl die […] unpolitischste und unkulturpolitischste

798 Vgl. Herzog, Theodor Maunz als Lehrer, S. 116.

799 Vorlesungsverzeichnis Ludwig-Maximilians-Universität München, Sommersemester 1958.

800 Zeitzeugengespräch mit Professor Hans-Ulrich Gallwas vom 31. Mai 2017.

801 StdA München, NL Maunz 201, Schreiben Ministerpräsident Seidel an Maunz vom 31. August 1959: „Wenn ich bedenke, dass Sie sich neben Ihrem Amt als Staatsminister noch wissenschaftlich betätigen – es sei hier nur auf Ihr soeben in neuer Auflage erschienenes staatsrechtliches Lehrbuch und den Kommentar zum Bonner Grundgesetz hingewiesen – und ausserdem noch Ihre Pflichten als Universitätsprofessor erfüllen, so darf ich doch etwas mahnend hinzufügen, des Guten nicht zu viel zu tun – zum Schaden Ihrer Gesundheit."

802 LA NRW, Duisburg, NL Schmitt, RW 265, Maunz an Schmitt vom 17. Dezember 1961.

Rede, die wir überhaupt je zu hören bekommen haben."[803] Waldemar von Knoeringen (SPD) wiederum klagte: „Was wir in der Rede des Herrn Kultusministers vor uns haben [...], sind zahlreiche Schwerpunkte, weitgestreute Leistungen, die sich unter dem täglichen Druck von Bedürfnissen und Notwendigkeiten bilden."[804]

Doch der mediatorähnliche Politikstil wurde schließlich zum Erfolgsrezept, der aus dem Übergangsjahr eine siebenjährige „Ära Maunz" werden ließ. Der Kultusminister wirkte für manche konzeptionslos, aber er war flexibel und schaffte es immer wieder einen Kompromiss hervorzuzaubern, mit dem Liberale und Konservative, Regierung und Opposition, leben konnten. Bernhard Ücker, der berühmte konservative politische Kommentator des Bayerischen Rundfunks, wird rückblickend sagen: Maunz habe es „sieben Jahre lang vermocht, die Regierung trotz allen Rüttelns der Opposition an den Maximen ihrer Kulturpolitik immer wieder so meisterhaft in der Balance zu halten, dass mitunter sogar dieselbe Opposition dem Culturelli [...] klatschte."[805]

Maunz' Amtsführung sollte auch zu einer bildungspolitischen Klimaerwärmung beitragen. Nach 1945 herrschte in Bayern eine kleine Eiszeit, der Umgang zwischen Konservativen und Liberalen war frostig. Unter dem undogmatischen Maunz (und dem liberalen Ministerpräsident Seidel) setzte nun die Tauwetterphase ein: „Welch ein Unterschied in der Diktion etwa zwischen 1950 und jetzt", kommentierte der SPD-Abgeordnete Förster eine Haushaltsrede von Maunz.[806] Und sogar Hildegard Hamm-Brücher gab zu, dass „das kulturpolitische Klima in Bayern [...] liberaler geworden" sei.[807]

Eine erste Darbietung seiner realistischen Kunst gab Maunz bei der Reform der Volksschullehrerbildung. An dieser hatten sich seit 1946 schon mehrere Kultusminister die Zähne ausgebissen. Stets war sie an den überkreuzliegenden politischen oder ideologischen Standpunkten gescheitert. So wurden die Volksschullehrer bis dato in „zweijährigen pädagogischen Lehrgängen" bzw.

803 StB 24. Juli 1958, S. 4971; Vgl. Lehning, Bildungsgesellschaft, S. 600.

804 StB 28. Mai 1962, S. 716

805 Zit. nach Hübner, Maunz, S. 85.

806 StB 29. April 1959, S. 573: „Wenn der Herr Minister davon spricht, er sehe seine Aufgabe darin, in Freiheit und weltoffenem Humanismus dem kulturellen Fortschritt zu dienen, so sind das Töne, die wir um so lieber hören, weil wir sie von einem CSU-Kultusminister noch nicht vernommen haben."

807 Ebd., S. 597.

an sog. „Deutschen Instituten" auf ihren Beruf vorbereitet. Deren Niveau hielt aber seit langem niemand mehr für zeitgemäß.[808] Sachlich drehte sich die Auseinandersetzung um zwei Fragen. Welche Art von Institution sollte die Ausbildung übernehmen? Im Raum standen etwa eigenständige Pädagogische Hochschulen oder die bestehenden Universitäten.[809] Und die zweite: Wie konfessionell sollte die Ausbildung sein? Die Meinungen gingen hier von weltanschaulich neutral bis zu klerikal gebunden, immerhin gab es in Bayern noch die Bekenntnisschule. Eine Lösung schien bei diesen unterschiedlichen Standpunkten schwer genug, aber die Lage verkomplizierte sich noch zusätzlich. Das bayerische Konkordat von 1924 billigte der katholischen Kirche Mitspracherecht zu. Man musste sich auch mit ihr einigen.[810]

Die Voraussetzungen für eine Reform hatten sich freilich erheblich verbessert. Während der Zeit der „Viererkoalition" hatte die katholische Kirche eine Lösung mit ihrem Veto blockiert. Nun, da die CSU wieder an der Macht war, zeigte sie sich konstruktiv. Plötzlich akzeptierte Ministerpräsident Seidel einen Gesetzesentwurf der Viererkoalition als Verhandlungsgrundlage, den er als Oppositionsführer noch bekämpft hatte: Die Lehrerausbildung sollte an Pädagogische Hochschulen übergehen. Und dort sollte Koedukation herrschen: Evangelische und katholische Studenten würden gemeinsam lernen. Nur in Fächern, die glaubensrelevante Inhalte vermitteln, würden sie nach Konfessionen getrennt.[811] Koalition, Opposition und der BLLV waren angetan und auch die katholische Kirche war mit dem Kursschwenk einverstanden.[812] Man schien einer Lösung schon nah, als der konservative Flügel der CSU rebellierte. Im Dezember 1957 kritisierten Mitglieder um den Fraktionsvorsitzenden im bayerischen Landtag, Prälat Meixner, offen den liberalen Kurs in der Lehrerbildungsfrage. Sie plädierten für vollkonfessionalisierte Hochschulen und gegen Freizügigkeit. Und damit gegen die Eckpunkte der Reform, für die sich Seidel stark gemacht hatte.[813]

808 Vgl. Buchinger, Volksschule, S. 549.

809 Groß, Seidel, S. 153.

810 Vgl. Müller, Schulwesen, S. 707. Buchinger, Volksschule, S. 595.

811 Müller, Schulwesen, S. 707.

812 Ebd.

813 Buchinger, Volksschule, S. 604.

Seidel nahm die Kritik ernst. Anfang Januar 1958 setzte er einen Arbeitskreis ein, der an Vorschlägen zur Güte und einem gemeinsamen Konzept der CSU-Fraktion arbeitete.[814] Am 3. Februar 1958 präsentierte der Ministerpräsident dann die Ergebnisse der wochenlang andauernden Verhandlungen: den sog. „Seidel-Plan". Dieser war eine Mixtur aus dem Gesetzesentwurf der Viererkoalition und den Zugeständnissen, die der konservative Meixner-Flügel erreicht hatte. Für Opposition und Koalitionspartner war er aber insbesondere ein „Dokument der Unklarheit"[815]. Er ließ das Soll an vorgeschriebenen konfessionellen Pflichtvorlesungen im Dunkeln und Kritiker befürchteten beim Erlass entsprechender ministerieller Bestimmungen eine „totale Konfessionalisierung".[816] SPD, BP und FDP wollten das nicht akzeptieren. Seidel befürchtete daraufhin eine Abstimmungsniederlage im Landtag, denn auch aus der CSU waren Abtrünnige zu erwarten und das Gesetz wanderte so zur Beratung in den kulturpolitischen Ausschuss.[817]

Es war nun auch Maunz zu verdanken, dass dort ein Konsens zustande kam. Im Ausschuss gab er sich demonstrativ pragmatisch. Wiederholt war die Diskussion ins Stocken geraten, weil man hin- und herüberlegte, was ein bestimmter Passus für das Konkordat bedeute. Und er, der Rechtsgelehrte, forderte nun das Ende der Paragrafenreiterei: Man dürfe sich vom juristischen Inhalt des Konkordats keine Fesseln anlegen lassen. „Es wäre den weiteren Erörterungen förderlich, wenn man nicht bei jedem einzelnen Satz fragen würde, ob er mit dem Konkordat vereinbar sei", mahnte er.[818] Wenn man eine politische Lösung habe, werde er schon für eine juristische sorgen.

Dazu zeigte er sich beweglich und warb nun, da die Zeichen der Zeit es ermöglichten, für eine liberale Lösung. Mit seinem Gutachten von 1955 war sie wohl nur schwer in Einklang zu bringen. Maunz erklärte, dass es für den bekenntnismäßigen Charakter der Pädagogischen Hochschulen reiche, wenn man die Bekenntnismäßigkeit auf die weltanschaulich bedeutsamen Fächer beschränke.[819] Auch sollten evangelische Studenten an katholischen

814 Vgl. Groß, Seidel, S. 188.

815 Zit. nach Buchinger, S. 613.

816 Zit. nach Ebd.

817 Groß, Seidel, S. 189.

818 Zit. nach Buchinger, S. 626

819 Ebd., S. 629

(und katholische Studenten an evangelischen) Hochschulen studieren dürfen. Lediglich in den Pflichtvorlesungen könne es keine Koedukation geben. Dazu argumentierte er für die enge Verzahnung von Universitäten und Pädagogischen Hochschulen nach dem „Erlanger Modell". Es sah vor, dass die Studenten zusätzlich Vorlesungen an den Universitäten hören konnten.[820] Diese waren ebenfalls dem Einfluss der Kirchen entzogen. Von Wilhelm Ebert, dem Vorsitzenden des BLLV, wurde dies als großer Durchbruch, ja geradezu als revolutionär empfunden: „Maunz lässt Grundlagen einstürzen"[821] und „Maunz überschreitet den Rubikon"[822] heißen die entsprechenden Kapitel seiner Lebenserinnerungen. „Soviel Freizügigkeit" habe damals nämlich „noch niemand zugestehen" wollen.[823]

Ende April, Anfang Mai 1958 versuchte Maunz auf dieser inhaltlichen Basis einen breiten Kompromiss zu erzielen. Er versuchte die verschiedenen Vorstellungen von Parteien, Kirchen und Verbänden in einem Gesetzesentwurf zu „kombinieren".[824] In den hektischen Tagen blieben Missverständnisse nicht aus. Maunz hatte sich mit dem Lehrerverbandsvorsitzenden Ebert bei einem Treffen auf einen Gesetzestext geeinigt, doch nachdem Ebert gegangen war, schickte Maunz ihm eine Fassung, die vom Besprochenen abwich. Ebert war irritiert. Sollte er etwa über den Tisch gezogen werden? Es verhielt sich anders: Fräulein Krug, Maunz' Sekretärin, hatte die vereinbarten Änderungen beim Übertragen auf der Schreibmaschine einfach übersehen. Sie waren von Maunz an den Rand des Papiers gekritzelt worden. Ebert war beruhigt, doch der Sekretärin war der Lapsus peinlich. Sie fing an zu weinen, Maunz spendete ihr Trost, wenn auch nicht ironiefrei: Alles nicht so schlimm, sie habe heute eben einmal in die bayerische Schulgeschichte eingegriffen.[825]

Am 2. Juni wurde das bayerische Volksschullehrerbildungsgesetz schließlich in dritter Lesung im Landtag beraten. Bei nur zwei Stimmenthaltungen wurde es angenommen.[826] Die Ausbildung der Volksschullehrer ging nun an

820 Ebert, Mein Leben, S. 351 ff., Müller, Schulwesen, S. 712.

821 Ebert, Mein Leben, S. 362.

822 Ebd., S. 351.

823 Ebd., S. 363.

824 Buchinger, Volksschule, S. 630.

825 Ebert, Mein Leben, S. 384.

826 StB 2. Juni 1958, S. 4502.

sechs Pädagogischen Hochschulen, vier von ihnen katholisch, zwei protestantisch. Diese sollten wiederum an die Universitäten angegliedert werden, so etwa die katholische Pädagogische Hochschule Augsburg an die Universität München und die evangelische Pädagogische Hochschule Bayreuth an die Universität Erlangen. Die Studenten sollten an den Universitäten immatrikuliert werden, wo sie nach Belieben Vorlesungen hören könnten. Um später als Volksschullehrer arbeiten zu können, mussten sie aber an einer Pädagogischen Hochschule mit Bekenntnischarakter Religionspädagogik und Religionslehre sowie Vorlesungen in Philosophie, Psychologie und Methodik weltanschaulich bedeutsamer Fächer belegen. Bei der Dozentenauswahl in diesen Fächern besaßen die kirchlichen Oberbehörden Mitspracherecht. Der Umfang dieser Pflichtvorlesungen sollte in einem Verwaltungsabkommen mit den Kirchen geregelt werden und 40 Wochenstunden betragen.[827]

Das Gesetz mag heute wegen der festgeschriebenen konfessionellen Selektion verstörend wirken, aber zur damaligen Zeit war es ein bildungspolitischer Meilenstein. Es befriedigte Konservative wie Progressive gleichermaßen und führte die bayerischen Lehramtsstudenten erstmals nach 1945 wieder an die Hochschulen.[828] Über die politischen und gesellschaftlichen Lager hinweg wurde es gefeiert. Der konservative Prälat Meixner nannte das Gesetz ein „Werk des Friedens und des guten Willens". Der ehemalige Ministerpräsident der SPD, Wilhelm Hoegner, der selbst kein solches Gesetz zustande gebracht, aber Voraussetzungen geschaffen hatte, empfand „Genugtuung". Und der liberale Lehrerverbandsvorsitzende Wilhelm Ebert sprach von der „fortschrittlichsten Regelung der Bundesrepublik"[829]. Auch Bildungshistoriker urteilen nicht weniger hochgestimmt. Hubert Buchinger spricht „nach dem jahrzehntelangen Streit" von einer „sensationell anmutenden Einigung"[830].

Der Erfolg des Gesetzes fiel wiederum auf einen seiner Väter zurück. Maunz stellte mit ihm die Weichen für eine zweite Amtszeit. Er hatte in einem Jahr erreicht, was die Kultusminister Hundhammer, Schwalber und Rucker in einem Jahrzehnt nicht erreicht hatten. Ministerpräsident Seidel gab seinen Plan auf, ihn aus dem Amt zu nehmen und durch einen Parteipolitiker zu

827 Vgl. Müller, Schulwesen, S. 714.

828 Buchinger, Volksschule, S. 451.

829 Zit nach Ebd., S. 633.

830 Ebd.

ersetzen. Am 23. November 1958 gewann die CSU die Landtagswahl mit 45,6 Prozent der Stimmen und setzte die Koalition mit GB/BHE und FDP fort.[831] Am 9. Dezember wurde Maunz zum zweiten Mal als bayerischer Kultusminister im bayerischen Landtag vereidigt.[832] Verwundert war man darüber in der CSU nicht. Im Gegenteil: „Nach den großen Erfolgen [...] in dem kurzen Jahr [...] galt ihr Verbleib am Salvatorplatz allgemein als sicher", schrieb ihm der Parteifreund Richard Jäger.[833]

Nach der Lehrerbildung suchte Maunz dann auch in der Dorfschulfrage nach dem großen Kompromiss. Trotz der wegweisenden Reform des ersten Jahres war die Schulform auch weiterhin das kulturpolitische Sorgenkind. Insbesondere das System der „Zwergschulen" war reformbedürftig: In ihnen wurden alle Schüler, ältere wie jüngere, in einer Klasse unterrichtet. Für unterrichtliche Differenzierung war wenig Raum und viele andere Bundesländer bemühten sich deshalb auch, sie abzuschaffen.[834] Auch das bayerische Kultusministerium hatte schon 1955 intern eingestanden, dass die Zwergschule „den Leistungsanforderungen des modernen Berufslebens nicht mehr genüge".[835]

Dazu banden die Zwergschulen viele Lehrer. Ihre Zahl war im letzten Jahrzehnt galoppiert und da jede Schule einen eigenen Pädagogen benötigte, konnte das Kultusministerium zeitweise nicht jede der vielen Dorfschulen mit einer Lehrkraft versorgen.[836] Es herrschte Volksschullehrermangel, der aber außer der großen Zahl der Zwergschulen noch einen anderen Grund hatte: Der Beruf war unattraktiv. Die Lehrerausbildung fand lange fernab der Hochschulen statt, und so entschieden sich diejenigen schon einmal nicht dafür, die eine Universitätsbildung wollten. Diejenigen, die sich trotzdem für das Lehramt entschieden hatten, mussten nach der fertigen Ausbildung unter Umständen noch die ein oder andere Kröte schlucken: Sie konnten auf dem Dorf zu sog. „Hand- und Spanndiensten" zwangsverpflichtet werden, etwa

831 Gelberg, Jahre der Konsolidierung, S. 847.

832 StB 9. Dezember 1958, S. 9.

833 ACSP, NL Jäger S112 Schreiben Jäger an Maunz vom 10. Dezember 1958.

834 Jana Richter, Eine Schule für Bayern. Die schulpolitischen Auseinandersetzungen um die Einführung der Christlichen Gemeinschaftsschule in Bayern nach 1945, München 1997, S. 102.

835 Zit. nach Müller, Schulpolitik, S. 223.

836 Vgl. Ebd., S. 222 und Müller, Schulwesen, S. 718.

zur Mithilfe beim Ausgraben von Feuerlöschteichen. Vielerorts wurde auch von ihnen erwartet, dass sie sich – wie früher üblich – in der Dorfkirche als Organisten und im Chor betätigten. Im Vergleich zu den finanziell ohnehin sehr reizvollen naturwissenschaftlichen Berufen der Wirtschaftswunderzeit ein klarer Wettbewerbsnachteil. Nicht zuletzt verschärfte auch die allgemeine Landflucht den Volksschullehrermangel.[837] Viele sahen ihre Zukunft in den Städten, nicht auf dem Land.

Ein Konzentrationsprozess von Schulen schien unumgänglich. Mit der Zusammenlegung kleinerer Schulen zu sog. „Verbandsschulen" konnte man erstens nach Klassen stärker differenzieren und zweitens jeden Schüler durch einen professionell ausgebildeten Lehrer unterrichten lassen. Allerdings war diese Lösung hochumstritten. Denn man hätte einzelne Zwergschulen aufgeben müssen und darin sahen manche wiederum einen Angriff auf die bayerische Identität. Denn zu dieser gehörten unweigerlich lebendige Dörfer und zu den Dörfern wiederum die Schulen: „Es müssen", meinte der CSU-Kulturpolitiker Lerch „neben unseren Kirchen unbedingt die Schulen stehen".[838] Dies sahen nicht nur konservative Geister so. Wilhelm Hoegner, der Sozialdemokrat, verwahrte sich in einem Duktus, der dem seines politischen Antipoden Alois Hundhammer zum Verwechseln ähnlich war, gegen ein Schulsterben in den Dörfern.[839] Und natürlich gab es auch aus den Dörfern selbst massive Kritik, denn kein Bürgermeister wollte auf seine Schule verzichten.

Maunz selbst wollte nun weder Dorfvertreter, Dorfschulverehrer noch Dorfschulverächter vor den Kopf stoßen. Sein Ziel war eine organische, von den Bürgern mitgetragene Veränderung. Im Landtag bat er um allseitige „Unterstützung" für die Landschulreform, „dieser heiklen und langwierigen Aufgabe", wie er sie nannte.[840] Und so wollte er zwar die organisatorischen Rahmenbedingungen schaffen, aber über die Umsetzung, sprich die Zusammenlegung von Schulen, solle vor Ort entschieden werden. Er wollte sich weitestgehend heraushalten und legte auf dieser vermittelnden Linie dann auch einen Gesetzesentwurf vor, der dem Kulturpolitischen Ausschuss dann

837 Müller, Schulwesen, S. 719 ff.

838 Zit. nach: Peter Jakob Kock, Der Bayerische Landtag. Eine Chronik, München 2006, S. 150.

839 Müller, Schulwesen, S. 721.

840 StB 18. Mai 1960, S. 1720.

aber letztlich zu nachsichtig gegenüber den Gemeinden war. Der Ausschuss ersetzte ihn zugunsten eines eigenen Entwurfs. Als sog. „Schulverbandsgesetz" wurde er im Dezember 1960 im Landtag verabschiedet.[841] Ab sofort konnten einzelne Dorfschulen zu sog. „Verbandsschulen" zusammengehen, etwa wenn die Schülerzahl einer Dorfschule unter 20 sank.[842] Die Folge dieser moderat-fortschrittlichen Politik war absehbar. Mit der Vermehrung der Verbandsschulen würde die Bekenntnisschule weiter in Bedrängnis geraten. Die konfessionelle Durchmischung der Schüler, in Bayern ohnehin bereits Alltag, würde weiter zunehmen und die Frage nach der Plausibilität von konfessionellen Schulen stellen.[843] Das „Schulverbandsgesetz" konnte nur ein Provisorium sein.

Im Gegensatz zu dieser Übergangslösung präsentierte Maunz im März 1964 eine zukunftsweisende Maßnahme. Der „Schulentwicklungsplan" sollte eine noch nie dagewesene gymnasiale Gründungswelle auslösen.[844] Bis zu seiner Realisierung hatte es allerdings gedauert. Ministerpräsident Seidel hatte ihn bereits 1959 angekündigt.[845] Bei der Umsetzung konnte Maunz wie bei der Volksschullehrerbildung auf ein brauchbares Konzept der Vorgängerregierung zurückgreifen. Der „Rucker-Plan" der „Viererkoalition" von 1956 diente als Blaupause.[846]

Mit dem Schulentwicklungsplan wurde Maunz zum Geburtshelfer der bayerischen gymnasialen Bildungsexpansion. Zwar trat er zu früh zurück, um sie konsequent umzusetzen und weiterzuentwickeln, doch es war auch sein Verdienst, dass Ministerpräsident Alfons Goppel 1968 verkünden konnte: „Wir haben in wenigen Jahren mehr höhere Schulen gegründet, als früher in einem Jahrhundert entstanden sind!"[847]. Die Vermehrung höherer Bildungseinrichtungen half Bayerns Begabungsreserven auszuschöpfen und den Kindern aus dörflicher Umgebung die Chance zu geben, eine weiterführende Schule zu besuchen. Sie war somit ein wichtiger Beitrag zur sozialen Bildungsgerechtig-

841 Richter, Eine Schule, S. 108.

842 Ebd.

843 Müller, Schulwesen, S. 725 ff. Buchinger, S. 457.

844 Lehning, Bildungsgesellschaft, S. 914 ff.

845 Lehning, Bildungsgesellschaft, S. 887.

846 Ebd., S. 920.

847 Zit. nach ebd., S. 915.

keit. Und dem Staat half sie umgekehrt wiederum, potenzielle Leistungsträger zu rekrutieren.[848]

Wie der Inhalt entsprach auch die Form dem Zeitgeist. Pläne hatten Anfang der 1960er-Jahre in der Bundesrepublik Hochkonjunktur.[849] Maunz hatte dies antizipiert und sich das moderne Planungsdenken zu eigen gemacht. Die Opposition goutierte es. Waldemar von Knoeringen kommentierte nach einer Rede im Landtag: „Anerkennung möchte ich Ihnen, Herr Minister, auch für den Mut zollen, dass Sie zumindest für die Kultusverwaltung den Begriff der „Planung“ und des „Planens“ ohne Hemmung gebraucht haben. [...] Ich habe mir die Mühe gemacht, das einmal statistisch nachzuzählen. Ich darf Ihnen sagen, über 50 Mal haben sie von ‚Planen‘ gesprochen. Da könnte sich, meine ich, der Herr Wirtschaftsminister eine Scheibe abschneiden.“[850]

848 Lehning, Bildungsgesellschaft, S. 920.

849 Vgl. Friemberger, Goppel, S. 206. Zum Planungsinteresse vgl. auch Elke Seefried, Zukünfte. Aufstieg und Krise der Zukunftsforschung 1945–1980. Berlin u. a. 2015, S. 412. Vgl. auch: Tagungsbericht: Politische Planung in Deutschland seit den 1960er-Jahren, 12. November 2015–13. November 2015 Berlin, in: H-Soz-Kult, 21. Januar 2016.

850 StB, 11. März 1964, S. 1377.

5.3 1963: Der Minister taumelt

1963 wurde Maunz' bis dahin unruhigstes politisches Jahr. Infolge mehrerer politischer Affären geriet er in Bedrängnis. Den Auftakt machte im Mai der „Fall Speer". Auslöser war die Besetzung des pädagogischen Lehrstuhls an der Universität München. Innerhalb der Universität hatten sich zwei Lager gebildet: Das eine, zahlenmäßig größere Lager unterstützte den jungen protestantischen Pädagogen Andreas Flitner, das andere den arrivierten Katholiken Richard Schwarz.[851] Die Fakultät setzte nach längeren Beratungen Flitner auf den ersten Platz der Berufungsliste, Schwarz auf den zweiten. In ihrem Antrag schrieb sie: „Die Fakultät bittet [...], den Ruf unter allen Umständen zuerst an Herrn Flitner ergehen zu lassen."[852] Der Münchner Rektor Speer wies Maunz zusätzlich in einem persönlichen Brief darauf hin, dass die Universität die Berufung von Flitner erwarte.[853]

Maunz machte nun allerdings von seinem Auswahlrecht Gebrauch und berief den Zweitplatzierten Schwarz, den Kandidaten des katholischen Lagers. Flitners Anhänger hielten nun mit ihrem Ärger nicht hinterm Zaun, Informationen sickerten durch, bis zur FDP-Abgeordneten Hildegard Hamm-Brücher, die Maunz im Landtag fragte, wie denn die Besetzung des Lehrstuhls zustande gekommen sei.[854]

Maunz ahnte, dass er sich Kritik für die Bevorzugung des katholischen Kandidaten zuziehen würde und versuchte, die Divergenzen mit der Universität zu vertuschen. Im Landtag sagte er: „Die Berufung sei auf Vorschlag der Universität erfolgt." Gelogen hatte er damit nicht, denn Schwarz befand sich ja durchaus auf der Liste der Universität. Doch ganz aufrichtig war die Aussage auch nicht. Immerhin verschwieg er, dass es einen Vorschlag gab, den er prioritär behandeln sollte. Landtag und Öffentlichkeit gewannen jedenfalls den Eindruck, dass er den Erstplatzierten berufen habe.[855]

851 Vgl. Leserbrief Prof. H. Meyer in der *Süddeutschen Zeitung* vom 8./9. Juni 1963. StB 28. Mai 1963, S. 745: Zwischenruf des CSU-Abgeordneten Elsen: „Die Universität war gar nicht dagegen, sondern es war eine gewisse Clique!"

852 BayHstA München, NL Elmenau 74, Schreiben Rektor Speer an Ministerpräsident Goppel vom 3. Juli 1963.

853 *Abendzeitung* vom 11./12. Mai 1963. Hamm-Brücher, Freiheit, S. 276.

854 Ebd.

855 Ebd.

Ein Journalist der *Abendzeitung* kam Maunz aber auf die Schliche: Er rief bei Julius Speer an, dem Rektor der Münchner Universität, und gab sich als Mitarbeiter eines Landtagsabgeordneten aus. Speer erzählte daraufhin vertrauensselig, dass Maunz mehrmals, u. a. auch persönlich, gebeten worden war, den erstplatzierten Flitner zu berufen. Die *Abendzeitung* machte die Aussagen nun öffentlich und bezichtigte Maunz der Lüge: Er habe die Unwahrheit gesagt und das Parlament getäuscht.[856]

Nun überschlugen sich die Ereignisse: Die SPD forderte einen Untersuchungsausschuss, die CSU sprach von einer „Diffamierungskampagne" und ging auf Rektor Speer los.[857] Auch Universitätsmitglieder schalteten sich ein: Max Müller, der Vorstand des Philosophischen Seminars der Universität und derjenige, den Maunz in Freiburg gegen Heidegger unterstützt hatte, sprang Maunz zur Seite. Müller distanzierte sich in einem Leserbrief von Speer, dem eigenen Rektor.[858] An der Universität rumorte es und im Landtag sah die SPD das Vertrauensverhältnis zwischen Parlament und Regierung stark gefährdet. Wegen des Aufruhrs mussten sogar die Haushaltsberatungen des Kultusetats verschoben werden.[859] Der *Münchner Merkur* schrieb vom „seit Jahren schwersten Konflikt zwischen Regierungslager und Opposition".[860]

Eine längere reputationsschädigende öffentliche Schlammschlacht lag aber weder im Interesse von Rektor Speer noch der Universität. Die Universität reichte die Hand zu einer Lösung, bei der alle Beteiligten ihr Gesicht wahren konnten: Maunz und die CSU sollten u. a. anerkennen, dass Speer niemals „gegen den Kultusminister Erklärungen abgegeben" habe. Das stimmte, denn er hatte lediglich einem Journalisten etwas blauäugig von den Hintergründen der Berufung berichtet. Im Gegenzug wollte die Universität Maunz glauben, dass er im Landtag nicht davon gesprochen habe „die Berufung ‚sei in vollem Einverständnis mit Rektor und Senat' geschehen", wie es bisweilen kolportiert wurde.[861] Der Streit wurde auf diese Weise beigelegt.

856 Ebd.

857 Ebd.

858 StdA München, NL Maunz 106, Erklärung Max Müller zum „Fall Speer" vom 13. Mai 1963.

859 *Abendzeitung* vom 11./12. Mai 1963.

860 *Münchner Merkur* vom 11./12. Mai 1963.

861 StdA München, NL Maunz, 115 Stellungnahme des Akademischen Senats. Vgl. StdA

Der Opposition fehlte indes eine wirkliche Handhabe. Rhetorische Finten waren nicht strafbar und die Idee eines Untersuchungsausschusses musste daraufhin begraben werden. Das Verhalten ließ sich lediglich moralisch verurteilen: „Der bayerische Kultusminister, Professor Dr. Theodor Maunz, hat es stets mit Bravour verstanden“, schrieb Hildegard Hamm-Brücher, „die Abgeordneten des Bayerischen Landtages so zu informieren, dass formalrechtlich die Antwort nicht direkt falsch, wohl aber dem wahren Sachverhalt nicht immer voll entsprechend war.“[862]

Die fragwürdige Informationspolitik war jedoch nicht der einzige Kritikpunkt infolge der Affäre Speer. Die Presse beklagte auch katholische Vetternwirtschaft. Für den *Spiegel* hatte Maunz endgültig bewiesen, dass er „Kandidaten für Lehrstühle weniger nach fachlichen als nach konfessionellen Gesichtspunkten“ auswähle. Das Magazin berichtete auch von weiteren Fällen, die den Münchner Vorgängen teilweise zum Verwechseln ähnelten.[863]

Der Vorwurf der parteiischen Personalpolitik ist wohl nicht ganz von der Hand zu weisen. Maunz’ Nachlass im Münchner Stadtarchiv ist voll von Bittbriefen, Gesuchen und Wunschzetteln. Und auch wenn das Ausmaß an Privilegierung im Dunkeln bleiben muss, erweckt er den Eindruck, dass Katholiken und Parteifreunde durch ihren besonderen Zugang Vorteile genossen.

Die Wünsche seiner katholischen Cartellbrüder waren besonders vielfältig. Einmal wird die Abhaltung von Feierlichkeiten zum 80. Geburtstag eines Komponisten gefordert,[864] ein anderes Mal eine angemessene Würdigung für das journalistische Schaffen: der „Aenane“ und Chefredakteur der *Süddeutschen Zeitung*, Hermann Proebst, hatte den Eindruck, dass man seine Leistungen als „föderalistische Stimme der SZ“ ruhig einmal „honorieren“ könne. Und Maunz stellte es ihm in Aussicht. Immerhin hatte er in der *Süddeutschen*

München, NL Maunz 100, Entwurf eines Schreibens von Maunz an Speer: „Aus Ihrem gefälligen Schreiben vom 14.5. 1963 habe ich mit Befriedigung den Ausdruck Ihres Wunsches entnommen, dass die Angelegenheit des Rufes an Professor Dr. Schwarz […] nunmehr keine Weiterungen nach sich ziehen möge. Sie haben mir auch darin zugestimmt, dass es im Hochschulrecht keine Bestimmungen gibt, wonach die in einem Dreiervorschlag gewählte Reihenfolge eine Wertung der darin genannten Persönlichkeiten beinhalte.“

862 Zit. nach Hamm-Brücher, Gegen Unfreiheit, S. 275.

863 *Der Spiegel* vom 5. Juni 1963.

864 StdA München, NL Maunz 101, Schreiben Alban Haas an Maunz vom 17. Dezember 1958.

Zeitung gerade eben zwei Artikel veröffentlichen dürfen, „die weite Verbreitung gefunden haben", wie er sagte.[865]

In der Regel ging es aber um Posten und Beförderungen. Ab und zu waren die Wünsche illusorisch: „Ein jahrzehntelanger Theaterabonnent ist kaum geeignet, den Abt.-Leiter IV aus dem Sattel zu heben!", heißt es spöttisch in einem hausinternen Vermerk zu einem Gesuch für das Theaterressort.[866] Manchmal scheiterten Gesuche auch an der angespannten Stellensituation.[867] Immer wieder führten sie aber auch zum Erfolg: Ein Lehrer spekulierte auf den Rektorposten an seiner aktuellen Schule, dem Weilheimer Gymnasium. Eigentlich war eine derartige hausinterne Beförderung nicht vorgesehen, aber der Kultusminister machte eine Ausnahme und so bedankte sich der Lehrer entsprechend artig: „Lieber Bundesbruder Maunz! [...] Ich weiß, dass Dir meine Angelegenheit viel Mühe und Unruhe brachte, und bin für die günstige Lösung doppelt dankbar."[868] Und auch ein anderer Cartellbruder hatte Glück: Ich kann Dir mitteilen", schreibt Maunz ihm am 10. Februar 1958 über die Besetzung des Direktorenpostens eines Würzburger Polytechnikums, „dass nach einigen Wirrnissen die Ernennung [...] erfolgt ist." Wie es zu den „Wirrnissen" und den „merkwürdigen Verzögerungen" gekommen sei, wolle er aber „aus begreiflichen Gründen schriftlich nicht" sagen.[869]

Wenn es darum ging, ihre Anliegen vorzubringen, waren auch Parteifreunde nicht sehr zurückhaltend, bis hinauf in die höchsten Ämter: Alfons Goppel, 1959 noch Innenminister, ab 1962 dann bayerischer Ministerpräsident, bat die Bewerbung eines Bekannten für die „Oberstudiendirektorenstelle" an einem Gymnasium seiner Heimatstadt Aschaffenburg „wohlwol-

865 StdA München, NL Maunz 108, Schreiben Maunz an Chefredakteur Dr. Hermann Proebst vom 5. März 1962.

866 Ebd., NL Maunz 110, Aktennotiz auf Schreiben vom 11. Juni 1964.

867 Ebd., NL Maunz 99, Schreiben Maunz an Alois Frank vom 3. Oktober 1962: „Vor allem verfügt das Kultusministerium auf absehbare Zeit über keine freie Stelle eines Regierungsdirektors. [...] Ich werde mich deshalb gerne bei anderen Stellen nach den Möglichkeiten einer Versetzung erkundigen und sie nach Kräften unterstützen."

868 StdA München NL Maunz 101, Schreiben Dr. Otto Huber an Maunz vom 6. Oktober 1961. Vgl. ebd. Schreiben Otto Huber an Maunz vom 2. Februar 1960 und 17. Februar 1960.

869 StdA München, NL Maunz 104, Schreiben Maunz an Otto Kirchner vom 10. Februar 1958.

lend zu prüfen".[870] Und Ministerpräsident Seidel protegierte einen Würzburger Privatdozenten.[871] Auch einfache Abgeordnete mit einem guten Draht zum Kultusminister suchten ihre Verbindungen zu nutzen: Franz Elsen, nicht nur CSU-Mitglied, sondern auch Cartellbruder, wollte als Nachfolger eines Schweinfurter Gymnasialrektors wieder einen Katholiken.[872] Allerdings meldeten sich nur drei Bewerber und so musste Maunz Elsen mitteilen, dass „keiner den Vorstellungen entspricht". „Am ehesten" sei noch ein Ansbacher Oberstudienrat geeignet; Elsen solle sich über den Kandidaten bei seinem persönlichen Referenten im Ministerium, ebenfalls einem Bundesbruder, informieren. Er selbst sei nämlich zur Zeit im Urlaub „ohne Akten".[873]

Oft werden die Kalküle von Interventionen verborgen, manchmal zeigten sie sich aber auch unverschleiert: Der Landtagsabgeordnete Franz Sackmann schrieb Maunz über die Notwendigkeit der Versetzung eines Lehrers: Dieser sei „Vorsitzender der Jungen Union und würde für uns in dem schwierigen Pflaster Schwandorf eine ganz besondere [...] Verstärkung bedeuten".[874] Und der damalige CSU-Generalsekretär Friedrich Zimmermann wünschte sich auf dem Weg zur Hoheit über die öffentliche Meinung eine CSU-nahe Persönlichkeit für den Lehrstuhl für Publizistik an der Universität Erlangen-Nürnberg: „Wie wichtig dies für unsere Arbeit ist," schreibt er, „brauche ich Ihnen gegenüber, sehr verehrter Herr Minister, nicht eigens zu betonen".[875]

Obwohl die Initiative oft von Parteifreunden ausging, war es auch manchmal Maunz selbst, der aktiv wurde, wenn er den Verdacht hegte, eine Personalentscheidung könnte für innerparteiliche Spannungen sorgen. Im November 1959 wandte er sich hilfesuchend an den Fraktionsvorsitzenden der CSU im bayerischen Landtag Franz Heubl. In Würzburg waren die Rektorenstellen des Alten und Neuen Gymnasiums unbesetzt und Maunz wollte wissen, „wie die Freunde in Würzburg denken".[876] In einem anderen Fall, der Direk-

870 BayHstA München, NL Maunz 16, Schreiben Goppel an Maunz vom 14. Januar 1959.

871 StdA München, NL Maunz 111, Schreiben Maunz an Seidel vom 16. Februar 1961.

872 Ebd., NL Maunz 98, Schreiben Elsen an Maunz und Kilian Leis an Franz Elsen vom 25. April 1961.

873 Ebd., Schreiben Maunz an Franz Elsen vom 28. Juli 1961.

874 Ebd., NL Maunz 111, Schreiben Sackmann an Maunz vom 24. April 1964.

875 Ebd., NL Maunz 120, Schreiben Zimmermann an Maunz vom 8. Oktober 1962.

876 Ebd., NL Maunz 101, Schreiben Maunz an Heubl vom 20. November 1959.

torenstelle der Oberrealschule in Höchstadt/Aisch konnte Maunz dem Fraktionsvorsitzenden Vollzug melden: Heubl hatte sich für „eine gute Besetzung" stark gemacht und Maunz schrieb, es sei nun „ein ausgezeichneter Mann […] berufen worden, vorzüglich qualifiziert, ein auch im religiösen Leben aktiver Mann, Angehöriger der ‚Unitas', von Kardinal Döpfner bestens empfohlen."[877]

Im Mai 1963, fast zur gleichen Zeit, als der „Fall Speer" auf Maunz' Personalpolitik aufmerksam machte, wuchs indes eine zweite Affäre heran. Auslöser waren Recherchen der *Süddeutschen Zeitung.* In einem Artikel berichtete sie über den bayerischen Gymnasiallehrer Franz Fischer. Dieser habe während des Dritten Reiches einen Schulfreund an die Gestapo verraten. Trotzdem arbeite er noch immer im bayerischen Schuldienst.[878]

Maunz wusste selbstverständlich, dass die Beschäftigung eines Denunzianten das Kultusministerium in ein denkbar schlechtes Licht rückte. Und wie im Fall Speer versuchte er nun mit rhetorischem Nebel, den Schaden klein zu halten. Er verkaufte dem Landtag Fischer als Invaliden, der ohnehin keinen pädagogischen Einfluss auf die Schüler habe: Fischer sei ein „schwerkranker Mann", der seit längerer Zeit keinen Dienst tue.[879] Doch war dies irreführend. Denn Fischer unterrichtete noch am Tag vor dem Erscheinen des Artikels ganz normal und ließ sich erst danach krankschreiben. Er legte Atteste über eine „Neuritis des rechten Beines" und ein „linksseitiges Cervical-Syndrom" vor.[880] Maunz verdunkelte darüber hinaus wohl einen zweiten Sachverhalt. Er erweckte den Anschein, ein Dienststrafverfahren gegen Fischer eingeleitet zu haben, was aber wahrscheinlich nicht den Tatsachen entsprach.[881]

Da sich Maunz aber wieder keine juristische Blöße gab, blieb Hildegard Hamm-Brücher wieder nur, sein Verhalten moralisch zu verurteilen: „Sein unermüdliches Taktieren und Lavieren, seine advokatischen Spitzfindigkeiten, die nur bei penibelstem Studium der Unterlagen zu entwirren sind, werden immer unerträglicher", schrieb sie am 27. Juni 1963 in der *Abendzeitung.*[882]

877 Ebd. Schreiben Maunz an Heubl vom 2. August 1960.

878 *Süddeutsche Zeitung* vom 24. April 1963.

879 Hamm-Brücher, Unfreiheit, S 278 f.

880 BayHStA München, MK 56420.

881 Ebd.

882 Zit. nach Hamm-Brücher, Unfreiheit, S. 281.

Es dauerte dann lediglich bis Oktober, bis Maunz erneut in die Schlagzeilen geriet. Und wieder war Hamm-Brücher beteiligt. Anlässlich der Einschulung ihres Sohnes hatte sie Deutsch-, Erdkunde-, und Geschichtsbücher für die bayerischen Volksschulen auf ihre Tauglichkeit hin inspiziert und Texte von fragwürdiger Qualität entdeckt. Manche waren derart anachronistisch, gefühlsduselig oder dorfverherrlichend, dass sie fürs Kabarett taugten: Die „Münchner Lach- und Schießgesellschaft" machte aus ihnen eine „Nummer" und erzielte einen „Riesenerfolg".[883] Und in der Tat besaßen die Schulbuchtexte humoristisches Potenzial: „Willst du sein ein guter Christ,/ Bauer bleib bei Deinem Mist!/ Lass die Narren Freiheit singen!/ Düngen geht vor allen Dingen!".[884]

Die Texte stammten hauptsächlich aus einer einzigen Lehrbuchreihe, der „Jungen Welt". Diese war auch im Ministerium äußerst umstritten.[885] Insbesondere, weil es sich um eine Reihe explizit für katholische Bekenntnisschulen handelte. Bevor sie 1963 erstmals erschien, waren nur interkonfessionelle Lesebücher in Gebrauch. Doch Maunz hatte sich persönlich für die Genehmigung stark gemacht, um den konservativen Flügel der CSU zu beruhigen. Denn nach Lehrerbildungs- und Schulverbandsgesetz fürchteten dessen Vertreter um die Zukunft der bayerischen Bekenntnisschule. Eine eigene Lesebuchreihe sollte diese wieder etwas stabilisieren.[886]

Nach Hamm-Brüchers Entdeckung war die öffentliche Kritik nun groß. Die ihr nahestehende *Abendzeitung*[887] widmete dem Thema unter der Schlagzeile „Kind werde weltfremd" eine ganze Seite im Feuilleton.[888] Auch die bundesweit erscheinende Wochenzeitung *Die Zeit* berichtete. Sie machte darauf

883 *Der Spiegel* vom 22. Juli 1964.

884 Zit. nach ebd. Ein weiteres Beispiel: „Wer einmal seine Urväter-Scholle verlässt und in die Stadt zieht, ist verloren."

885 Vgl. dazu BayHStA MK 64451, Bemerkung vom 23. Juli 1963: „Ich würde es aus grundsätzlichen Erwägungen bedauern, wenn sich die Herausgabe eines katholischen Lesebuchs nicht verhindern ließe."

886 StdA München, NL Maunz 101, Schreiben Hempfling an Maunz vom 7. März 1962. Auch der Prälat Fischer, der Schulreferent des Münchner Kardinals, wollte das Lesebuch. Vgl. BayHStA München, MK 64451.

887 BayHstA München, Stk 18914, Schreiben Arnold an Goppel vom 10. Juli 1964: Der CSU-Landtagsabgeordnete Arnold nannte eine Journalistin des Blattes sogar eine von Hamm-Brücher „bestellte Rufmörderin".

888 *Abendzeitung* vom 30. August 1963.

aufmerksam, dass im katholischen Lesebuch Pflichtthemen fehlten, darunter ausgerechnet die „Reformationszeit“[889]. Allerdings legte sich die öffentliche Aufregung bald. Wohl auch, weil Maunz seine Rolle bei der Einführung marginalisierte. Auf eine Anfrage des Landtagsabgeordneten Drexler antwortete er, dass man im Ministerium lediglich „die pädagogische Eignung zu prüfen“ habe und diese sei eben gegeben gewesen.[890]

Maunz überstand das turbulente Jahr 1963 so zwar im Amt, doch kostete es ihm öffentliches Ansehen und Rückhalt in der Partei. In der Presse wurde angesichts der Vorfälle eifrig über seine Ablösung spekuliert.[891] Und auch in der CSU wurden spätestens ab Frühjahr 1964 die Stimmen lauter, die sie forderten.[892]

889 *Die Zeit* vom 13. September 1963. Vgl. dazu auch IfZ München, ED 379/6, Gertrud Bienko: Die Schiefe „Junge Welt“ – Analyse eines katholischen Lesebuches, in: Humanistische Union, Information: „Andersgläubige sind in den drei ersten Bänden nicht existent. In Band 4 kommt eine protestantische Gemeinde vor, die katholischen Flüchtlingen hilft, ihre Kirche zu bauen, und in einer Ansprache von Papst Pius XII. von 1945 werden auch die von den Nazis verfolgten evangelischen ‚Kultdiener‘ erwähnt. Damit hat jede positive Stellungnahme auf alles Anders- oder Ungläubige ein Ende.“

890 BayHStA München, MK 64451.

891 *Nürnberger Nachrichten* vom 15. August 1963: „Führende CSU-Kreise für eine Wachablösung im Kultusministerium. […] Man befürchtet, daß der Minister der Opposition bis zum nächsten Wahlkampf zu viel ‚Munition‘ liefert“. StdA München, NL Maunz 95, Schreiben Friedrich Arnold an Ludwig Huber vom 18. September 1963: Lieber Ludwig! Ich lese in einigen Presseorganen von einem angeblichen Wechsel im Kultusministerium.“ BayHstA München, Stk 18914, Schreiben Maunz an Ministerpräsident Goppel vom 18. September 1963: „Lieber Goppel! Seit drei Wochen kann man täglich in der Presse lesen, daß […] der Wechsel des Kultusministers beschlossene Sache sei. Ich weiß nicht, woher diese Nachrichten kommen. Die Zeitungen behaupten, sie gingen von der CSU aus.“

892 BayHstA München, StK 18914, Notizen zum Rücktritt Maunz für die Fraktionsarbeitstagung der CSU am 28. September 1964: „Schon im Frühjahr und Frühsommer Stimmen aus der Fraktion: Maunz zusammen mit Eberhard und Strenkert auswechseln – Unzufriedenheit“.

5.4 Der Rücktritt

Im Juni 1964 veröffentlichte der Bonner Anwalt Konrad Redeker den Aufsatz „Bewältigung der Vergangenheit als Aufgabe der Justiz".[893] Er erschien in einer angesehenen juristischen Fachzeitschrift und war ein Frontalangriff auf die Staatsrechtler des Dritten Reiches: Die zeitgenössischen Staatsrechtler hätten den Nationalsozialisten nicht nur ergeben gedient, sondern sie vielmehr gerade erst zu „unbegrenzter Willkür ermutigt". Denn sie hätten den Nationalsozialisten „wenig an eigener Sicherheit rechtlicher Grundpositionen entgegenzustellen" gewusst.[894] Dies hätte die Nazis zur Errichtung ihres Unrechtsstaates angespornt. Redeker nahm in seinem Aufsatz nicht nur explizit auf Maunz Bezug, sondern sollte mit seinen Zeilen auch dessen Sturz auslösen.

Dafür brauchte es wiederum Hildegard Hamm-Brücher. Die FDP-Politikerin war seit Jahren Maunz' persönliche Fundamentalopposition und hatte sich schon etliche Male gegen ihn gestellt. Sie führte gegen Maunz, wie sie sagte, den „schwersten und wohl folgenreichsten Kampf, den ich während meiner parlamentarischen Tätigkeit gegen die absolute Mehrheit der CSU zu bestehen hatte".[895] Die CSU wünschte sie dafür „außer Landes", was noch eine der freundlichsten Formulierungen für die herzliche Abneigung war, die man ihr in der Partei entgegenbrachte.[896]

Für Hamm-Brücher war Maunz insbesondere wegen seiner NS-Vergangenheit als bayerischer Kultusminister nicht tragbar. Er mochte kein überzeugter Nationalsozialist gewesen sein, aber für sie hatte er sich mit seinen Rechtsauslegungen schuldig gemacht. Seine Person passte nicht zur Würde des Amtes. Im Kampf gegen nationalsozialistische Kontinuitäten wie Maunz hoffte Hamm-Brücher, zu einer stabilen Demokratie beizutragen.[897] Ihr Engagement war darüber hinaus beeinflusst von diversen persönlichen Schicksalsschlägen, die sie im Nationalsozialismus erlitten hatte. Ihre jüdische Groß-

893 Konrad Redeker, Bewältigung der Vergangenheit als Aufgabe der Justiz, in: NJW 24 (1964), S. 1097–1100.

894 Ebd., S. 1100.

895 Hamm-Brücher, Unfreiheit, S. 275.

896 Zit. nach Hübner, Maunz, S. 74.

897 Hübner, Maunz, S. 71.

mutter hatte sich etwa 1942 das Leben genommen, nachdem sie einen Deportationsbefehl für Auschwitz erhalten hatte.[898]

Allerdings hatte sie es zwischenzeitlich aufgegeben, Maunz' Vergangenheit zum Politikum zu machen. 1957, nach seiner Ernennung zum Kultusminister, war sie mit Maunz' nationalsozialistischen Schriften umhergetingelt, „aber niemand, keine Seele, wollte etwas tun, nicht einmal die Verfolgtenorganisationen".[899] Mangels Erfolg und Unterstützung und weil sie generell keine Freundin des „Materialsammelns" über politische Gegner sei, habe sie daraufhin die Strategie geändert. Statt mit der Vergangenheit versuchte sie, Maunz mit politischen Vorstößen in Bedrängnis zu bringen.[900]

Nun kehrte sie wieder zur Ausgangstrategie zurück. Mit Redekers Aufsatz hatte sie den vermeintlichen Beweis, dass Maunz „höchst aktiv und direkt schöpferisch" an der Ausgestaltung des NS-Staates beteiligt war.[901] An die Öffentlichkeit gehen wollte sie aber nicht. Sie schrieb Ministerpräsident Goppel stattdessen einen vertraulichen Brief und fragte, „ob – und wenn ja, welche – Konsequenzen Sie aus der Tatsache zu ziehen gedenken, dass ein Minister Ihres Kabinetts in einer der angesehensten juristischen Fachzeitschriften der Bundesrepublik bezichtigt wird, zur staatsrechtlichen Legalisierung nationalsozialistischer Untaten mit beigetragen zu haben".[902]

Der Brief wurde trotz aller Geheimhaltungsabsichten öffentlich. Die *Nürnberger Nachrichten* berichteten etwa am 27. Juni.[903] Hamm-Brücher schwor, selbst keine Informationen an die Presse durchgestochen zu haben und dies ist gut möglich.[904] Die Indiskretion konnte auch anderswoher kommen. In der CSU war man Maunz nicht nur freundlich gesinnt: „Ich werde nur manchmal das Gefühl nicht los, dass auch aus den eigenen Reihen heraus das Messer kräftig gewetzt wird", schrieb ihm der CSU-Landtagsabgeordnete

898 *Die Zeit* vom 1. März 2012.

899 Zit. nach *Der Spiegel* vom 22. Juli 1964.

900 Hamm-Brücher, Unfreiheit, S. 289.

901 IfZ München, ED 379/7, Schreiben Hamm-Brücher an Ministerpräsident Goppel vom 28. Juni 1964.

902 Ebd. Schreiben Hamm-Brücher an Ministerpräsident Goppel vom 21. Juni 1964.

903 *Nürnberger Nachrichten* vom 27. Juni 1964.

904 Hamm-Brücher, Unfreiheit, S. 286.

Franz Sackmann.[905] Und auch in der bayerischen Ministerialbürokratie besaß Maunz entschlossene Gegner.[906] Insbesondere konservative Beamte waren mit Maunz unzufrieden. Karl Böck, der ehemalige persönliche Referent der Kultusminister Alois Hundhammer und Josef Schwalber, gab später in einem Gespräch zu, an Maunz' Stuhl gesägt zu haben. Er habe sich mit Belastungsmaterial einfach an Hamm-Brücher gewandt, weil Ministerpräsident Goppel nicht reagiert habe.[907] Wann genau er dies tat ist unklar, aber es scheint sogar möglich, dass er es war, der Hamm-Brücher mit der Nase auf Redekers Aufsatz in der *NJW* stieß.[908]

Ministerpräsident Goppel wiederum reagierte auf Hamm-Brüchers Brief dialektisch. Er wollte sich seinen Kultusminister nicht von der Opposition abschießen lassen. Vor allem nicht weil er im selben Monat schon Finanzminister Eberhard und Arbeitsminister Strenkert ausgewechselt hatte und jeden weiteren Anschein von Schwäche vermeiden wollte.[909] So nahm er Maunz in seinem Antwortbrief an Hamm-Brücher einerseits in Schutz: Maunz' Vergangenheit sei wiederholt untersucht worden. Maunz habe zudem in seiner Schrift „Neue Grundlagen des Verwaltungsrechts" darauf hingewiesen, dass der Nationalsozialismus zwar die Normen, aber nicht das Recht setze und

905 BayHstA München, NL Maunz 16, Schreiben MdL Franz Sackmann an Maunz vom 1. Juli 1964: „Nachdem in diesen Tagen und Wochen ein neues Trommelfeuer gegen Dich im Gange ist und man Dich sozusagen auf die Abschussliste gesetzt hat, möchte ich mir wenigstens auf diesem Weg erlauben, […] Dir meine Verbundenheit zu bekunden. Ich bin überzeugt, dass auch diese inszenierte Aktion, wie so manche zuvor, in sich zusammenbrechen wird. Ich werde nur manchmal das Gefühl nicht los, dass auch in den eigenen Reihen heraus das Messer kräftig mit gewetzt wird."

906 StdA München, NL Maunz 95, Schreiben Friedrich Arnold an Maunz vom 10. September 1964.

907 Zeitzeugengespräch mit Professor Hans Maier vom 26. April 2017. Böcks Antipathie ist auch in einem Beitrag zur Festschrift für Maunz' Nachfolger Ludwig Huber zu erkennen: „Nach dem unrühmlichen Abgang seines Vorgängers musste Ludwig Huber im Oktober in den sauren Apfel des Kultusministers beißen." Vgl. Karl Böck, Was nicht in den Akten steht…: für Ludwig Huber zum 65. Geburtstag. München 1996, S. 7.

908 Vgl. dazu auch Lehning, Bildungsgesellschaft, S. 605: Hildegard Hamm-Brücher betonte im Zeitzeugengespräch mit Norbert Lehning, „dass sie erst durch Informationen des späteren MD Dr. Karl Böck […] entscheidend auf den Fall Maunz aufmerksam gemacht worden sei."

909 BayHstA München, StK 18914, Notizen zum Rücktritt Maunz für die Fraktionsarbeitstagung der CSU am 28. September 1964. Bei einer Entlassung „hätte es so ausgesehen, als hätte Brücher Einfluss auf Entscheidungen."

nicht frei von Verantwortung sei. Auch in „Gestalt und Recht der Polizei" habe Maunz ausgeführt, dass für das Handeln der Polizei zwar Norm-, aber nicht Rechtsfreiheit gelte.[910]

Andererseits war er aber nicht bereit, sich demonstrativ vor Maunz zu stellen und ihm eine Jobgarantie zu geben. Denn zum einen war Maunz zu keiner klaren Distanzierung von seinen früheren Schriften bereit und Goppel selbst hatte den Eindruck, dass nicht alles „nur Beschreibung" war, was Maunz geschrieben hatte.[911] Zum anderen war Goppel selbstverständlich nur rudimentär mit Maunz' nationalsozialistischem Oeuvre bekannt.[912] Er konnte nicht wissen, welche diskreditierenden Passagen noch auftauchen würden. Er sorgte sich nicht zuletzt auch darum, dass man ihn selbst mit den Schriften „identifizieren" würde, sollte er Maunz vorbehaltlos unterstützen.[913] So sagte er Hamm-Brücher schließlich eine umfassende Überprüfung von Maunz' nationalsozialistischem Schriftgut zu.[914]

Die Zusage der Überprüfung läutete Maunz' Ende ein. Während der Recherchen stieg der öffentliche Druck unaufhaltsam. Presse und Opposition beteiligten sich bereitwillig an Sichtung und Bereitstellung von Material. Die *Abendzeitung* machte am 3. Juli mit der Schlagzeile auf: „Bayerns Kultusminister war des Teufels Jurist". Dazu druckte sie eine zweiseitige Sammlung mit fragwürdigen Zitaten.[915] Die *Frankenpost* gönnte Maunz' Texten weniger Raum, aber auch sie brachte eine Auswahl.[916] Natürlich berichteten auch andere namhafte bayerische Zeitungen. Am 7. Juli kündigten die SPD-Granden Gabert, Hoegner und von Knoeringen dann bei einem Besuch bei Ministerpräsident Goppel bisher unbekanntes Belastungsmaterial an.[917] Mittler-

910 IfZ, ED 379/7, Schreiben Goppel an Hamm-Brücher vom 25. Juni 1964; Entwurf des Schreibens in: StdA München, NL Maunz 101.

911 BayHstA München, StK 18914, Notizen zum Rücktritt Maunz für die Fraktionsarbeitstagung der CSU am 28. September 1964.

912 Ebd.

913 Ebd.

914 IfZ-Archiv München, ED 379/7, Schreiben Goppel an Hamm-Brücher vom 25. Juni 1964. Ebd. Schreiben Hamm-Brücher an Goppel vom 28. Juni 1964.

915 *Abendzeitung* vom 3. Juli 1964.

916 *Frankenpost* vom 6. Juli 1964.

917 BayHstA München, StK 18914, Notizen zum Rücktritt Maunz für die Fraktionsarbeitstagung der CSU am 28. September 1964.

weile machten auch Opferverbände mobil. Die „Vereinigung der Verfolgten des Naziregimes“ sandte einen Brief an alle Abgeordneten des bayerischen Landtags und bezeichnete Maunz „aus Sorge um die demokratische Erziehung unserer Jugend“ als „untragbar“.[918] Der Fall zog seine Kreise bis nach Ostdeutschland. Gerhard Haney, der Direktor des Instituts für Staats- und Rechtstheorie der Rechtswissenschaftlichen Fakultät der Friedrich-Schiller-Universität Jena, präsentierte am 9. Juli ein 70-seitiges Pamphlet. Es sollte beweisen, dass sich Maunz von seinem nationalsozialistischen Denken nie losgesagt hatte und stand in der Tradition der Braunbücher, die den politischen Gegner Bundesrepublik wegen nationalsozialistischer Kontinuitäten attackierten.[919] Es trug den Titel: „Maunz im Dienste des Faschismus und der CSU. Initiator faschistischen Unrechts, prominenter Politiker und Hochschullehrer in Westdeutschland“[920].

Die öffentliche Meinung war jedoch keineswegs eindeutig. Insgesamt neigte sie dazu, Maunz zu verurteilen. Aber es gab auch Verteidiger. Ein Anonymus schickte Hildegard Hamm-Brücher etwa einen Drohbrief: „In Ihrer persönlichen Aversion und Hetze gegen Minister Maunz schnüffeln Sie in seiner Vergangenheit herum. Sollten Sie in dieser Sache auch nur im geringsten noch aktiv werden, werden wir Ihre eigene Vergangenheit (Ehebruch mit seinen Folgen) öffentlich aufdecken. Pharisäer in der Politik haben uns gerade noch gefehlt.“[921]

Auch manche Zeitungen nahmen Maunz in Schutz. Die *Passauer Neue Presse* witterte eine ungerechtfertigte Kampagne.[922] Und die Stuttgarter Nachrichten wiesen darauf hin, dass alle Vorwürfe seit Jahren bekannt seien.[923] Und

918 IfZ-Archiv München, ED 379/7, Schreiben Albert Boepple (Vereinigung der Verfolgten des Naziregimes) an alle Abgeordneten des bayerischen Landtags vom 5. Juli 1964: „Wir möchten daran erinnern, dass unsere Vereinigung bereits seit langer Zeit in verschiedenen Publikationen auf den Fall Prof. Maunz hingewiesen hat.“

919 Hübner, Maunz, S. 79 f.

920 Vgl. Gerhard Haney (Hrsg.), Maunz im Dienste des Faschismus und der CSU. Initiator faschistischen Unrechts, prominenter Politiker und Hochschullehrer in Westdeutschland. Eine Dokumentation, Jena 1964.

921 IfZ-Archiv München, ED 379/7, nicht unterzeichnetes Schreiben an Hamm-Brücher vom 1. Juli 1964.

922 *Passauer Neue Presse* vom 7. Juli 1964.

923 *Stuttgarter Nachrichten* vom 9. Juli 1964.

da es sich im Grunde um einen „alten Fall“ handelte, wollte auch die CSU-Spitze an Maunz festhalten. „Alles, was jetzt zum Vorwurf gemacht wird, sei der Opposition schon sieben Jahre bekannt“, sagte der Vorsitzende der Landtagsfraktion Ludwig Huber. Es sei „politisch völlig ausgeschlossen, dass unter Druck der Opposition und der *Abendzeitung* Maunz entlassen wird“. Maunz mochte parteiinterne Kritiker besitzen, aber nach Hubers Worten brandete in der CSU-Landtagsfraktion Beifall auf.[924]

Doch Maunz vermisste seit längerem ein klares Statement des Ministerpräsidenten, eine wirkliche „Vertrauenserklärung“.[925] Auch hatte er wohl die Ahnung, dass sich die Debatte um seine Vergangenheit zu einer unendlichen Geschichte fortspinnen könnte, wenn er im Amt bliebe. Das andauernde öffentliche Scherbengericht nahm ihn (und wohl auch seine Frau) zudem gesundheitlich mit.[926] Nicht zuletzt war der Zeitpunkt für einen Rücktritt noch günstig. Er war weder durch Goppel noch durch die Öffentlichkeit klar verurteilt. Er würde den Hut nehmen, die Aufregung würde sich wieder legen, die weiteren Aussichten wären einigermaßen heiter: Er würde auf seinen geliebten Lehrstuhl an der Münchner Universität vollständig zurückkehren, dort lehren und forschen, jenseits der Öffentlichkeit und politischen Ränkespielen. Am Ministeramt hing er nicht über die Maßen. Es „ist ein Opfer für mich“, hatte er einem Journalisten des *Spiegel* einmal in den Block diktiert.[927] Und auch Ministerpräsident Goppel hatte er im Vorjahr fast wortgleich geschrieben, dass es ihm „seelische und finanzielle Opfer auferlegt“.[928] Natürlich kokettierte er ein wenig mit der Rolle des Unabhängigen und doch würde er als gestürzter Kultusminister auf die Beine fallen. Am 10. Juli erklärte er Ministerpräsident Goppel seinen Rücktritt.[929]

Die CSU-Spitze war sich bewusst gewesen, dass es schwer werden würde, Maunz langfristig im Amt zu halten. Von seinem plötzlichen Rücktritt war sie

924 ACSP München, Protokoll der Landtagsfraktionssitzung vom 6. Juli 1964.

925 BayHstA München, StK 18914, Schreiben Maunz an Goppel vom 18. Juli 1964.

926 IfZ-Archiv München, ED 379/7, Schreiben Ministerpräsident Goppel an Hamm-Brücher vom 15. Juli 1964.

927 *Der Spiegel* vom 25. Juni 1963.

928 BayHstA München, Stk 18914, Schreiben Maunz an Ministerpräsident Goppel vom 18. September 1963.

929 Ebd., Notizen zum Rücktritt Maunz für die Fraktionsarbeitstagung der CSU am 28. September 1964.

dennoch überrumpelt. Aufgegeben hatte man ihn nicht. Noch wenige Stunden vor dem Rücktritt hatten Ministerpräsident Goppel, Fraktionschef Huber und Franz Josef Strauß, der Vorsitzende der CSU-Landesgruppe im Bundestag, Maunz ins Gewissen geredet. Er solle noch bleiben, zumindest ein bisschen. Er solle Urlaub nehmen, die SPD hatte für die Zeit der Überprüfung Stillschweigen versprochen, man würde das Schweigegelübde nutzen. Vielleicht würden sich die Wogen überhaupt schnell glätten. Ministerpräsident Goppel ging davon aus, dass man Maunz überzeugt hatte. Er ging nichtsahnend zur CSU-Landesversammlung, wo er nun von Journalisten von Maunz' Rücktrittsgesuch erfuhr.[930] Die Enttäuschung darüber war Goppel noch zwei Wochen später anzumerken: Maunz habe „zu früh die Nerven verloren", kommentierte er.[931]

Doch Maunz' Rücktrittserklärung zeugte von einer realistischen Einschätzung der Situation. Die Öffentlichkeit war in Sachen nationalsozialistischer Kontinuitäten sensibilisiert und nicht mehr so großzügig wie noch bei seinem Amtsantritt 1957. Spätestens seit dem Eichmann-Prozess 1961, der ein großes Medienecho hervorgerufen hatte.[932] Hannah Arendt sollte über den Prozess berichten und die These von der „Banalität des Bösen" aufstellen.[933] Von Maunz' Banalität hatte sie indes bereits 1955 gesprochen. Die Nationalsozialisten hätten ein echtes juristisches Genie wie Carl Schmitt damals schnell durch „zweitklassige Begabungen" wie ihn ersetzt.[934] Jedenfalls war die Vergangenheitsbewältigung erwacht und zeitigte auch schon politische Folgen wie im Februar 1964 den Abschied Hans Krügers aus dem Bundeskabinett Ludwig Erhards.[935] Bei einem längeren Verbleib im Amt hätten Presse, Opposition und Privatpersonen weiter in Maunz' Vergangenheit gebohrt. Und man

930 Ebd., Notizen zum Rücktritt Maunz für die Fraktionsarbeitstagung der CSU am 28. September 1964.

931 *Abendzeitung* vom 27. Juli 1964.

932 Vgl. zum Eichmann-Prozess: Peter Krause, Eichmann und wir. Die bundesdeutsche Öffentlichkeit und der Jerusalemer Eichmann-Prozess 1961, in: Jürgen Osterloh, Clemens Vollnhals (Hrsg.), NS-Prozesse und deutsche Öffentlichkeit. Besatzungszeit, frühe Bundesrepublik und DDR, Göttingen 2011, S. 283–306.

933 Hannah Arendt, Eichmann in Jerusalem. Ein Bericht von der Banalität des Bösen. München 1964.

934 Dies., Elemente und Ursprünge totaler Herrschaft. Frankfurt a. M. 1955, S. 542 f.

935 Hamm-Brücher, Unfreiheit, S. 290.

hätte wohl genug Textstellen gefunden, die mit der Würde eines demokratischen Ministers nicht vereinbar waren. Vielleicht wäre sogar die von der Staatsregierung initiierte Berufung an die Münchner Universität ans Licht gekommen. Jedenfalls hätte sein Ansehen immer weiteren Schaden gelitten. Über kurz oder lang war der Rücktritt unvermeidlich.

Indem Maunz rechtzeitig ging, rettete er einen großen Bestand an symbolischem Kapital. Natürlich war er fortan mit dem Makel eines gestürzten Ministers behaftet. Und natürlich verurteilten ihn viele oder freuten sich über seinen Rücktritt. So bedankte sich Ernst Bornstein vom „Landesverband der Jüdischen Verfolgten und KZ-Invaliden" explizit bei Hildegard Hamm-Brücher für ihren „Einsatz".[936] Auch eine anonyme Gruppe, „Die dankbaren Studenten" schrieb der FDP-Politikerin: „Sie glauben nicht, wie sehr wir uns gefreut haben, dass Sie nun endlich durchgedrungen sind. Vor Jahren haben viele, die noch im Alten Realgymnasium waren, die Artikel über Maunz gelesen, die heute erst zur Debatte stehen. Deshalb freuen wir uns besonders, dass jetzt endlich durchgegriffen wird."[937]

Doch Maunz' Reputation war keineswegs zerstört. Ministerpräsident Goppel schwang sich nach der Sommerpause im Landtag sogar zu einer Laudatio auf. Goppel wollte damit wohl auch für innerparteiliche Ruhe sorgen, denn in der CSU gab es einige, die ihm vorwarfen, Maunz zu wenig unterstützt zu haben.[938] Goppel bewies, dass Maunz' Leumund weiter so gut war, dass sich ein bayerischer Ministerpräsident öffentlich zu ihm bekennen konnte: Nach dem Krieg sei „wiederholt festgestellt, dass Maunz sich mit Ziel, Methode und Überzeugung der Machthaber jener unseligen zwölf Jahre nicht identifiziert hat." So hätte auch „vom Recht und von der Sache her keine Veranlassung bestanden", ihn zu entlassen. Man müsse auch seine kulturpolitischen Leistungen anerkennen. In Maunz' Amtszeit sei es immerhin zu sage und schreibe „107 Gesetzen und Verordnungen" gekommen. In der Lehrerbildungsfrage sei es zudem seinem „persönlichen Fleiß, der Auffassungs- und der Formulierungskraft wie der Interpretationsgabe [...] zu verdanken, dass [...] diese Materie so rasch und so befriedigend behandelt wurde." Es waren salbungs-

936 IfZ-Archiv München, ED 379/7, Schreiben Ernst Bornstein (Landesverband der Jüdischen Verfolgten und KZ-Invaliden) an Hamm-Brücher vom 13. Juli 1964.

937 Ebd., Schreiben „Die dankbaren Studenten" an Hamm-Brücher vom Juli 1964.

938 BayHstA München, StK 18914, Schreiben Maunz an Goppel vom 18. Juli 1964.

volle Worte, die Goppel wählte und sie trugen ihm schließlich den verwunderten Zwischenruf des SPD-Abgeordneten Essl ein: „Ja, soll Herr Maunz entlassen oder berufen werden!?“[939].

939 StB 7. Oktober 1964, S. 1912.

6. Skeptiker (1964–1993): Hochschullehrer und Emeritus

6.1 Unruhige Zeiten: Vergangenheitsbewältigung und Studentenunruhen

Maunz kehrte vollständig an die Universität München zurück. Im Sommersemester 1965 las er über Öffentliches Sozialrecht sowie über Staats- und Verwaltungsrecht für Wirtschafter. Dazu gab er Klausurenkurse.[940] An seinen Kollegen Ernst Rudolf Huber schrieb er: „Nach meinem Rücktritt als Minister habe ich mich wieder ganz auf die Wissenschaft umgestellt und ich bin recht froh darüber."[941] Sehnsucht nach dem verlorenen Amt hatte er nicht. Doch natürlich würden ihm die „sieben Jahre Ministerzeit [...] in nachhaltiger Erinnerung bleiben", wie er der CSU-Ikone Josef Müller schrieb, dem sog. „Ochsensepp".[942]

Gleichzeitig betätigte er sich als Herausgeber eines Grundgesetzkommentars. Schon 1952 hatte er sich mit dem Verlag C.H. Beck verständigt, doch zur Verwirklichung des Kommentars kam es erst 1958, nachdem man ihm mit Günter Dürig einen ehrgeizigen jungen Professor zur Seite gestellt hatte. Der Kommentar wurde zum Gemeinschaftsprojekt und unter dem Namen „Maunz/Dürig" bekannt. Er sollte der führende im Land werden. Das Herausgeberteam wurde 1967 durch den späteren Bundespräsidenten Roman Herzog und 1976 durch den späteren Bundesverteidigungsminister Rupert Scholz erweitert. 1981 war der Kommentar das erste Mal komplett.[943] Spätestens mit ihm wurde Maunz zu einem der wirkmächtigsten Juristen der Bundesrepublik. Durch den Kommentar seien „zahlreiche Entscheidungen der politischen Praxis, aber auch solche der Gerichte [...] vorgezeichnet wor-

940 Vorlesungsverzeichnis der Ludwig-Maximilians-Universität München, Sommersemester 1965.

941 StdA München, NL Maunz 39, Schreiben Maunz an Ernst Rudolf Huber vom 21. Juni 1965.

942 ACSP München, NL Josef Müller, G/20, Schreiben Maunz an Josef Müller.

943 Vgl. Stolleis, Geschichte, Band 4. S. 138.

den", schrieb der Jurist und Maunz-Schüler Peter Lerche. Ebenso „die grundlegende Entscheidung des Bundesverfassungsgerichts zum Länderfinanzausgleich". Und nicht zuletzt „ungezählte andere verwaltungs- und verfassungsgerichtliche Entscheidungen höchster Gerichte".[944]

An der Universität holten ihn die Jahre zwischen 1933 und 1945 indes immer wieder ein. Bereits kurz vor der geplanten Wiederaufnahme der Lehrtätigkeit zum Wintersemester 1964 berichtete die *Abendzeitung* kritisch über Maunz' Rolle in der NS-Zeit und thematisierte bevorstehende Studentendemonstrationen. Zwar distanzierten sich Hochschulgruppen und Jurastudenten von Aktionen,[945] aber Maunz nahm die Gerüchte ernst. Er verzichtete auf seine für das Wintersemester 1964 angekündigten Vorlesungen und hielt nur ein weniger störanfälliges Seminar.[946] Er war umso mehr auf der Hut, da er wusste, dass er bei Zwischenfällen ohne die volle Unterstützung des Universitätsrektors auskommen musste. Maunz wandte sich deshalb auf der Suche nach Rückhalt vor Beginn des Sommersemesters 1965 hilfesuchend an das Kultusministerium. Und auch dort hatte man den Eindruck, dass sich „der Rektor nicht voll für Maunz einsetzen wird".[947] Allerdings blieben die befürchteten Proteste aus, Maunz konnte aufatmen: „Im übrigen bin ich recht froh, dass das Semester nun seinem raschen Ende entgegengeht. Es ist für mich völlig reibungslos verlaufen, was nach den Presseankündigungen nicht ohne weiteres zu erwarten war."[948]

Im Sommersemester 1965 organisierte dann der Münchner Politikwissenschaftler Hans Maier, der Maunz' Nach-Nachfolger im Amt des bayerischen Kultusministers werden sollte, eine Ringvorlesung über die Rolle der deutschen Universität im Nationalsozialismus.[949] Maier war für akademische Verhältnisse mit Mitte 30 noch ein Jungspund und einer der jüngsten Professoren der Universität. Dass ihm konservative Universitätsmitglieder mit

944 Lerche, Maunz, S. 553.

945 *Die Abendzeitung* vom 28. Oktober 1964.

946 *Nürnberger Nachrichten* vom 23. Oktober 1964.

947 BayHstA MK 69296.

948 StdA München, NL Maunz 39, Schreiben Maunz an Karl Schwend vom 19. Juli 1965: „Für die Bayerische Staatsregierung war keinerlei Anlass gegeben, sich […] mit mir zu beschäftigen. Soweit ich sie kenne, wird sie darüber sehr froh gewesen sein."

949 Hans Maier, Als Professor im Jahr 1968, in: Venanz Schubert (Hrsg.), 1968. 30 Jahre danach. St. Ottilien 1999, S. 81–98, S. 83.

Skepsis begegneten, lag indes weniger an seinem Alter als an seiner wissenschaftlichen Ausrichtung. Er gehörte zu jenen Politikwissenschaftlern, die das traditionelle Staatsrechtsdenken mit seinem ausgeprägten Etatismus ablehnten und sich für einen Pluralismus westlich-transatlantischer Prägung starkmachten. Zwischen Staat und Gesellschaft bestünde weniger Hierarchie als Interdependenzen.[950] Maunz' Kompagnon Johannes Spörl hatte davon gehört und sagte zu Maier: „Sie sollen ja wissenschaftlich gut sein – aber nach allem was ich höre, sind sie ein Revoluzzer!".[951]

Das Projekt der Ringvorlesung lag Maier insbesondere aus zwei Gründen am Herzen. Die jüngere Historie interessierte ihn, seit 1954 war er immer wieder zu Besuch im Münchner Institut für Zeitgeschichte. Dazu verstand er wie viele Vertreter seiner Disziplin, die Aufgabe der Politischen Wissenschaft in der Demokratieerziehung. Auch die Erforschung von Nationalsozialismus und der Nachkriegszeit konnte dazu etwas leisten.[952]

Maunz fürchtete nun, die Ringvorlesung würde die Diskussion über seine Altlasten neu entflammen. Im Hintergrund versuchte er aus diesem Grund auf sie Einfluss zu nehmen. Wen er alles kontaktierte ist unklar, doch über seine Argumentationsstrategie gibt ein Briefentwurf im Münchner Stadtarchiv Aufschluss: Maier, so Maunz, organisiere die Vorlesungsreihe „zweifellos in bester Absicht und es wäre sicherlich auch ein wissenschaftliches Unterfangen, wenn nicht an unserer Universität eine politische Gruppe von angeblichen Studenten besonders aktiv [wäre], denen es auf Wissenschaftlichkeit nicht im geringsten ankommt. Sie werden im Gegenteil jede dieser Veranstaltungen dazu nutzen, um irgendwelche Störungen [...] oder Handzettelverteilungen [...] vorzunehmen, wobei sie auf immer die gleichen Professoren hinweisen und sie durch falsche Zitate und verleumderische Aussagen attackieren. Das [...] ist planmäßig vom Osten gesteuert und dient der Diffamierung der Bundesrepublik, der katholischen Kirche und der CDU. Maier ahnt möglichweise noch gar nicht, daß von der genannten Gruppe geradezu gelauert wird, um einen ‚Aufhänger' zur Erzeugung von Wirbel zu bekommen. [...] Auch die Presse wird das mit Vergnügen aufgreifen. Sie hat ja immer weniger Interesse an sachlichen Vorgängen und immer stärkeres Interesse an

950 Günther, Denken, S. 235.

951 Zit. nach Maier, Als Professor, S. 82.

952 Ebd.,

personellen ‚Illustrationen', die sie mit der sog. ‚Chronistenpflicht' zu rechtfertigen pflegen."[953]

Maunz' Intervention blieb jedoch unwirksam. Die Ringvorlesung fand wie geplant im Wintersemester 1965/66 statt. Joseph Pascher, ein katholischer Theologe, und der Rechtshistoriker Wolfgang Kunkel berichteten über ihre Erlebnisse im Nationalsozialismus. Fritz Leist und Otto B. Roegele erzählten von ihren Erfahrungen als damalige Studenten, die Remigranten Helmut Kuhn und Friedrich G. Zimmermann über die als Exilanten. Der Politologe und Philosoph Eric Voegelin machte den Abschluss. Er rechnete erregt mit einer Reihe von deutschen Kulturgrößen wie Wilhelm von Humboldt, Richard Wagner oder Martin Heidegger ab und übte auch Kritik an der Ringvorlesung, da sie nicht viel bewirken werde. Wieso er dann überhaupt teilnahm? Allein aus Respekt gegenüber dem Rektor, wie er konstatierte.[954]

Neben Presse und Lehrkörper nahmen sich auch die Studenten der NS-Vergangenheit an. Am 19. Februar 1965 fand im Lichthof der Universität die Geschwister-Scholl-Feier zu Ehren des akademischen Münchner Widerstands statt.[955] Es war eine gediegene Veranstaltung mit Professoren in weißen Krausen und schwarzen Talaren, Chorgesang, Motetten und Madrigalen. Gegen Ende der Feier warfen Studenten aus dem dritten Stock über dem Auditorium tausende von Flugblättern auf die Teilnehmer hinab. Die Überschrift: „In dieser Feier wurde das wesentliche nicht gesagt." Mit den Flugblättern machten die Studenten auf die NS-Vergangenheit mehrerer Professoren aufmerksam, auch auf die von Maunz.[956]

Maunz war über die Auseinandersetzung mit der NS-Geschichte frustriert. Er fühlte sich ungerecht behandelt und persönlich verfolgt. Er schrieb: „Was sich in diesen Wochen und Monaten auf Bewältigung der Vergangenheit abspielt, ist unsagbar und unfassbar. […] Man kann kaum mehr lesen, was sich alles inbezug auf die kritische Beleuchtung der dreißiger Jahre jetzt

953 StdA München, NL Maunz 39, Entwurf eines Schreibens von Maunz vom 10. Juni 1965.

954 Hans Maier, Böse Jahre, gute Jahre. Ein Leben 1931 ff. München 2011, S. 154 f.

955 Stefan Hemler, Von Kurt Faltlhauser zu Rolf Pohle: Die Entwicklung der studentischen Unruhe an der Ludwig-Maximilians-Universität München in der zweiten Hälfte der sechziger Jahre, in: Venanz Schubert (Hrsg.), 1968. 30 Jahre danach. St. Ottilien 1999, S. 209–242, S. 221.

956 Info vom 15. Juni 1965.

hervorwagt, und noch unmöglicher ist es, dazu Stellung zu nehmen. [...] Eine Darlegung der Verhältnisse, unter denen damals versucht werden musste, und versucht worden ist, vom Recht zu retten, was zu retten war, wird heute nicht mehr vorgenommen."[957]

Darüber hinaus empfand er die Aufarbeitung der Vergangenheit als „bedrohliches Zeichen für die weitere Entwicklung" von Staat und Gesellschaft.[958] Sie teile Deutschland in der Mitte: Es „bewegt mich seit Monaten", schrieb er Carl Schmitt in einem zweiten Brief ein Dreivierteljahr später, „dass die Menschen in der Bundesrepublik in einer so gefährlichen Weise geistig und politisch gespalten sind, dass immer noch hasserfüllte Vorstöße gegen alle die unternommen werden, die in kritischer und schwerer Zeit mit bestem Wollen zum Staat gehalten und eigene Opfer dafür gebracht haben. Das kann kein gutes Ende nehmen."[959]

Maunz' Befremden über die bundesrepublikanische Gegenwart wurde durch die Studentenproteste weiter gemehrt. Die studentische Protestkultur wird in aller Regel mit dem Jahr 1968 in Verbindung gebracht, doch ihre Anfänge reichten mindestens bis zum Anfang der 1960er-Jahre zurück, als sich in der Bundesrepublik wie in den USA, England, Frankreich und Italien Intellektuelle zur „Neuen Linken" formierten. Die studentische Protestkultur war ein globales Phänomen mit nationalen Unterschieden. In den USA spielte etwa der Kampf gegen die Rassensegregation eine exponierte Rolle, die er in anderen Ländern nicht hatte. Gleichzeitig existierten transnationale Gemeinsamkeiten wie die Ablehnung des Vietnamkriegs, insbesondere des Einsatzes von Napalmbomben und des Imperialismus. Man sympathisierte mit den Ländern der Dritten Welt, ihren Befreiungsbewegungen und deren Köpfen wie Ernesto Ché Guevara oder Fidel Castro.[960] Die Verbindung von sachlichem Veränderungswillen mit einem jung-aufrührerischen Lebensgefühl machte die Protestkultur für Studenten und Jugendliche besonders attraktiv.

957 LA NRW Duisburg, NL Schmitt, RW 265, Schreiben Maunz an Schmitt vom 11. März 1965.

958 Ebd.

959 Ebd., Schreiben Maunz an Schmitt vom 31. Dezember 1965.

960 Edgar Wolfrum, Die Bundesrepublik Deutschland, 1949–1990. Stuttgart 2005, S. 335.

Man konnte sie nicht zuletzt zur Distinktion von traditionellen, als beengend empfundenen Lebensentwürfen nutzen.[961]

In der Bundesrepublik richtete sich der Protest wie in anderen Ländern gegen Kapitalismus und Imperialismus, aber auch gegen deutsche Spezifika wie die Notstandsgesetzgebung der Großen Koalition und die NS-Kontinuitäten von gesellschaftlichen Eliten. „Unter den Talaren Muff von 1000 Jahren", stand auf einem berühmt gewordenen Transparent. Auch die Modernisierung der Universitäten war ein Ziel. Die Studenten empfanden sie als verstaubt-autoritär und wollten mehr Mitbestimmungsrechte. Die Kollegialorgane der Universität sollten drittelparitätisch mit Professoren, Assistenten und Studenten besetzt werden. Dazu verlangten die Studenten eine Erweiterung der akademischen Lehrformen.[962]

Die LMU München war ein wichtiger Schauplatz der Protestbewegung, auch wenn ihre Bedeutung nicht ganz an die der FU Berlin heranreichte. Mit 13370 Studenten war sie seinerzeit die größte deutsche Universität.[963] Aus ihren Reihen kamen zahlreiche Aktionen. Bei der Rektoratsübergabe 1967/68 saßen die Professoren in ihren Talaren an der Stirnseite der Großen Aula, vor sich das Apollo-Mosaik und die Köpfe bayerischer Könige. Das bayerische Staatsorchester unter Meinhard von Zallinger spielte die Festouvertüre von Johannes Brahms, als Studenten auf der Galerie Sprechchöre anstimmten, zischten und Seifenblasen hinabschweben ließen, die über den Köpfen der Festgäste zerplatzten.[964] Die Aktion zeigte Wirkung: in den kommenden Jahren und Jahrzehnten kam es zu einer Lockerung der Äußerlichkeiten, die akademischen Veranstaltungen fielen minimalistischer aus, man trennte sich von jahrhundertealten Traditionen, was kontrovers beurteilt wurde. Er hänge „nicht an Talaren und Baretten", schrieb Hans Maier, der bei der Rektoratsübergabe 1967/68 anwesend war, aber die Universität hätte mit der darauf-

961 Ulrich Herbert, Geschichte Deutschlands im 20. Jahrhundert. München 2014, S. 843 f. Vgl. auch Hans Günter Hockerts, ‚1968' als weltweite Bewegung, in: Venanz Schubert (Hrsg.), 1968. 30 Jahre danach. St. Ottilien 1999, S. 13–34.

962 Wolfrum, Bundesrepublik, S. 335 f.

963 Hemler, Von Faltlhauser zu Pohle, S. 213.

964 Maier, Böse Jahre, S. 160.

folgenden Regellosigkeit doch „ihre Außenwirkung, ihre öffentliche Repräsentation“ verloren.[965]

Zu dieser Zeit steuerten die Proteste bereits ihrem Höhepunkt zu. Am Gründonnerstag 1968 wurde der charismatische Studentenführer Rudi Dutschke, der „Symbol, Verdichtung, ja Personifizierung der Revolte war“,[966] in West-Berlin Opfer eines Attentats. Er sollte elf Jahre danach an den Folgen sterben. In deutschen Städten kam es zu Straßenschlachten, es herrschten bürgerkriegsähnliche Zustände. Die *Bild-Zeitung* hatte im Vorfeld gegen Dutschke agitiert und man gab ihr nun eine Mitverantwortung. In München wurden Redaktionsräume der *Bild-Zeitung* beschädigt. Man versuchte darüber hinaus, die Auslieferung des Blattes zu verhindern. Bei einer Protestblockade vor dem Gebäude der *Bild-Zeitung*, kam es schließlich zur Eskalation. Die Demonstranten warfen mit Steinen und Gegenständen. Sie trafen einen Pressefotografen und einen Studenten, die ihren Verletzungen erlagen.[967]

Zur Eskalation der Lage hatte auch ein Ereignis aus dem Vorsommer beigetragen, der Besuch des Schahs von Persien. Mohammad Reza Pahlavi, ein vom Westen bezuschusster Gewaltherrscher, erhielt von der Bundesregierung die protokollarische Ehre eines Staatsbesuchs. In Berlin kam es wie in anderen deutschen Städten zu Demonstrationen. Die Lage geriet außer Kontrolle, persische Geheimdienst-Mitarbeiter prügelten auf Demonstranten ein. Vor der Deutschen Oper erschoss der Berliner Polizist Karl-Heinz Kurras den jungen Studenten Benno Ohnesorg. Es wurde ein „generationsstiftendes Ereignis“, das die protestierenden Studenten zusammenschweißte und die Sympathie für ihre Ziele in der Bevölkerung potenzierte. Es bedeutete ebenfalls einen Radikalisierungsschub. Die Studentenbewegung wurde größer, lauter und bestimmter.[968]

In München gingen nach Ohnesorgs Tod nicht nur 7000 Studenten bei einem Schweigemarsch auf die Straße. Der Schahbesuch hatte auch im Fall des persischen Studenten Farazi ein längeres Nachspiel. Die Polizei hatte den jungen Doktoranden wie alle anderen persischen Studenten während des Schahbesuchs angewiesen, Oberbayern zu verlassen. Der Schah-Gegner

965 Ebd.

966 Wolfrum, Bundesrepublik, S. 331.

967 Vgl. Hemler, Von Faltlhauser zu Pohle, S. 230 f.

968 Vgl. Herbert, Geschichte Deutschlands, S. 856 f.

Farazi blieb jedoch in München, worauf er nun aus Deutschland ausgewiesen werden sollte. Studenten solidarisierten sich mit ihm und nachdem Rektor Becker keine verbindlichen Zusagen machte, veranstalteten sie einen Go-in: Sie drangen in seine Vorlesung ein und verlangten Antwort. Becker brach die Veranstaltung ergebnislos ab.[969]

In den Wochen darauf rückte das Verhältnis zwischen Universität und Polizei in den Vordergrund. Während eines Teach-ins an der LMU hatte sich ein Zivilpolizist eingeschlichen, um die studentische Veranstaltung zu überwachen. Er wurde enttarnt und Mitglieder des SDS entschlossen sich daraufhin zu einer Protestaktion: Am Morgen des 10. Januar 1968 verkleideten sie sich als Münchner Stadtpolizisten und drangen in die Vorlesungen der Professoren Kuhn und Maurach ein. Sie erklärten, die Polizei habe ja ohnehin seit Wochen „offenen Zutritt zur Universität".[970] Es war eine deutliche Kritik an der Präsenz der Polizei im akademischen Raum. Diese wurde von Studenten damals generell infrage gestellt: Das mittelalterliche Recht der „Exterritorialität" sichere die Universität als Freiraum vor dem Zugriff der Polizei, so die Argumentation. Und laut Hans Maier war die „Exterritorialität" damals in der Tat ungeschriebenes Gesetz. Es habe damals an der Münchner Universität der „Glaubenssatz gegolten: Man dürfe bei Konflikten alles tun – nur nicht die Polizei holen".[971] Und so sei die Polizei „in dieser Zeit kaum noch an die Universität" gekommen.[972]

Ein geregelter Universitätsbetrieb war zu dieser Zeit jedenfalls nicht mehr möglich. Im Sommersemester 1969 wurden 40 Prozent aller Vorlesungen nach Störaktionen unterbrochen, acht Vorlesungen (mit einer Hörerzahl von 1500 Studenten) nach Zwischenfällen ganz eingestellt. Institutsräume wurden besetzt und beschmiert, Fakultäts- und Senatssitzungen gestört.[973] Die Professoren selbst hatten derweil die unterschiedlichsten Strategien, um ihre Lehrveranstaltungen trotz der schwierigen Situation erfolgreich abhalten zu

969 Hemler, Von Faltlhauser zu Pohle, S. 229 f. Der Fall verlor dann seine Dringlichkeit, da Farazi einen Asylantrag gestellt hatte und seine Ausweisung damit vorübergehend vom Tisch war.

970 UB München, Flugblattsammlung, Flugblatt der Studentenvertretung der Universität München vom 11. Januar 1968.

971 Maier, Böse Jahre, S. 163

972 Ebd., S. 168.

973 Ebd.

können: „Ein Professor hielt nach Eier- und Tomatenbombardements seine Vorlesung im Drillichanzug."[974] Hans Maier wiederum las morgens um 9 Uhr, da pflegte die Revolution noch zu schlafen. Und als sie doch schon einmal auf den Beinen war, wusste er sich zu helfen: Studenten blockierten von innen eine Zugangstür, Maier zog mit einigen Lernwilligen von außen, die Tür öffnete sich. Mit „Wutgeheul" suchten die Blockierer das Weite, die Vorlesung konnte beginnen.[975]

Maunz selbst kam glimpflich davon. Er splittete seine große verwaltungsrechtliche Vorlesung „in Gruppen zu je 50 Teilnehmern", um der Gefahr einer Massendynamik entgegenzuwirken.[976] Dazu eignete er sich habituell nicht wirklich zum Feindbild, er war höflich, zugänglich, milde und verkörperte den Antitypus eines selbstherrlichen Professors. Ethel Leonore Behrendt, eine ehemalige Studentin von ihm, nannte einen Aufsatz über ihn programmatisch „Über die Güte".[977] Dies war wiederum auch seine Benotung. Sie war es schon in Freiburg gewesen und sie trug auch sicherlich jetzt dazu bei, das Lager seiner studentischen Kritiker zu verkleinern.[978] Nicht zuletzt bot Maunz wegen seiner NS-Vergangenheit Angriffsfläche, aber er besaß auch symbolisches Kapital als Demokrat. Es gab da die Mitarbeit an der badischen Verfassung, dem Grundgesetzentwurf, seinen Longseller „Deutsches Staatsrecht" und seit 1958 auch einen erfolgreichen Grundgesetzkommentar.

Doch geriet auch er mehrmals ins Visier der Studentenbewegung. Zwar bewarf man ihn weder mit Eiern noch Tomaten, doch sein Name stand auf Flugblättern und bei der Geschwister-Scholl-Feier 1968 skandierten Studenten: „Maunz, Maurach, Schmaus – aus der Uni raus!".[979] Dazu planten Studenten bei einem „Go-in" am 22. Februar 1968 ihn in Hörsaal 147 wegen seiner

974 Maier, Als Professor, S. 89

975 Maier, Böse Jahre, S. 166.

976 StdA München, NL Maunz 41, Schreiben Maunz an den Dekan der Juristischen Fakultät vom 9. November 1968.

977 Ethel Leonore Behrendt, Über die Güte. Für Theodor Maunz zum 80. Geburtstag. München 1981.

978 Vgl. BayHstA München, NL Schwalber 90, Schreiben Erich Kaufmann an Kultusminister Hundhammer vom 9. August 1950.

979 Vgl. Markus Mößlang, Flüchtlingslehrer und Flüchtlingshochschullehrer. Eine Studie zur Integration der Flüchtlinge im bayerischen Bildungswesen 1945–1961, München 2002, S. 196.

Vergangenheit zur Rede zu stellen. Allerdings erschien Maunz nicht und die Aktion verpuffte.[980]

Die studentische Protestbewegung machte auf Maunz einen verheerenden Eindruck. Zwar litt er nicht körperlich wie andere deutsche Professoren, bei denen es „Herzattacken",[981] „Depressionen, Zusammenbrüche" gab.[982] Doch empfand er die Studentenproteste – wie viele Professoren der zwischen 1900 und 1920 geborenen Generation – wohl als „linken Faschismus".[983] Die Zustände an der Münchner Universität entsetzten ihn. Die Protestler besaßen in seinen Augen Narrenfreiheit, die Exekutive ließ sie gewähren und das war für ihn ein sicheres Zeichen einer tiefen bundesrepublikanischen Staatskrise. Er schrieb an Karl Gumbel, den Staatssekretär im Bundesinnenministerium und Freiburger Bundesbruder: „Gerne ergreife ich die Gelegenheit, um auch noch auf eine andere Angelegenheit aufmerksam zu machen, die uns an der Universität sehr bedrängt. Es ist die Erkenntnis, dass eine radikale Minderheit der Studentenschaft Delikte aller Art begehen darf (Hausfriedensbruch, Sachbeschädigung, Körperverletzung, Nötigung u.a.), ohne daß die staatliche Exekutive energisch für Ordnung sorgt. Mein verehrter Lehrer im Strafrecht v. Beling, hat in den zwanziger Jahren gelehrt, Revolution liege vor, wenn strafbare Handlungen vom Staat nicht mehr verfolgt und nicht mehr bestraft werden. Dies ist aber jetzt der Fall. […] Wenn sich jetzt nicht bald entweder der Bund oder das Land aufraffen, etwas zu tun, sehe ich schwarz für unseren Staat."[984] Ähnlich pessimistisch äußerte er sich gegenüber Carl Schmitt: „Die politischen Vorgänge in der Bundesrepublik werden Ihnen als hervorragenden Kenner vorrevolutionärer Entwicklungen geradezu beklemmend vorkommen. Ist es doch stets ein Zeichen beginnenden Verfalls, wenn die Inhaber der legalen Macht von ihren Machtmitteln keinen Gebrauch mehr machen, sondern im Wahn auf Aussöhnung unversöhnlicher Fronten die Dinge treiben lassen."[985]

980 *Abendzeitung* vom 23. Februar 1968.

981 Maier, Ein Leben, S. 168

982 Ebd., S. 166.

983 Stolleis, Geschichte, Bd. 4, S. 455.

984 StdA München, NL Maunz 43, Schreiben Maunz an den Staatssekretär im Bundesinnenministerium Karl Gumbel vom 14. Januar 1969.

985 NL Schmitt RW 265, Schreiben Maunz an Schmitt vom 29. Dezember 1967. Vgl.

6.2 Unterstützung von Gerhard Frey, Maximiliansorden, Nachrufe

Es ist wahrscheinlich, dass Maunz' Frustration über die bundesrepublikanische Gegenwart infolge von Vergangenheitsbewältigung und Studentenprotesten in die Zusammenarbeit mit Gerhard Frey mündete. Ende der 1960er-Jahre intensivierte sich sein Kontakt zu ihm. Frey, gebürtig aus Cham in der Oberpfalz, war ein geschäftstüchtiger Verleger, der seit 1958 „den größten faschistischen Pressekonzern in der Bundesrepublik" aufbaute.[986] Zu diesem gehörten ein Reisedienst, ein NS-Devotionalienhandel und auch die *Deutsche National-Zeitung*. In ihr schalteten angesehene Unternehmen wie Siemens, Braun, Lamy, Olympia oder Wüstenroth Anzeigen.[987] Auch besaß sie mit Emmerich Giel, dem CSU-Vorsitzenden von München, der Verlagsleiter bei Frey war und dem CSU-Landtagsabgeordneten und Staatsrechtler Friedrich August von der Heydte, namhafte Mitarbeiter.[988] Doch dies darf nicht darüber hinwegtäuschen, dass die Zeitung de facto ein Kampfblatt am rechten Rand war. In ihr wurde die Zahl von sechs Millionen ermordeter Juden im Nationalsozialismus als „Propagandaziffer" bezeichnet. 1965 forderten deshalb mit Walter Jens, Ingeborg Bachmann, Theodor W. Adorno, Golo Mann und Günter Grass die erste Garnitur der bundesrepublikanischen Intellektuellen, dass der Staat gegen die Zeitung vorgehen müsse.[989]

Maunz hingegen unterstützte Frey als Rechtsberater. Die Kooperation dauerte wohl bis zu seinem Tod 1993 an.[990] Neben dem Unmut über die bundesrepublikanischen Entwicklungen, die einen Angriff auf sein konservatives Weltbild bedeuteten und gegen die sich mithilfe der anonymen Kooperation still und ohne größere persönliche Risiken protestieren ließ, gab es noch meh-

auch ACSP München, NL Josef Müller, Schreiben Maunz an Josef Müller vom 10. September 1968: „Wir haben an der Universität ein hartes Sommersemester hinter uns und ich stehe mit ‚Staatsrecht' natürlich an vorderster Front. Dem Staat gelingt es offenbar nicht, die jungen Leute zu beruhigen. So leben wir weiterhin in einem spannungsreichen Schwebezustand."

986 Annette Linke, Der Multimillionär Frey und die DVU. Daten, Fakten, Hintergründe. Essen, 1994, S. 72.

987 Ebd., S. 76.

988 *Der Spiegel* vom 14. August 1967.

989 Linke, Frey, S. 78.

990 Stolleis, Maunz, S. 309.

rere mehr oder weniger profane Motive. Maunz war gutmütig und konnte generell „schlecht Nein sagen".[991] Er war wohl auch für Freys großzügige Entlohnung der Dienste empfänglich.[992] Nach der Emeritierung 1969 war es dann für Maunz sicherlich auch „Seelenbalsam", dass Frey ihm das Gefühl gab, gebraucht zu werden.[993] Er versorgte ihn mit Arbeitsaufträgen, lud Maunz zu sich ein und zumindest eine Zeit lang traf man sich wohl regelmäßig in Freys Verlag. Vielleicht besuchte Maunz Frey in dessen Haus, er wohnte in Gräfelfing gleich in der Nachbarschaft. Aber es gab auch inhaltliche Anknüpfungspunkte. Man teilte die Skepsis über die Pluralisierung der Gesellschaft, dazu hoffte Maunz wie Frey auf eine rasche Wiedervereinigung beider deutscher Staaten. Eine eingehendere Analyse der Beziehung wird aber wohl erst nach Ablauf der Aktensperrfristen möglich sein, wenn der Briefwechsel zwischen Maunz und Frey zugänglich ist.

Eine der ersten Hilfsleistungen datierte wahrscheinlich aus dem Jahr 1969. Der Bundesinnenminister Ernst Benda wollte die *DNZ* verbieten sowie Frey das Grundrecht der Meinungsfreiheit aberkennen lassen und stellte einen entsprechenden Antrag beim Bundesverfassungsgericht.[994] Israel war zuvor in einem Artikel der *DNZ* als „Verbrecherstaat" tituliert worden. Maunz half Frey daraufhin bei der Suche nach juristischem Beistand und lieferte wohl selber welchen.[995] Die Jahre und Jahrzehnte danach beriet er Frey u.a. in Satzungsfragen.[996]

Anonym schrieb er darüber hinaus Artikel für die *DNZ*, etwa Buchrezensionen und juristisch unterfütterte Kommentare zur Bundespolitik. Seinen Namen wollte er nicht hergeben, er wusste, dass es zur Pulverisierung seines Ansehens geführt hätte. Eine systematische Auswertung der Publikationen in der *DNZ* ist aufgrund der verschleierten Autorschaft sowie Aktensperrfristen nicht möglich. Eine Stichprobe vom Verlag zur Verfügung gestellter

991 Ebd., S. 311.

992 Zeitzeugengespräch mit Prof. Hans-Ulrich Gallwas vom 31. Mai 2017; Stolleis, Maunz, S. 311.

993 Stolleis, Maunz, S. 311.

994 Linke, S. 72 ff.

995 StdA München, NL Maunz 43, Schreiben Joseph H. Kaiser an Maunz vom 21. Oktober 1969.

996 Stolleis, Maunz, S. 309.

handschriftlicher Manuskripte aus dem Jahr 1977 zeigt jedoch, dass er sich deutlich positionierte und seine Skepsis über die gegenwärtige politische Lage äußerte. Im Stile eines „angry old man" wetterte er gegen die sozialliberale Koalition von Bundeskanzler Helmut Schmidt, diese „linke Bonner Koalition", und sprach von „Korruption", „Verletzung des Demokratieprinzips", „Rentenskandal", „Regierungsversagen", „Chaos im Gesundheitswesen".[997] Angesichts einer Zahl begangener Rechtsbrüche nannte er sie die „verfassungswidrige Bundesregierung".[998] Aber auch die Opposition bekam ihr Fett weg. Das politische Personal der CDU sei eine Katastrophe. Über den CDU-Vorsitzenden Helmut Kohl schrieb er: „Es wäre das Beste für seine Partei, wenn er bald abgelöst würde." Der Generalsekretär Geißler sei „eine Zumutung" und auch sein Vorgänger Biedenkopf habe durch das „überhebliche Auftreten [...] in Fernsehinterviews nicht selten irritiert".[999]

Da er als Freys Rechtsbeistand und Publizist im Schutz der Anonymität agierte, gelang es ihm, sein Leben als angesehener Wissenschaftler zu beenden. Am 9. Dezember 1981 erhielt Maunz als einer von 19 Personen den Bayerischen Maximiliansorden für Wissenschaft und Kunst.[1000] Die Auszeichnung ist eine der höchsten des Freistaats Bayern. 1981 wurde der Orden nun nach 49 Jahren Unterbrechung erstmals wieder verliehen. Seit 1933 hatte er im Dornröschenschlaf gelegen.[1001] Unter den Geehrten befand sich der Komponist Carl Orff, Schöpfer der „Carmina Burana", der weltberühmten szenischen Kantate zu mittelalterlichen Texten aus Benediktbeuern. Auch Golo Mann war darunter, der literarisch versierte Historiker und Sohn des Schriftstellers Thomas Mann, der 1971 mit seinem Wallenstein-Epos endgültig aus dem Schatten des Vaters getreten war.[1002] Maunz hatte nun kein vergleichbares „opus magnum" wie Mann vorzuweisen, die Auszeichnung zielte bei ihm auf das wissenschaftliche Lebenswerk. Seine Kontakte zur CSU, er besuchte auch lange nach seinem Rücktritt als Kultusminister noch regelmäßig Parteiver-

997 Von der *DNZ* zur Verfügung gestellte handschriftliche Manuskripte.

998 Ebd.

999 Ebd.

1000 Hans Körner, Der Bayerische Maximilians-Orden für Wissenschaft und Kunst und seine Mitglieder, in: ZBLG 47 (1984), S.299–398, S.300ff.

1001 Ebd., S.351.

1002 Ebd.

anstaltungen, hatten bei der Auswahl mit Sicherheit nicht ungünstig gewirkt. Jedenfalls war die Auszeichnung der schlagende Beweis für sein großes symbolisches Kapital. Kritische Stimmen, die gegen die Auszeichnung eines vermeintlichen Nazi-Juristen Einspruch erhoben, gab es nicht.

Theodor Maunz beendete sein Leben als anerkannter Mann. Am 10. September 1993 starb er im Alter von 92 Jahren in Gräfelfing. In seinem Nachruf ließ der *Spiegel* Maunz' NS-Vergangenheit zwar nicht unerwähnt, aber sie verblasste deutlich hinter den Leistungen in der Bundesrepublik: „Sein Name gehört zu den ersten, die angehende Juristen während ihres Studiums kennenlernen. Tausende pauken jedes Semester mit Hilfe des von Maunz verfaßten Staatsrecht-Lehrbuchs die Grundprinzipien demokratischer Verfassungen. Der Münchner Rechtsprofessor prägte nicht nur die Gedanken eifriger Hochschüler. Als Mitautor von Deutschlands einflußreichstem Grundgesetzkommentar bestimmte Maunz über Jahrzehnte die juristische Diskussion im Inland."[1003]

Schon einige Tage nach seinem Tod wurde dieses Bild allerdings erschüttert. Gerhard Frey machte Maunz' anonyme juristischen und publizistischen Tätigkeiten öffentlich und stellte die Beziehung zu ihm wohl inniger dar, als sie tatsächlich war. Er nannte Maunz seinen „wunderbaren Wegbegleiter" für Jahrzehnte. Maunz erschien so plötzlich als unverbesserlicher Nazi. Zwar nahmen akademische Schüler ihn in Schutz. Roman Herzog, kurz davor Bundespräsident zu werden, distanzierte sich von seinem Doktorvater, bezeichnete die gesichteten Artikel aber als „harmlos". Und Rupert Scholz maß Maunz' verborgenen Aktivitäten keinerlei Aussagekraft zu, da seine demokratische Integrität außer Frage stehe.[1004]

Doch *Die Zeit* sah eine „Zumutung" darin, dass der Name Maunz auf dem „maßgeblichen" Grundgesetzkommentar der Bundesrepublik stehe.[1005] Dazu forderten Jurastudenten von acht deutschen Universitäten den C.H.Beck-Verlag (vergeblich) auf, den Namen Maunz vom Titelblatt des Grundgesetzkommentars zu streichen.[1006] Und Gerhard Mauz schrieb im *Spiegel:* Theodor Maunz, wie man ihn nun endlich sieht, wird immer daran erinnern, daß die

1003 *Der Spiegel* vom 20. September 1993.

1004 Vgl. Stolleis, Maunz, 309 ff.

1005 *Die Zeit* vom 11. Februar 1994.

1006 Ebd.

Bundesrepublik sich allenfalls der NS-Täter mit blutigen Händen angenommen hat; daß sie jedoch den Ideologen kein Haar krümmte und sie weiter richten, lehren, kommentieren und Minister sein ließ."[1007] Auch das bayerische Kultusministerium distanzierte sich von ihm. Es entfernte sein Portrait aus der Bildergalerie ehemaliger Minister am Salvatorplatz und auch auf der Homepage des bayerischen Kultusministeriums findet man das Konterfei jedes Ministers seit 1945, nur seines nicht.[1008]

1007 *Der Spiegel* vom 18. Oktober 1993.

1008 https://www.km.bayern.de/ministerium/organisation-und-geschichte/liste-der-bisherigen-minister.html (23. August 2018).

7. Zusammenfassung und Fazit

Theodor Maunz wuchs am Anfang des 20. Jahrhunderts in einem leistungsorientierten, konservativen Münchner Elternhaus auf. Die Sozialisation dort war für sein weiteres Leben prägend. Insbesondere der Vater, ein so ehrgeiziger wie zielstrebiger Volksschullehrer, verfolgte mit ihm, dem ältesten und einzigen Sohn, ambitionierte Pläne. Er erwartete gute Noten, schulischen Erfolg und einen späteren beruflichen Aufstieg. Maunz nahm die Rolle als Hoffnungsträger an, wurde am Münchner Wittelsbacher-Gymnasium ein beflissener, teils überbeflissener Schüler.[1009] Nach Ende des Ersten Weltkriegs engagierte sich Maunz im Schülerausschuss des Wittelsbacher-Gymnasiums[1010] und in der katholischen Jugendbewegung.[1011] 1920 machte er ein herausragendes Abitur.[1012]

Er blieb in München, studierte dort an der Universität Rechtswissenschaften.[1013] Mit den Jura-Professoren Wilhelm Kisch und Hans Nawiasky lernte er zwei Gelehrte kennen, die seine Karriere später zum Positiven beeinflussen sollten. Er trat der katholischen Studentenvertretung Aenania bei und wurde Mitglied im Cartellverband der katholischen deutschen Studentenverbindungen.[1014] Wie schon als Schüler in der katholischen Jugendbewegung brachte er sich dort umfassend ein. Über Jahre leitete er das Referat für soziale Fürsorge des Cartellverbands, reiste zu Versammlungen und nahm am reichen sozialen Leben teil. Es war ein Umfeld, das ihm gefiel: katholisch-konservativ, akademisch-elitär, leistungsorientiert. Seine publizistischen Arbeiten für die *Academia*, das Organ des Cartellverbands, zeigen, dass er zu dieser Zeit wie viele katholische Studenten in der Weimarer Republik mit dem katholischen Gemeinschaftsdenken sympathisierte. Seine Artikel betonen die Wichtigkeit

1009 AWG München, Schülerakte Theodor Maunz, Zeugnis 1913/14.

1010 Ebd., Schülerausschuss, Berichte über die Schülerausschussitzungen vom 17. Dezember 1918 und 1. Februar 1919.

1011 Maunz, Richard Egenter und der Bund Neudeutschland, S. 183 ff.

1012 AWG München, Notenverzeichnisse der Reifeprüfung 1920, Theodor Maunz.

1013 UA München, Studenten-Kartei I (Maunz, Theodor).

1014 Ebd.

der Gemeinschaft und der Treue zum Staat. Letzterem, so schrieb er einmal, schulde man auch in schwierigen Zeiten Loyalität.[1015]

Nach Promotion und Rechtsreferendariat begann mit dem Berufseinstieg 1928 ein Marsch durch bayerische Regierungsbehörden. Innerhalb kurzer Zeit wurde er bei der Regierung von Oberbayern, dem Bezirksamt Starnberg, dem bayerischen Außen- und dem bayerischen Innenministerium eingesetzt.[1016] Mit Karl Stützel, dem bayerischen Innenminister und katholischen Verbindungsbruder, besaß Maunz einen einflussreichen Förderer. Er war wohl an Maunz' schneller Beförderung zum Regierungsrat beteiligt und holte ihn dann 1932 etatmäßig zu sich ins Ministerium.[1017] Im gleichen Jahr wurde Maunz an der Universität München habilitiert und als Privatdozent in den Lehrkörper aufgenommen.[1018]

Nach der Machtübernahme der Nationalsozialisten 1933 versuchte sich Maunz schnell den neuen Gegebenheiten anzupassen. Wieso arrangierte er sich mit den Nationalsozialisten? Er, der Ehrgeizige und Statusbewusste, wollte seine Karriereaussichten wohl nicht aufgeben. Er hatte auch eine junge Familie zu ernähren. Darüber hinaus gab es wohl auch einen ideellen Grund. Er fühlte sich dem Staat verpflichtet. Um seine persönliche Ausgangslage zu verbessern, trat er der SA[1019] und dem NSKK[1020] bei, auch wenn er sich in beiden Organisationen nie nennenswert beteiligte.[1021] Er verschwieg vor den Nationalsozialisten seine Mitgliedschaft in der BVP, trat aus dem Cartellverband aus und strich den Namen seines Doktorvaters Hans Nawiasky, eines Nazigegners, aus dem Vorwort seiner Habilitationsschrift. Ein überzeugter Nationalsozialist war Maunz jedoch nicht. Das räumen sogar seine späteren

1015 *Academia* vom 15. Januar 1927, S. 171.

1016 BayHstA München, MInn 84342.

1017 Ebd. Schreiben von Maunz an Staatsminister des Inneren vom 16. September 1932.

1018 UA München, L-IX-44, Schreiben bayerisches Staatsministerium für Unterricht und Kultus an Senat der Universität München vom 17. September 1932.

1019 BA Berlin, R4901/13271;

1020 Vgl. StdA München, NL Maunz 9, Beitrags-Quittung des NSKK vom 16. Oktober 1933. Ebd., Dienstbefehl des NSKK Bezirk I, München-Stadt, Bereitschaft 17 vom 25. Oktober 1933.

1021 Staa Frei D180/2 215035, Schreiben NSDAP Stellvertreter des Führers an Reichsminister für Wissenschaft Erziehung und Volksbildung vom 13. Januar 1937.

Gegner an der Universität Freiburg ein, die zum akademischen Widerstand gehörten.[1022]

Auch in seinen juristischen Werken zeigten sich seine Anpassungsbemühungen deutlich. Er verabschiedete sich nach der Machtergreifung umgehend von den liberalistischen Positionen seiner Promotions- und Habilitationsschrift.[1023] Er legte das Recht ab sofort im Sinne des nationalsozialistischen Gemeinschaftsdenkens aus. Die Schrift „Neue Grundlagen des Verwaltungsrechts“ von 1934 spielte bei der Transformation eine Schlüsselrolle. Sie war eine der ersten, in der das Verwaltungsrecht gemeinschaftsrechtlich gedacht wurde,[1024] und brachte Maunz essenzielles symbolisches Kapital.

Kurz nach der Veröffentlichung übernahm er ein Extraordinariat an der Universität Freiburg. Neben der Schrift halfen ein positives Gutachten von Carl Schmitt,[1025] den Maunz beim aufsehenerregenden Prozess „Preußen contra Reich“ 1932 vor dem Leipziger Staatsgerichtshof kennengelernt hatte, und die Tatsache, dass der Markt für qualifizierte junge Rechtsgelehrte weitgehend leergefegt war.[1026] Im Zuge der Gleichschaltung war eine stattliche Zahl von Gelehrten aus dem Wissenschaftsbetrieb entfernt worden. Andere waren vor den Nationalsozialisten ins Ausland geflohen. So wie Maunz' ehemaliger Förderer Nawiasky, dessen Veranstaltungen Maunz an der Münchner Universität vertreten hatte.[1027]

Trotz aller Anpassungsbemühungen wurde Maunz' Ernennung zum verbeamteten Ordinarius in Freiburg 1937 durch das Reichswissenschaftsministerium zunächst abgelehnt.[1028] Seine politische Eignung wurde angezweifelt.

1022 BayHstA München, NL Josef Schwalber Bd. 90, Gutachten über Maunz, Anhang Schreiben Erich Kaufmann an Alois Hundhammer vom 9. August 1950.

1023 Vgl, H. Reuß, Rezension zu Theodor Maunz, Neue Grundlagen des Verwaltungsrechts, in: JW 1935, S. 496 f.

1024 Vgl. Ernst Rudolf Huber, Rezension zu Theodor Maunz, Neue Grundlagen des Verwaltungsrechts, in: *DJZ* 1934, S. 1414 f.

1025 UA Freiburg, BI 1210, Schreiben Carl Schmitt an Freiburgs Universitätsrektor Kern vom 22. Januar 1935.

1026 Ebd. Schreiben der Juristischen Fakultät Freiburg an das badische Kultusministerium vom 29. Dezember 1934.

1027 InstPuÖR München, NL Nawiasky, Schreiben bayerisches Kultusministerium an Senat der Universität München vom 25. April 1933.

1028 StAFrei D180/2 215035, Schreiben Gaupersonalamt an Kreisleitung der NSDAP in Freiburg vom 1. April 1937.

Er habe immerhin früher dem politischen Gegner BVP nahegestanden und sei Protegé des ehemaligen bayerischen Innenministers und Nazifeindes Karl Stützel gewesen. Dazu zeige er in nationalsozialistischen Organisationen wie der SA keinen Einsatz.[1029] Maunz schaltete sich daraufhin in den Berufungsprozess ein, erwirkte eine briefliche Referenz seines ehemaligen Münchner Professors Wilhelm Kisch.[1030] Dieser leitete die Akademie für Deutsches Recht, eine Juristenorganisation unter Aufsicht des Reichsjustizministeriums. Dazu inszenierte sich Maunz in einem Brief an den Freiburger Rektor Metz als überzeugter Nationalsozialist. Dass Metz und die Universität infolgedessen gegenüber dem badischen Kultusministerium auf die Ernennung von Maunz drangen, hatte wohl noch einen weiteren Grund. Rektor Metz wollte Maunz als Prorektor und Maunz hatte ihm klargemacht: Ohne Ordinariat werde er das Prorektorat nicht übernehmen.[1031] Noch 1937 wurde Maunz berufen.

Maunz lavierte sich so durch die Zeit des Nationalsozialismus. Mit seinen juristischen Arbeiten stieg er zu einem der führenden nationalsozialistischen Verwaltungsrechtler auf.[1032] Er propagierte das Führerprinzip und trug so zur Legitimation nationalsozialistischer Taten bei. Der Tenor seiner Schriften war im Vergleich zu anderen Autoren jedoch gemäßigt. Dass sein Verhältnis zum Nationalsozialismus trotz seiner exponierten Stellung als Gelehrter eher instrumenteller Art war, zeigt sein Verhalten als Prorektor der Freiburger Universität. Er unterstützte mehrmals Wissenschaftler, deren Karrieren aus politischen Gründen stockten. Er stand der Katholischen Fakultät als Ratgeber zur Seite, um Nachteile von ihr abzuwenden. Er setzte sich auch für Mitglieder des Freiburger Kreises ein, die ihn als vertrauenswürdig und loyal beschrieben.

Das Jahr 1945 war für Maunz dann karrieretechnisch keine „Stunde Null“, vielmehr ein neues Jahr 1933. Das in den Jahren zuvor angehäufte symbolische Kapital wurde zum Ballast. Die für Freiburg zuständige Französische Militärregierung suspendierte ihn wegen seiner nationalsozialistischen Schriften als

1029 Ebd. Schreiben NSDAP, Stellvertreter des Führers an Reichs- und Preußischen Minister für Wissenschaft, Erziehung und Volksbildung vom 13. Januar 1937.

1030 BayHstA NL Maunz 13, Schreiben Wilhelm Kisch an Maunz vom 6. Mai 1937.

1031 BayHstA NL Maunz 13, Schreiben von Maunz an Rektor der Universität Freiburg vom 26. Mai 1937.

1032 Vgl. Hollerbach, Juristische Lehre und Forschung, S. 104.

Hochschullehrer.[1033] Darüber hinaus drängte eine Gruppe von Wissenschaftlern um den Ökonomen Walter Eucken auf seine endgültige Entlassung aus dem Lehrkörper der Universität. Man hielt Maunz nicht für einen Nationalsozialisten, meinte aber, dass er mit seinen Schriften die Grenze des Verzeihlichen überschritten habe. Ein wirklicher akademischer Neuanfang sei mit ihm nicht möglich.[1034]

Den vorwiegend protestantischen Gegnern stand eine Gruppe katholischer Unterstützer gegenüber. Sie beurteilten Maunz' Verhalten im Nationalsozialismus nachsichtiger und halfen ihm bei seinen Bemühungen um Rehabilitierung. Zu ihnen gehörte der Theologe Artur Allgeier und der badische Staatspräsident Leo Wohleb. Maunz kehrte nach überstandener Entnazifizierung mit ihrer tatkräftigen Hilfe an die Universität zurück,[1035] zunächst mit eingeschränkter, dann mit voller Lehrbefugnis. Zuvor hatten sein soziales und kulturelles Kapital ein Kuriosum ermöglicht: Zur Zeit der Suspendierung arbeitete Maunz für die badische Regierung als Rechtsberater und schrieb an Entwürfen für die badische Verfassung. Eine Verfassung im Hörsaal auszulegen, war ihm verboten, eine zu schreiben, war ihm jedoch erlaubt. Es ist sogar gut möglich, dass es seine Idee war, den Parteien Verfassungsrang zuzubilligen, ein Novum in der deutschen Rechtsgeschichte.[1036]

Maunz profitierte auch in der Folgezeit von seinem kulturellen und sozialen Kapital. Auf dem Herrenchiemseer Verfassungskonvent 1948, an dem er als Teil der badischen Delegation teilnahm, intensivierten sich seine Beziehungen zur bayerischen Staatsregierung. Die bayerische Staatsregierung bemühte sich daraufhin, ihn auf einen Lehrstuhl in Bayern zu berufen. Ein erster Versuch in Würzburg scheiterte am Widerstand der Universität,[1037] doch 1952 erhielt Maunz in München einen Lehrstuhl für öffentliches

1033 Seemann, Die politischen Säuberungen des Lehrkörpers, S. 104.

1034 BayHstA München, NL Maunz 14, Schreiben Eucken an Maunz vom 2. November 1945: „Die Fakultät erwartet, daß Sie […] eine andere geeignete Position im öffentlichen Dienst oder an anderer Stelle finden."

1035 UA Freiburg, B24-2318, Schreiben badischer Staatspräsident und Kultusminister Leo Wohleb an Rektorat vom 2. November 1949.

1036 Vgl. Pfetsch, Zur Verfassung des Landes Baden, S. 144

1037 UA Würzburg, 0-3102-4 Nr. 13, Schreiben bayerisches Kultusministerium an Rektorat der Universität Würzburg vom 29. November 1948.

Recht.[1038] Die Universität selbst wehrte sich entschieden gegen die Berufung. Maunz war für viele Universitätsangehörige wegen seiner nationalsozialistischen Schriften untragbar. Verhindern konnten sie die Berufung aber trotz intensiver Bemühungen nicht.

In München wurde Maunz rasch ein beliebter Hochschullehrer und mit seinen juristischen Veröffentlichungen, dem „Deutschen Staatsrecht" und dem Grundgesetzkommentar avancierte er zu einem der einflussreichsten Juristen der Bundesrepublik. Dazu betätigte er sich als Gutachter für die bayerische Staatsregierung, u. a. in der Frage der Volksschullehrerbildung, einer der umstrittensten politischen Fragen der Landespolitik.[1039]

1957 wechselte er ins Amt des bayerischen Kultusministers. Er kam aus mehreren Gründen für das Amt in Frage. Er konnte angesichts seiner guten Beziehungen zur CSU als loyal gelten und war gleichzeitig parteipolitisch nicht profiliert. Der designierte Ministerpräsident Hanns Seidel hoffte mit einem Gelehrtenminister wie ihm (auch im Hinblick auf den bevorstehenden Landtagswahlkampf) zu einer Beruhigung der angespannten kulturpolitischen Situation beizutragen.[1040] Darüber hinaus besaß Maunz einen guten Draht zu katholischen Würdenträgern und juristische Expertise. Beides war für die Lösung des bestimmenden kulturpolitischen Themas, der Lehrerbildungsfrage, vorteilhaft.

Bedenken an Maunz' Eignung wegen seiner nationalsozialistischen Schriften traten demgegenüber zurück. Maunz habe sich seit Kriegsende immerhin jahrelang im Dienste der Demokratie bewiesen, so Seidel.[1041] Für Maunz selbst ging mit dem Ministeramt ein Traum aus Studententagen in Erfüllung.[1042] Um seinen Status als unabhängigen Fachmann auf dem Ministersessel der Öffentlichkeit glaubhaft zu vermitteln, präsentierte man ihn als Parteilosen. Dies war jedoch Etikettenschwindel. Maunz war Mitglied der CSU.[1043]

1038 UA München, L-X-3d, Schreiben bayerisches Kultusministerium an Dekan vom 17. Juni 1952.

1039 Vgl. Lerche, Maunz, S. 553.

1040 ACSP München, Protokoll der Sitzung der CSU-Landtagsfraktion vom 15. Oktober 1957.

1041 Ebd.

1042 StdA München NL Maunz 197, Schreiben Maunz an Maya Dannhäuser vom 2. Juli 1923.

1043 ACSP München, Protokoll der Sitzung der CSU-Landtagsfraktion vom 15. Okto-

Das Amt des Kultusministers führte Maunz im Stil eines Moderators. Ihm ging es weniger um die Durchsetzung eigener politischer Überzeugungen als um die Zusammenführung verschiedener bestehender Optionen. Mit seiner ausgleichenden Art erwarb er sich Anerkennung bei der Opposition und sie ermöglichte ihm jene politische Flexibilität, die ihm das Amt für sieben Jahre sicherte. In seiner Amtszeit kam es zu kulturpolitischen Erfolgen wie dem Lehrerbildungsgesetz und dem Schulentwicklungsplan, der den Anfang der bayerischen gymnasialen Bildungsexpansion bedeutete.

Jedoch war seine Amtsführung auch umstritten. Insbesondere im Jahr 1963 brachten ihn seine Personal- und Informationspolitik in Bedrängnis und kosteten ihn innerparteilichen Rückhalt und öffentliches Ansehen. 1964 folgte dann der Rücktritt. In einem juristischen Fachaufsatz wurde Kritik an seinen nationalsozialistischen Schriften geübt, die FDP-Landtagsabgeordnete Hildegard Hamm-Brücher, eine ständige kritische Begleiterin, schrieb vertraulich an Ministerpräsident Goppel und forderte personelle Konsequenzen.[1044] Der Brief wurde öffentlich und der Druck daraufhin immer größer. Zeitungen berichteten, die Opposition kündigte weiteres Belastungsmaterial an, in Ostdeutschland erschien ein siebzigseitiges Pamphlet. Nachdem Ministerpräsident Alfons Goppel nicht bereit war, Maunz das volle Vertrauen auszusprechen,[1045] entschloss sich Maunz zum Rücktritt. Dies beruhigte die Situation rasch, das Interesse an seiner Vergangenheit legte sich und Ministerpräsident Goppel lobte ihn im Landtag sogar in den höchsten Tönen.[1046]

Maunz kehrte vollständig an die Universität München zurück und widmete sich wieder ganz der Wissenschaft. Die letzten Berufsjahre bis zur Emeritierung 1969 wurden jedoch überschattet von einer wachsenden Frustration über die persönlichen und allgemeinen politischen Verhältnisse. Das Trauma vom erzwungenen Rücktritt wirkte nach, dazu bedeutete die nach dem Eichmann-Prozess 1961 in Gang gekommene Aufarbeitung der Vergangenheit eine ständige Bedrohung. Die *Abendzeitung* berichtete kritisch über seine

ber 1957.

1044 IfZ München, ED 379/7, Hamm-Brücher an Ministerpräsident Goppel vom 21. Juni 1964.

1045 BayHstA München, StK 18914, Schreiben Maunz an Goppel vom 18. Juli 1964.

1046 StB 7. Oktober 1964.

Wiederaufnahme der Lehrtätigkeit,[1047] der Politikwissenschaftler Hans Maier veranstaltete eine Ringvorlesung über die Rolle der Universität im Dritten Reich,[1048] Studenten forderten auf Flugblättern bei der Geschwister-Scholl-Feier der Münchner Universität die Vergangenheit genauer zu beleuchten.[1049] Maunz fühlte sich verfolgt. Er empfand den Umgang mit belasteten Personen als ungerecht und undifferenziert und deutete ihn als Symptom einer bundesrepublikanischen Staats- und Gesellschaftskrise. Der Eindruck wurde durch die Studentenproteste 1968 weiter verstärkt.[1050] Wieder geriet er wegen seiner Vergangenheit in Bedrängnis und wieder zeigte sich aus seiner Sicht die Spaltung der Gesellschaft.

Die Kooperation mit dem rechtsextremen Verleger Gerhard Frey resultierte wohl zu einem großen Teil aus dieser Unzufriedenheit.[1051] Maunz arbeitete für ihn seit Ende der 1960er-Jahre als Rechtsberater und Autor von Zeitungsartikeln. Die Tätigkeit war für ihn wohl eine Möglichkeit, seinen angestauten Ärger zu artikulieren. Maunz wurde so etwas wie das Pendant eines Protestwählers, ein Protestrechtsberater. Frey gab ihm ein Medium, seinen Unmut über Politik und Zeitgeist loszuwerden. Daneben gab es aber auch andere Gründe. Frey zahlte gut, lebte in der Nachbarschaft, warb um ihn. Maunz wiederum konnte Bitten generell schlecht abschlagen.[1052]

Gleichzeitig war Maunz als Grundgesetzkommentator, Universitätslehrer und Autor eines weitverbreiteten Staatsrechtslehrbuchs weiterhin eine juristische Stütze der Bundesrepublik. Da Maunz bei seiner Tätigkeit für Frey im Schutz der Anonymität agierte, blieb sein symbolisches Kapital unberührt.[1053] 1981 bekam er den Bayerischen Maximiliansorden verliehen.[1054] Maunz starb 1993 als anerkannter Wissenschaftler. Nach dem Tod, als Frey schließlich die

1047 *Die Abendzeitung* vom 28. Oktober 1964.

1048 Maier, Als Professor im Jahr 1968, S. 83.

1049 *Abendzeitung* vom 24./25. Februar 1968.

1050 NL Schmitt RW 265, Schreiben Maunz an Schmitt vom 29. Dezember 1967. Vgl. auch ACSP München, NL Josef Müller, Schreiben Maunz an Josef Müller vom 10. September 1968.

1051 Vgl. Günther, Denken vom Staat her, S. 157.

1052 Vgl. zu den weiteren Motiven: Stolleis, Maunz.

1053 Ebd.

1054 Körner, Der Bayerische Maximilians-Orden, S. 300 ff.

Kooperation aufdeckte, setzte eine Neubewertung ein. Es wurden Forderungen laut, seinen Namen von dem von ihm begründeten Grundgesetzkommentar zu tilgen.[1055] Dazu entfernte das bayerische Kultusministerium sein Porträt aus der Ministergalerie am Salvatorplatz und der Homepage.[1056]

Für das Gelingen von Maunz' Karriere waren also eine Reihe von Gründen verantwortlich. Darunter nicht zuletzt sein Ehrgeiz, sein Leistungsethos, sein strategisches Geschick und seine Wandlungsfähigkeit. Besonders hervorzuheben ist jedoch die besondere Mischung aus sozialem und kulturellem Kapital. Maunz besaß für jede Zeit die richtigen Förderer oder Unterstützer. In der Weimarer Republik an der Universität Hans Nawiasky und im bayerischen Innenministerium Karl Stützel. Im Nationalsozialismus zuerst Carl Schmitt und dann Wilhelm Kisch. In der Bundesrepublik zuerst badische, dann bayerische Regierungsmitglieder. Gerade die Beziehungen zu letzteren intensivierten sich, weil Maunz über wertvolles kulturelles Kapital besaß. Sein juristischer Sachverstand machte ihn für politische Entscheidungsträger attraktiv. Maunz gelang es eindrucksvoll, kulturelles Kapital in soziales Kapital zu konvertieren.

War er nun ein unverbesserlicher Nationalsozialist oder ein weltanschaulicher Waise? Nein. Maunz lavierte sich durch das 20. Jahrhundert, war mitunter bereit seine Meinung schlagartig zu ändern und sich einem Regime anzubiedern. Doch ein überzeugter Nationalsozialist war er nicht. Er blieb den Nazis verdächtig und nicht einmal die schärfsten Freiburger Kritiker hielten ihn für einen Nationalsozialisten. Ihre Einwände gegen ihn waren freilich groß, doch richteten sie sich gegen seine Anpassungsbereitschaft. Ebenso wenig war Maunz ideologisch unbehaust. Er besaß eine konservativ-katholische Prägung. Sie mag sich mal mehr und mal weniger deutlich offenbart haben, vorhanden war sie. Sie spiegelt sich nicht zuletzt in seinen sozialen Beziehungen zu seinen Cartellbrüdern und den Parteifreunden bei BVP und CSU. Auch seine akademischen Werke wurden als konservativ wahrgenommen.[1057] „Staat" und „Gemeinschaft" waren wichtige Kategorien seines Den-

1055 Vgl. https://www.zeit.de/1994/07/maunz-raus; https://www.tagesspiegel.de/politik/buecher-unter-druck-justizministerium-moechte-nazi-namen-aus-gesetzeskommentaren-streichen/20349038.html (aufgerufen am 5. September 2019).

1056 https://www.km.bayern.de/ministerium/organisation-und-geschichte/liste-der-bisherigen-minister.html (23. August 2018) und E-Mail des Kultusministeriums an Verfasser.

1057 Vgl. Stolleis, Maunz, S. 309 ff. *Die Zeit* vom 11. Februar 1994.

kens. Maunz war also weder das eine noch das andere, er war, will man es auf den Begriff bringen, ein Karrierist katholisch-konservativer Prägung.

Literatur und Quellen

Unveröffentlichte Quellen

Archiv für Christlich-Soziale Politik, München

Protokolle der CSU-Landtagsfraktion

NL Richard Jäger
  S112

NL Josef Müller
  G/20
  G 71/2

Archiv des Instituts für Politik und Öffentliches Recht München

Nachlass Hans Nawiasky
  Korrespondenzen

Archiv des Instituts für Zeitgeschichte München-Berlin, München

ED 379/6

ED 379/7

Archiv des Wittelsbacher-Gymnasiums München

Notenverzeichnisse der Reifeprüfung 1920

Schul- und Gedenkfeiern 1908–1935

Schülerakte Theodor Maunz

Schülerausschuss des Wittelsbacher-Gymnasiums

Bayerisches Hauptstaatsarchiv München

Akten des Staatsministeriums des Äußeren
  MA 103322

Akten des Staatsministeriums des Innern
  MInn 84342

Akten des bayerischen Kultusministeriums
  MK 56420

MK 64451
MK 69286
MK 72438

Akten der bayerischen Staatskanzlei
Stk 18914

Ministerratsprotokolle
Band 50

Nachlass Johannes von Elmenau
Band 74

Nachlass Theodor Maunz
Band 1
Band 5
Band 11
Band 15
Band 16
Band 19
Band 24

Nachlass Josef Schwalber
Band 90

Bayerische Staatsbibliothek, München

Nachlass Johannes Spörl
Ana 700

Bischöfliches Zentralarchiv Regensburg

CV 468

Sitzungsbericht der 55. CV-Versammlung zu Innsbruck

Sitzungsbericht der 56. CV-Versammlung zu Berlin

Sitzungsbericht der 59. CV-Versammlung zu Wien

Bundesarchiv Berlin

R4901/13271

VBS1 1070085824

Landesarchiv Nordrhein-Westfalen, Duisburg

Nachlass Carl Schmitt
RW 265
RW 579/233

Staatsarchiv Freiburg

B24-2318

D180/2 215035

F22/62

T1 Leo Wohleb

Staatsarchiv München

LRA Starnberg 201179

LRA Starnberg 222064

Stadtarchiv Dachau

Geburtenbuch

Melderegister

Nachlass Hanke

Standesamt 1876–1978

Stadtarchiv München

Nachlass Theodor Maunz
Band 3
Band 4
Band 6
Band 7
Band 9
Band 11
Band 12
Band 15
Band 16
Band 17
Band 18
Band 21
Band 25
Band 30
Band 31
Band 33
Band 34
Band 35
Band 36
Band 39

Band 41
Band 43
Band 48
Band 95
Band 98
Band 99
Band 100
Band 101
Band 104
Band 106
Band 108
Band 110
Band 111
Band 112
Band 115
Band 120
Band 177
Band 197
Band 201

Personalakt Theodor Maunz [Vater]

Thüringer Universitäts- und Landesbibliothek Jena

Nachlass Walter Eucken
Korrespondenz P
Vorlesungsmanuskript „Kampf der Wissenschaft"
Universitätsverwaltung Freiburg 1933–45

Universitätsarchiv Freiburg

BI 1210

B 110

B24-2318

B34/36

B34/797

C 67/2815

C100/829

C130/940

Universitätsarchiv München

E-II-2406

L-IX-44

L-X-3d

L-VII-67

L-IX-50

L-NP-SS 1925

Sen-I-34

Studenten-Kartei I (Maunz, Theodor)

Stud-BB-631

Stud-BB-648

UA Würzburg

0-3102-4

Universitätsbibliothek München

Flugblattsammlung Studentenproteste

Veröffentlichte Quellen

Deutscher Bundestag, Bundesarchiv (Hrsg.), Der Parlamentarische Rat 1948/49. Akten und Protokolle. Band 2: Der Verfassungskonvent von Herrenchiemsee, bearbeitet von Peter Bucher, Boppard 1981

Lehrplan für die Werktags-Volks-Schulen der königlichen Haupt- und Residenzstadt München, München 1880. Aus: Comenius-Projekt. Onlinesammlung bayerischer Lehrpläne. URL: http://www.comenius.gwi.uni-muenchen.de/index.php/Bayern/München:_Lehrplan_Alle_Fächer_Volksschule_1880 (5. November 2017)

Jahrbuch der Ludwig-Maximilians-Universität München 1919 bis 1925. München 1928
Jahresbericht des Wittelsbacher-Gymnasiums 1914/15
Jahresbericht des Wittelsbacher-Gymnasiums 1915/15
Jahresbericht des Wittelsbacher-Gymnasiums 1917/18
Jahresbericht des Wittelsbacher-Gymnasiums 1918/19
Jahresbericht des Wittelsbacher-Gymnasiums 1919/20

Stenographischer Bericht des Bayerischen Landtags vom 16. Oktober 1957
Stenographischer Bericht des Bayerischen Landtags vom 2. Juni 1958
Stenographischer Bericht des Bayerischen Landtags vom 24. Juli 1958
Stenographischer Bericht des Bayerischen Landtags vom 9. Dezember 1958
Stenographischer Bericht des Bayerischen Landtags vom 29 April 1959
Stenographischer Bericht des Bayerischen Landtags vom 18 Mai 1960
Stenographischer Bericht des Bayerischen Landtags vom 28. Mai 1962
Stenographischer Bericht des Bayerischen Landtags vom 28 Mai 1963
Stenographischer Bericht des Bayerischen Landtags vom 11. März 1964

Vorlesungsverzeichnis Albert-Ludwigs-Universität Freiburg, 1. Trimester 1941
Vorlesungsverzeichnis Albert-Ludwigs-Universität Freiburg, Wintersemester 1943/44
Vorlesungsverzeichnis der Albert-Ludwigs-Universität Freiburg, Sommersemester 1951
Vorlesungsverzeichnis Ludwig-Maximilians-Universität München, Sommersemester 1953
Vorlesungsverzeichnis Ludwig-Maximilians-Universität München, Sommersemester 1958
Vorlesungsverzeichnis der Ludwig-Maximilians-Universität München, Sommersemester 1965

Zeitungen und Zeitschriften

Abendzeitung vom 17. Oktober 1957

Abendzeitung vom 11./12. Mai 1963

Abendzeitung vom 30. August 1963

Abendzeitung vom 3. Juli 1964

Abendzeitung vom 27. Juli 1964

Abendzeitung vom 28. Oktober 1964

Academia vom 15. November 1923

Amper-Bote vom 31. August 1901

Bamberger Volksblatt vom 17. Oktober 1957

Bayerische Staatszeitung vom 10. März 2017

Frankenpost vom 6. Juli 1964

Münchner Merkur vom 11./12. Mai 1963

Schwäbische Landeszeitung vom 12. Dezember 1957

Der Spiegel vom 26. November 1952

Der Spiegel vom 5. Juni 1963

Der Spiegel vom 25. Juni 1963

Der Spiegel vom 22. Juli 1964

Der Spiegel vom 14. August 1967

Der Spiegel vom 17. Oktober 1988

Der Spiegel vom 20. September 1993

Der Spiegel vom 18. Oktober 1993

Süddeutsche Zeitung vom 28./29. April 1962

Süddeutsche Zeitung vom *24. April 1963*

Literatur

Abulafia, David: Das Mittelmeer. Frankfurt a. M. 2013.

Adlberger, Susanne: Nützliche Kooperation – Die Juristische Fakultät der Ludwigs-Maximilians-Universität und die Akademie für Deutsches Recht, in: Elisabeth Kraus (Hrsg.), Die Universität München im Dritten Reich. Aufsätze. Teil 1. München 2006, S. 405–430.

Dies.: Wilhelm Kisch – Leben und Wirken (1874–1952). Von der Kaiser-Wilhelms-Universität Straßburg bis zur nationalsozialistischen Akademie für Deutsches Recht. Frankfurt am Main u. a. 2007.

Albrecht, Dieter: Von der Reichsgründung bis zum Ende des Ersten Weltkriegs (1871–1918), in: Alois Schmid (Hrsg.), Handbuch der bayerischen Geschichte, Bd. IV: Das neue Bayern. Von 1800 bis zur Gegenwart, Teilbd. 1: Staat und Politik, München 2003, S. 318–438.

Altendorfer, Otto: Fritz Schäffer als Politiker der Bayerischen Volkspartei. Band 1. München 1993.

Angermaier, Elisabeth: München als süddeutsche Metropole. Die Organisation des Großstadtbaus 1870 bis 1914, in: Richard Bauer (Hrsg.): Geschichte der Stadt München. München 1992.

Arendt, Hannah: Eichmann in Jerusalem. Ein Bericht von der Banalität des Bösen. München 1964.

Dies.: Elemente und Ursprünge totaler Herrschaft. Frankfurt a. M. 1955.

Armbruster, Hubert: De vita Joannis Spoerl, in: Clemens Bauer, Laetitia Boehm, Max Müller (Hg.): Speculum historiale. Geschichte im Spiegel von Geschichtsschreibung und Geschichtsdeutung. Freiburg 1965, S. 752–756.

Arnold, Claus: Die Theologische und Philosophische Fakultät – oder: der konfessionelle Faktor, in: Eckhard Wirbelauer, Sylvia Paletschek, Dieter Speck (Hrsg.), Die Freiburger Philosophische Fakultät 1920–1960. Mitglieder – Strukturen – Vernetzungen. Freiburg, München 2006, S. 731–747.

Ders.: Katholizismus als Kulturmacht. Der Freiburger Theologe Joseph Sauer (1872–1949) und das Erbe des Franz Xaver Kraus. Paderborn u. a. 1999.

Bair, Deirdre: Die Biografie ist akademischer Selbstmord, in: Literaturen 7/8 (2001), S. 38 f.

Bauer, Clemens: De vita Joannis Spoerl, Clemens Bauer, Laetitia Boehm, Max Müller (Hg.): Speculum historiale. Geschichte im Spiegel von Geschichtsschreibung und Geschichtsdeutung. Freiburg 1965, S. 757–758.

Bauer-Kirsch, Angela: Herrenchiemsee. Der Verfassungskonvent von Herrenchiemsee – Wegbereiter des Parlamentarischen Rates. Bonn 2005.

Baumgartner, Alois: Sehnsucht nach Gemeinschaft. Ideen und Strömungen im Sozialkatholizismus der Weimarer Republik. München, Paderborn, Wien 1977.

Becker, Winfried: Bayerische Volkspartei (BVP), 1918–1933, in: Historisches Lexikon Bayerns, <http://www.historisches-lexikon-bayerns.de/Lexikon/BayerischeVolkspartei (BVP), 1918–1933> (26.01.2018).

Behrendt, Ethel Leonore: Über die Güte. Für Theodor Maunz zum 80. Geburtstag. München 1981.

Behrendt, Michael: Hans Nawiasky und die Münchner Studentenkrawalle von 1931, in: Elisabeth Kraus, Die Universität München im Dritten Reich. Teil I. München 2006.

Berghahn, Volker R./Unger, Stefan/Ziegler, Dieter (Hrsg.): Die deutsche Wirtschaftselite im 20. Jahrhundert. Kontinuität und Mentalität. Essen 2003.
Blumenberg-Lampe, Christine: Das wirtschaftliche Programm der „Freiburger Kreise". Entwurf einer freiheitlich-sozialen Nachkriegswirtschaft. Nationalökonomen gegen den Nationalsozialismus. Berlin 1973.
Bock, Irmgard: Pädagogik und Schule. Stadtschulrat Kerschensteiner, in: Friedrich Prinz, Marita Krauss (Hrsg.), München. Musenstadt mit Hinterhöfen. Die Prinzregentenzeit 1886–1912. München 1988, S. 213–219.
Bosl, Karl (Hrsg.): Bayern im Umbruch. Die Revolution von 1918, ihre Voraussetzungen, ihr Verlauf und ihre Folgen, München 1969
Bourdieu, Pierre: Die verborgenen Mechanismen der Macht. Hamburg 2005.
Ders.: Feine Unterschiede, Frankfurt am Main 2006.
Brandlmeier, Joseph: Die katholischen Studentenkorporationen an bayerischen Hochschulen. Donauwörth 1928.
Braeuer, Adolf: Lampe, Adolf, in: Neue Deutsche Biographie (NDB). Band 13, Berlin 1982, S. 458–459.
Broszat, Martin: Die Machtergreifung. Der Aufstieg der NSDAP und die Zerstörung der Weimarer Republik. München 1984.
Buchinger, Hubert: Volksschule und Lehrerbildung im Spannungsfeld politischer Entscheidungen 1945–1970. München 1975.
Bödeker, Hans Erich: Biographie. Annäherungen an den gegenwärtigen Forschungs- und Diskussionsstand, in: Ders. (Hrsg.) Biographie schreiben, Göttingen 2003, S. 9–64.
Boehm, Laetitia: Johannes Spörl (1904–1977). In mutabilitate temporum initium conversationis. Zum Gedenken an den Herausgeber des Historischen Jahrbuchs, in: Historisches Jahrbuch Bd. 97/98 (1978), S. 1–54.
Boehm, Laetitia/Spörl, Johannes: Ludwig-Maximilians-Universität. Ingolstadt, Landshut, München. Berlin 1972.
Böll, Heinrich: Wanderer kommst du nach Spa…, in: Ders., Wanderer kommst du nach Spa…: Erzählungen. München 2011, S. 69–88.
Bury, Carola: Die politische Auseinandersetzung zwischen Badenern und Südweststaatlern (1948–1951), in: Paul Ludwig Weinacht (Hrsg.), Gelb-Rote Regierungsjahre. Die Badische Politik nach 1945. Sigmaringendorf 1988.
Büttner, Ursula: Weimar. Die überforderte Republik. 1918–1933. Leistung und Versagen in Staat, Gesellschaft, Wirtschaft und Kultur. Stuttgart 2008
Canaris, Claus-Wilhelm: Karl Larenz, in: Stefan Grundmann, Karl Riesenhuber (Hrsg.): Zivilrechtslehrer des 20. Jahrhunderts in Berichten ihrer Schüler. Band 2. Berlin 2010, S. 263–308
Conze, Eckart/Frei, Norbert/Hayes, Peter (u. a.): Das Amt und die Vergangenheit. Deutsche Diplomaten im Dritten Reich und der Bundesrepublik. München 2010.
Dathe, Uwe: Walter Eucken – von der liberalen Krisendeutung zum Widerstand gegen den Nationalsozialismus, in: Hans Maier (Hrsg.), Die Freiburger Kreise. Akademischer Widerstand und Soziale Marktwirtschaft. Paderborn 2014, S. 85–112.
Dilthey, Wilhelm: Der Aufbau der geschichtlichen Welt in den Geisteswissenschaften. Gesammelte Schriften Bd. 7.
Domröse, Ortwin: Der NS-Staat in Bayern von der Machtergreifung bis zum Röhm-Putsch. München 1974.

Döring, Sabine A., Allgemeine Einleitung: Philosophie der Gefühle heute, in: Philosophie der Gefühle, Frankfurt a. M. 2009, S. 12–68.
Ebert, Andreas D.: Jüdische Hochschullehrer an preußischen Universitäten (1870–1924). Eine quantitative Untersuchung mit biografischen Skizzen. Frankfurt a. M. 2008.
Eckert, Jörn: Was war die Kieler Schule?, in: Franz Jürgen Säcker (Hrsg.), Recht und Rechtslehre im Nationalsozialismus: Ringvorlesung der Rechtswissenschaftlichen Fakultät der Christan-Albrechts-Universität zu Kiel. Baden-Baden 1992.
Ehard, Hans: Tatsachen und Zusammenhänge aus meiner elfjährigen Ministerpräsidentenschaft. München 1964.
Eilers, Rolf: Konfession und Lebenswelt. 75 Jahre Bund Neudeutschland. 1919–1994. Mainz 1998.
Engelmann, Roger: Öffentlichkeit und Zensur. Literatur und Theater als Provokation, in: Friedrich Prinz, Marita Krauss (Hrsg.), München. Musenstadt mit Hinterhöfen. Die Prinzregentenzeit 1886–1912. München 1988, S. 267–276.
Ettinger, Elzbieta: Hannah Arendt, Martin Heidegger: eine Geschichte. München 1998.
Fait, Barbara: Auf dem Weg zum Grundgesetz: Verfassungskonvent Herrenchiemsee 1948. Augsburg 1998.
Färber, Karl: De vita Joannis Spoerl, Clemens Bauer, Laetitia Boehm, Max Müller (Hg.): Speculum historiale. Geschichte im Spiegel von Geschichtsschreibung und Geschichtsdeutung. Freiburg 1965, S. 759–762.
Faust, Anselm: Der Nationalsozialistische Deutsche Studentenbund, Studenten und Nationalsozialismus in der Weimarer Republik. Düsseldorf 1973.
Forstner, Thomas: Die Beamten des bayerischen Innenministeriums im Dritten Reich. Loyale Gefolgsleute oder kritische Staatsdiener? St. Ottilien 2002
Frei, Norbert: Karrieren im Zwielicht. Hitlers Eliten nach 1945. Frankfurt a. M. 2001.
Friemberger, Claudia: Alfons Goppel: vom Kommunalpolitiker zum Bayerischen Ministerpräsidenten, München 2001
Frühwald, Wolfgang: Zwischen Arkadien und Babylon. Münchner Literatur in der Zeit des Prinzregenten Luitpold, in: Friedrich Prinz, Marita Krauss (Hrsg.), München. Musenstadt mit Hinterhöfen. Die Prinzregentenzeit 1886–1912. München 1988, S. 258–266.
Fuchs-Heinritz, Werner/König, Alexandra: Pierre Bourdieu. Konstanz 2005.
Fürst, Thomas: Karl Stützel. Ein Lebensweg in Umbrüchen: Vom Königlichen Beamten zum Bayerischen Innenminister der Weimarer Zeit (1924–1933). Frankfurt a. M. u. a. 2007.
Gebauer, Dietmar: Ein sechstes humanistisches Gymnasium für München?, in: Direktorat des Wittelsbacher-Gymnasiums München (Hrsg.): Festschrift zum 100-jährigen Jubiläum, München 2008.
Gelberg, Karl-Ulrich: Hans Ehard. Die föderalistische Politik des bayerischen Ministerpräsidenten 1946–1954. Düsseldorf 1992.
Ders: Föderalismus, in: Historisches Lexikon Bayerns, URL: <http://www.historisches-lexikon-bayerns.de/Lexikon/Föderalismus> (26. 01. 2018).
Ders.: Regierungsdenkschriften zur Reichs- und Verfassungsreform, 1924–1932, in: Historisches Lexikon Bayerns, <http://www.historisches-lexikon-bayerns.de/Lexikon/Regierungsdenkschriften zur Reichs- und Verfassungsreform, 1924–1932> (01. 08. 2016).

Ders.: Rucker, August, in: Neue Deutsche Biographie (NDB). Band 22. Berlin 2005, S. 159–160.

Ders.: Vom Kriegsende bis zum Ausgang der Ära Goppel, in: Alois Schmid (Hrsg.), Handbuch der bayerischen Geschichte. Band. 4: Das Neue Bayern. Von 1800 bis zur Gegenwart, Teilband. 1: Staat und Politik, München, S. 635–956.

Gerken, Lüder (Hrsg.): Walter Eucken und sein Werk. Rückblick auf den Vordenker der sozialen Marktwirtschaft. Tübingen 2000.

Ginzburg, Carlo: Der Käse und die Würmer. Die Welt eines Müllers um 1600. Berlin 2007.

Glashauser, Fritz: Die Bildungs- und Kulturpolitik der bayerischen FDP. Programmpolitik zwischen öffentlicher Darstellung und parteiinterner Willensbildung. München 1988.

Goethe, Johann Wolfgang: Aus meinem Leben, Hamburger Ausgabe, Bd. 9.

Goldschmidt, Nils: Verfolgung und Widerstand: Die Freiburger Kreise, in: Bernd Martin (Hrsg.), 550 Jahre Albert-Ludwigs-Universität Freiburg im Breisgau. Festschrift. Band.3. Freiburg, München 2007, S. 503–519.

Ders.: Walter Euckens Rolle im Widerstand: Freiheit Ordnung und Wahrhaftigkeit als Handlungsmaximen, in: Ders.: (Hrsg.) Wirtschaft, Politik und Freiheit. Freiburger Wirtschaftswissenschaftler und der Widerstand. Tübingen 2005, S. 290–314.

Goschler, Constantin/Wala, Michael: Keine neue Gestapo. Das Bundesamt für Verfassungsschutz und die NS-Vergangenheit. Reinbek 2015.

Grau, Bernhard: Kurt Eisner: 1867–1919. Eine Biographie. München 2017.

Ders.: Revolution, 1918/1919, in: Historisches Lexikon Bayerns, <http://www.historisches-lexikon-bayerns.de/Lexikon/Revolution,_1918/1919> (19. 01. 2018).

Grohnert, Reinhard: Die Entnazifizierung in Baden 1945–1949. Konzeptionen und Praxis der „Epuration“ am Beispiel eines Landes der französischen Besatzungszone, Stuttgart 1991.

Groß, Hans Ferdinand: Hanns Seidel 1901–1961. Eine politische Biographie. München 1992.

Grund, Henning: „Preußenschlag“ und Staatsgerichtshof im Jahre 1932, Baden-Baden 1976.

Grün, Bernd: Der Rektor als Führer? Die Universität Freiburg i. Br. von 1933 bis 1945. Freiburg, München 2010.

Grüttner, Michael: Brandstifter und Biedermänner. Deutschland 1933–1939, Stuttgart 2015.

Ders.: Das Dritte Reich. 1933–1939. Stuttgart 2014.

Ders.: Machtergreifung als Generationskonflikt, in: Rüdiger vom Bruch, Brigitte Kaderas (Hrsg.): Wissenschaften und Wissenschaftspolitik. Bestandsaufnahme zu Formationen, Brüchen und Kontinuitäten im Deutschland des 20. Jahrhunderts. Stuttgart 2002, S. 339–353.

Görtemaker, Manfred/Safferling, Christoph: Die Akte Rosenburg. Das Bundesministerium der Justiz und die NS-Zeit. München 2016.

Göttler, Norbert: Die Sozialstruktur des Bezirkes Dachau 1870 bis 1920. Ein Beispiel struktureller Wandlungsprozesse des ländlichen Raumes. München 1988

Ders.: Im Anbruch der Moderne, in: Gerhard Hanke (Hrsg.): Geschichte des Marktes und der Stadt Dachau, Dachau 2000, S.99–137.

Günther, Frieder: Denken vom Staat her. Die bundesdeutsche Staatsrechtslehre zwischen Dezision und Integration 1949–1970. München 2004.

Hadry, Sarah/Schmalzl, Markus: München hungert. Weltkrieg und Ernährungskrise 1916–1924. Eine Ausstellung der Bayerischen Archivschule. München 2012.
Hamm-Brücher, Hildegard: Gegen Unfreiheit in der demokratischen Gesellschaft. Aufsätze, Debatten, Kontroversen. München 1968.
Haney, Gerhard (Hrsg.): Maunz im Dienste des Faschismus und der CSU. Initiator faschistischen Unrechts, prominenter Politiker und Hochschullehrer in Westdeutschland. Eine Dokumentation. Jena 1964.
Harrington, Joel F.: Die Ehre des Scharfrichters. Meister Frantz oder ein Henkersleben im 16. Jahrhundert. München 2014.
Hartlmaier, Joseph: Erinnerungen einer Lehrersfrau aus der Zeit vor dem Ersten Weltkrieg. Aus dem Tagebuch der Josephine Hartlmaier, in: Amperland. Jg. 5 (1969).
Hartmann, Michael: Der Mythos von den Leistungseliten. Spitzenkarrieren und soziale Herkunft in Wirtschaft, Politik, Justiz und Wissenschaft, Frankfurt 2002.
Ders.: Elitesoziologie. Eine Einführung, Frankfurt a. M. 2004.
Hartmann, Peter Claus: Bayerns Weg in die Gegenwart. Regensburg 2012.
Ders.: Die bayerischen Innenminister Franz Schweyer und Karl Stützel und ihre Auseinandersetzungen mit dem Nationalsozialismus, in: Matthias Stickler (Hrsg.), Portraits zur Geschichte des deutschen Widerstands. Rahden/Westf. 2005, S. 41–56.
Hausberger, Karl: München als Schauplatz der Modernismuskontroverse – nicht nur eine binnenkirchliche Facette der späten Prinzregentenzeit, in: Katharina Weigand, Jörg Zedler, Florian Schuller (Hrsg.), Die Prinzregentenzeit. Abenddämmerung der bayerischen Monarchie? Regensburg 2013, S. 85–104.
Hausmann, Frank-Rutger: Der „Kriegseinsatz der Deutschen Geisteswissenschaften" (1940–1945) und die Albert-Ludwigs-Universität, in: Bernd Martin (Hrsg.), 550 Jahre Albert-Ludwigs-Universität Freiburg im Breisgau. Festschrift. Band. 3. Freiburg, München 2007, S. 470–484.
Ders.: „Deutsche Geisteswissenschaft im Zweiten Weltkrieg. Die „Aktion Ritterbusch" (1940–1945). Dresden, München 2002.
Heiber, Helmut: Universität unterm Hakenkreuz. Teil 1: Der Professor im Dritten Reich: Bilder aus der akademischen Provinz. München 1991.
Hemler, Stefan: Von Kurt Faltlhauser zu Rolf Pohle: Die Entwicklung der studentischen Unruhe an der Ludwig-Maximilians-Universität München in der zweiten Hälfte der sechziger Jahre, in: Venanz Schubert (Hrsg.), 1968. 30 Jahre danach. St. Ottilien 1999, S. 209–242.
Herbert, Ulrich: Drei politische Generationen im 20. Jahrhundert, in: Jürgen Reulecke (Hrsg.), Generationalität und Lebensgeschichte im 20. Jahrhundert. München 2003.
Ders.: Geschichte Deutschlands im 20. Jahrhundert. München 2014.
Herrmann, Florian: Hans Nawiasky. Frankfurt am Main u. a. 1996.
Herzog, Roman: Theodor Maunz als Lehrer, in: Peter Lerche, Hans Zacher, Peter Badura (Hrsg.), Festschrift für Theodor Maunz. Zum 80. Geburtstag am 1. September 1981. München 1981, S. 109–117.
Hochstetter, Dorothee: Motorisierung und „Volksgemeinschaft". Das Nationalsozialistische Kraftfahrkorps (NSKK) 1931–1945. München 2004.
Hockerts, Hans Günter: ‚1968' als weltweite Bewegung, in: Venanz Schubert (Hrsg.), 1968. 30 Jahre danach. St. Ottilien 1999, S. 13–34

Hofmann, Hasso: „Die deutsche Rechtswissenschaft im Kampf gegen den jüdischen Geist", in: Klaus Wittstadt, Karlheinz Müller (Hrsg.), Geschichte und Kultur des Judentums. Würzburg 1988, 223–240.

Hollerbach, Alexander: Jurisprudenz in Freiburg. Beiträge zur Geschichte der Rechtswissenschaftlichen Fakultät der Albert-Ludwigs-Universität. Tübingen 2007.

Ders.: Juristische Lehre und Forschung in Freiburg in der Zeit des Nationalsozialismus, in: Eckard John, Bernd Martin, Marc Mück u.a. (Hrsg.), Die Freiburger Universität in der Zeit des Nationalsozialismus. Freiburg, Würzburg 1991, S. 91–113.

Ders.: Pringsheim - Wolf - Maunz. Drei Juristen im geistigpolitischen Spannungsfeld ihrer Zeit, in: Bernd Martin (Hrsg.), 550 Jahre Albert-Ludwigs-Universität Freiburg im Breisgau. Festschrift. Band. 3. Freiburg, München 2007, S. 345–372.

Huber, Ernst Rudolf: Rezension zu Theodor Maunz, Neue Grundlagen des Verwaltungsrechts, in: *DJZ* 1934, S.1414–1415.

Huth, Stefan: „Würzburg war wirklich eine Schule des Widerstands". Gespräch mit Otto Köhler. Über seine Kindheit im Kriegs- und Nachkriegsdeutschland, erste publizistische Gehversuche und eingebettete Journalisten, in: junge Welt online vom 10. 01. 2015, http://www.triller-online.de/c2189.htm (16. 01. 2018).

Hübner, Anne-Kristin: Theodor Maunz: Brüche und Kontinuitäten einer Biographie (1945–1964), http://nbn-resolving.de/urn/resolver.pl?urn=nbn:de:bvb:19-epub-27231-8 (05. 04. 2016).

Jelic, Stefan: Karl Stützel und der Nationalsozialismus. Zur Auseinandersetzung des Bayerischen Innenministers mit der NSDAP in den Jahren 1930 bis 1933, in: Zeitschrift für bayerische Landesgeschichte. 63 (2000) 3, S. 787–866.

Jüngling, Elisabeth: Arbeitskämpfe der Jahrhundertwende. Zwischen polizeilicher Observierung und staatlichen Schlichtungsbemühungen, in: Friedrich Prinz, Marita Krauss (Hrsg.), *M*ünchen. Musenstadt mit Hinterhöfen. Die Prinzregentenzeit 1886–1912. München 1988, S. 54–59.

Kaesler, Dirk: Max Weber. Eine Biographie. München 2014.

Kaube, Jürgen: Max Weber. Ein Leben zwischen den Epochen. Berlin 2014.

KDStV Aenania (Hrsg.): 150 Jahre KDStV Aenania. München 2001.

Kegler, Karl R.: Walter Christaller, in: Ingo Haar, Michael Fahlbusch (Hrsg.), Handbuch der Völkischen Wissenschaften. München 2008, S. 89–93.

Kershaw, Ian: Hitler 1889–1936. Stuttgart 1998.

Ders.: Hitler 1936–1945. Stuttgart 2000.

Klemperer, Victor: Man möchte immer weinen und lachen in einem. Revolutionstagebuch 1919. Berlin 2015.

Kock, Peter Jakob: Der Bayerische Landtag. Eine Chronik. München 2006.

Krause, Peter: Eichmann und wir. Die bundesdeutsche Öffentlichkeit und der Jerusalemer Eichmann-Prozess 1961, in: Jürgen Osterloh, Clemens Vollnhals (Hrsg.), NS-Prozesse und deutsche Öffentlichkeit. Besatzungszeit, frühe Bundesrepublik und DDR. Göttingen 2011, S. 283–306.

Köhler, Werner: Freiburg i. Br. 1945–1949: politisches Leben und Erfahrungen in der Nachkriegszeit. Freiburg 1987.

Körner, Hans: Der Bayerische Maximilians-Orden für Wissenschaft und Kunst und seine Mitglieder, in: ZBLG 47 (1984), S. 299–398.

Körner, Hans-Michael: Geschichte des Königreichs Bayern. München 2006.

Lampe, Klaus: Adolf Lampe – Erinnerungen seines Sohnes, in: Hans Maier (Hrsg.), Die Freiburger Kreise. Akademischer Widerstand und Soziale Marktwirtschaft. Paderborn 2014, S. 113–124.

Leisner, Walter: Das Juristenmonopol in der öffentlichen Verwaltung, in: Jurist und Staatsbewusstsein: Beiträge der Tagung „Jurist und Staatsbewußtsein" der Akademie für Politik und Zeitgeschehen der Hanns-Seidel-Stiftung, Heidelberg 1987, S. 53–67.

Lehning, Norbert: Bayerns Weg in die Bildungsgesellschaft. Das höhere Schulwesen im Freistaat Bayern zwischen Tradition und Expansion 1949/50–1972/73. München 2007.

Lerche, Peter: Theodor Maunz, in: Juristen im Portrait. Verlag und Autoren in 4 Jahrzehnten. Festschrift zum 225jährigen Jubiläum des Verlages C.H. Beck. München 1988, S. 553–560.

Ders.: Theodor Maunz, in: Peter Häberle, Michael Kilian, Heinrich Amadeus Wolff (Hrsg.), Staatsrechtslehrer des 20. Jahrhunderts, Berlin 2015, S. 575–580.

Lethen, Helmuth: Verhaltenslehren der Kälte. Lebensversuche zwischen den Kriegen. Frankfurt am Main 2009.

Liermann, Hans: Kaufmann, Erich, in: Neue Deutsche Biographie (NDB). Band 11, Berlin 1977, S. 349–350.

Linke, Annette: Der Multimillionär Frey und die DVU. Daten, Fakten, Hintergründe. Essen, 1994

Ludwig-Maximilians-Universität München (Hrsg): Ludwig-Maximilians-Universität München. München 1995.

Maier, Hans: Akademischer Widerstand, im Dritten Reich, in: Ders. (Hrsg)., Die Freiburger Kreise. Akademischer Widerstand und Soziale Marktwirtschaft. Paderborn 2014, S. 11–24.

Ders.: Als Professor im Jahr 1968, in: Venanz Schubert (Hrsg.), 1968. 30 Jahre danach. St. Ottilien 1999, S. 81–98.

Ders.: Böse Jahre, gute Jahre. Ein Leben 1931 ff. München 2011.

Mann, Golo: Erinnerungen und Gedanken. Eine Jugend in Deutschland. Frankfurt am Main 1986.

Ders.: Plädoyer für die historische Erzählung, in: Jürgen Kocka, Thomas Nipperdey (Hrsg.), Theorie und Erzählung in der Geschichte, S. 40–56.

Mann, Thomas: Gladius dei, in: Ders., Die Erzählungen, Frankfurt am Main 2005. S. 192–209.

Martin, Bernd: Die Entlassung der jüdischen Lehrkräfte an der Freiburger Universität und die Bemühungen um ihre Wiedereingliederung nach 1945, https://freidok.uni-freiburg.de/fedora/objects/freidok:2011/datastreams/FILE1/content (17. 02. 2018).

Matz, Klaus Jürgen: Das Land Baden 1945–52, in: Hansmartin Schwarzmeier, Meinrad Schaab (Hrsg.), Handbuch der baden-württembergischen Geschichte. Band 4. Die Länder seit 1918, Stuttgart 2003, S. 477–590.

Maunz, Theodor (Vater): Der neue Münchener Lehrplan im Lichte der Schulreform, in: Die deutsche Schule, 16/1912.

Maunz, Theodor: Beruf und Heimat der Aenanen, in: Rudolf Weiß (Hrsg.), Treu und frei! 1851–1926. München 1926.

Ders.: Die Stellung des Staates im rechtlichen Verfahren. München u. a. 1926.

Ders.: Hauptprobleme des öffentlichen Sachenrechts. Eine Studie zur Methodik und Dogmatik des deutschen Verfassungsrechts, München, Berlin und Leipzig 1933.

Ders.: Neue Grundlagen des Verwaltungsrechts. Hamburg 1934.
Ders.: Politische Erziehung im CV? Eine Entgegnung von Dr. Theodor Maunz, in: *Academia* vom 15. Januar 1929.
Ders.: Richard Egenter und der Bund Neudeutschland. Rückblick auf die Anfänge der katholischer Jugendbewegung, in: Hirschberg 37 (1981), S. 183–185.
Ders.: Staatsrechtliche Grundfragen der Lehrerbildung in Bayern. München 1955.
Ders.: Verwaltung. Hamburg 1937.
Ders.: Was bedeutet Leipzig?, in: *Bayerische Staatszeitung* vom 27. Oktober 1932.
Ders.: Wir jungen Katholiken und der Hochschulring, in: *Bayerischer Kurier* vom 31. 12. 1923.
Ders.: Zum 70. Stiftungsfest am 20.–23. Juli, in: *Academia* vom November/Dezember 1921.
Ders.: Zur sozialen Frage unseres Verbandes, in: *Academia* vom 15. 7. 1929.
Ders.: 25. Gründungsfest des Münchner CV, in: *Academia* vom 15. 2. 1925.
Mehring, Reinhard: Carl Schmitt – Aufstieg und Fall. Eine Biographie. München 2009.
Messmer, Franzpeter: Musikstadt München. Konstanten und Veränderungen, in: Friedrich Prinz, Marita Krauss (Hrsg.), München. Musenstadt mit Hinterhöfen. Die Prinzregentenzeit 1886–1912. München 1988 S. 284–289.
Mommsen, Hans: Beamtentum im Dritten Reich. Mit ausgewählten Quellen zur nationalsozialistischen Beamtenpolitik. Stuttgart 1966.
Möckl, Karl: Die Prinzregentenzeit. Gesellschaft und Politik während der Ära des Prinzregenten Luitpold in Bayern. München 1972.
Mößlang, Markus: Flüchtlingslehrer und Flüchtlingshochschullehrer. Eine Studie zur Integration der Flüchtlinge im bayerischen Bildungswesen 1945–1961, München 2002.
Möller, Horst: Franz Josef Strauß. Herrscher und Rebell. München 2015.
Müller, Max/Vossenkuhl, Wilhelm: Auseinandersetzung als Versöhnung: ein Gespräch über ein Leben mit der Philosophie = Polemos kai eirēnē. Berlin 1994.
Müller, Winfried: Schule und Schulpolitik 1950–1964, in: Max Liedtke (Hrsg.), Handbuch der Geschichte des Bayerischen Bildungswesens. 3. Band. Bad Heilbrunn 1997, S. 691–764.
Ders.: Schülermitverantwortung, in: Max Liedtke (Hrsg.), Handbuch der Geschichte des Bayerischen Bildungswesens. Band 4: Epochenübergreifende Spezialuntersuchungen Geschichte der Universitäten, der Hochschulen, der vorschulischen Einrichtungen und der Erwachsenenbildung in Bayern. Bad Heilbrunn 1997, S. 395–406.
Münch, Kurt: Neues Verwaltungsrecht. Eine kritische Auseinandersetzung mit den Lehrbüchern von Maunz und Köttgen, in: Zeitschrift für die gesamte Staatswissenschaft (1939), S. 359–373.
Nagel, Anne-Christine: Im Schatten des Dritten Reiches. Mittelalterforschung in der Bundesrepublik Deutschland 1945–1970. Göttingen 2005.
Oswalt, Walter: Liberale Opposition gegen den NS-Staat. Zur Entwicklung von Walter Euckens Sozialtheorie, in: Wirtschaft, Politik und Freiheit. Freiburger Wirtschaftswissenschaftler und der Widerstand. Tübingen 2005, S. 315–353.
Ott, Hugo: Die Freiburger Kreise – Der Freiburger Kreis, in: Hans Maier (Hrsg), Die Freiburger Kreise. Akademischer Widerstand und Soziale Marktwirtschaft. Paderborn 2014, S. 25–40.

Pichinot, Hans-Rainer: Die Akademie für Deutsches Recht. Aufbau und Entwicklung einer öffentlich-rechtlichen Körperschaft des Dritten Reichs. Kiel 1981.

Pfetsch, Frank R.: Zur Verfassung des Landes Baden im Mai 1947, in: Paul Ludwig Weinacht (Hrsg.), Gelb-Rote Regierungsjahre. Die Badische Politik nach 1945, Sigmaringendorf 1988, S. 127–147.

Pross, Helge: Die geistige Enthauptung Deutschlands: Verluste durch Emigration, in: Wolfgang Abendroth (Hg.), Nationalsozialismus und die deutsche Universität. New York, Berlin 1966, S. 143–155.

Putz, Hannelore: Münchner Universitätskrawalle, 1931, in: Historisches Lexikon Bayerns, <http://www.historisches-lexikon-bayerns.de/Lexikon/MünchnerUniversitätskrawalle, 1931> (17. 08. 2016).

Pyta, Wolfram: Biographisches Arbeiten als Methode. Geschichtswissenschaft, in: Christian Klein, Handbuch Biographie, Methoden, Traditionen, Theorien. Stuttgart 2009, S. 331–338.

Pöhlmann, Barbara: Heinrich Held als Bayerischer Ministerpräsident. München 1995.

Reuß, R.: Rezension zu Theodor Maunz, Neue Grundlagen des Verwaltungsrechts, in: JW 1935, S. 496–497.

Ders.: Rezension zu Theodor Maunz, „Verwaltung", in: JW 1937, S. 2263.

Redeker, Konrad: Bewältigung der Vergangenheit als Aufgabe der Justiz, in: NJW 24 (1964), S. 1097–1100.

Richter, Jana: Eine Schule für Bayern. Die schulpolitischen Auseinandersetzungen um die Einführung der Christlichen Gemeinschaftsschule in Bayern nach 1945. München 1997.

Rohstock, Anne: Von der ‚Ordinarienuniversität' zur ‚Revolutionszentrale'? Hochschulreform und Hochschulrevolte in Bayern und Hessen, 1957–1976. München 2010.

Rohwedder, Uwe: Deutscher Hochschulring (DHR), in: Historisches Lexikon Bayerns, <http://www.historisches-lexikon-bayerns.de/Lexikon/Deutscher Hochschulring (DHR)> (31. 07. 2016).

Rüther, Daniela: Adolf Lampe, in: Hans Maier (Hrsg.), Die Freiburger Kreise. Akademischer Widerstand und Soziale Marktwirtschaft. Paderborn 2014, S. 125–132.

Dies.: Der Widerstand des 20. Juli auf dem Weg in die Soziale Marktwirtschaft. Die wirtschaftspolitischen Vorstellungen der bürgerlichen Opposition gegen Hitler. Paderborn u. a. 2002.

Rüthers, Bernd: Geschönte Geschichten – Geschonte Biographien. Sozialisationskohorten in Wendeliteraturen. Ein Essay. Tübingen 2001.

Schieweck-Mauck, Siegfried: Lexikon der CV- und ÖCV-Verbindungen. Die Korporationen und Vereinigungen des Cartellverbandes der Katholischen Deutschen Studentenverbindungen (CV) und des Cartellverbandes der katholischen österreichischen Studentenverbindungen (ÖCV) in geschichtlichen Kurzdarstellungen. Köln 1997.

Schmaderer, Franz Otto: Lehrerbildung, in: Max Liedtke (Hrsg.), Handbuch der Geschichte des Bayerischen Bildungswesens. Band 4: Epochenübergreifende Spezialuntersuchungen Geschichte der Universitäten, der Hochschulen, der vorschulischen Einrichtungen und der Erwachsenenbildung in Bayern. Bad Heilbrunn 1997, S. 407–530.

Schmerbach, Folker: Das „Gemeinschaftslager Hanns Kerrl" für Referendare in Jüteborg 1933–1939. Tübingen 2008.

Schmidt, Jörg: Otto Koellreutter 1883–1972. Sein Leben, sein Werk, seine Zeit. Lang, Frankfurt am Main u. a. 1995.

Schnabel, Thomas: Die Universität Freiburg im Krieg, in: Eckhard John u. a. (Hrsg.), Die Freiburger Universität in der Zeit des Nationalsozialismus. Freiburg u. a. 1991, S. 221–241.

Ders.: Erinnerungen von Zeitgenossen. Zeitzeugeninterview mit Theodor Maunz, in: Alfred Kube, Thomas Schnabel (Hrsg.), Südwestdeutschland und die Entstehung des Grundgesetzes. Villingen-Schwenningen 1989, S. 137–143.

Schneider, Michael: Lehrerbesoldung, in: Max Liedtke (Hrsg.), Handbuch der Geschichte des Bayerischen Bildungswesens. Band 4: Epochenübergreifende Spezialuntersuchungen Geschichte der Universitäten, der Hochschulen, der vorschulischen Einrichtungen und der Erwachsenenbildung in Bayern. Bad Heilbrunn 1997, S. 531–568.

Schnitzer, Erike: Das Ringen der Regierung Held um Bayerns Stellung im Reich. Erlangen 1968.

Schuster, Klaus-Peter: München – die Kunststadt, in: Friedrich Prinz, Marita Krauss (Hrsg.), München. Musenstadt mit Hinterhöfen. Die Prinzregentenzeit 1886–1912. München 1988, S. 226–235.

Schwarz, Jürgen: Studenten in der Weimarer Republik. Die deutsche Studentenschaft in der Zeit von 1918 bis 1923 und ihre Stellung zur Politik. Berlin 1971.

Schwegel, Andreas: Der Polizeibegriff im NS-Staat. Polizeirecht, juristische Publizistik und Judikative 1931–1944. Tübingen 2005.

Schwend, Karl: Bayern zwischen Monarchie und Diktatur. München 1954.

Schäfer, Alisa: Führergewalt statt Gewaltenteilung, in: Ernst-Wolfgang Böckenförde, Martin Brandt (Hrsg.), Staatsrecht und Staatsrechtslehre im Dritten Reich. Heidelberg 1985, S. 89–105.

Schönhoven, Klaus: Die Bayerische Volkspartei 1924–1932. Düsseldorf 1972.

Seefried, Elke: Zukünfte. Aufstieg und Krise der Zukunftsforschung 1945–1980. Berlin u. a. 2015.

Seemann, Silke: Die gescheiterte Selbstreinigung: Entnazifizierung und Neubeginn, in: Bernd Martin (Hrsg.), 550 Jahre Albert-Ludwigs-Universität Freiburg: Festschrift. Band 3. Von der badischen Landesuniversität zur Hochschule des 21. Jahrhunderts. Freiburg 2007, S. 536–554.

Dies.: Die politischen Säuberungen des Lehrkörpers der Freiburger Universität nach dem Ende des Zweiten Weltkriegs (1945–1957). Freiburg i. Br. 2002.

Siebenmorgen, Peter: Franz Josef Strauß, Ein Leben im Übermaß. München 2015.

Seiberth, Gabriel: Anwalt des Reiches. Carl Schmitt und der Prozess „Preußen contra Reich" vor dem Staatsgerichtshof. Berlin 2001.

Speck, Dieter: Aus den Trümmern eine neue Zukunft bauen – Zerstörung und Neubeginn der Albert-Ludwigs-Universität, in: Freiburger Universitätsblätter 127 (1995), S. 41–54.

Stehling, Susanne: Erfolgsfaktoren der Karriere. Eine Analyse objektiv erfassbarer Prädikatoren des beruflichen Erfolgs bei deutschen Akademikern. München und Mering 2009.

Stitz, Peter: Der CV 1919–1938. Der hochschulpolitische Weg des Cartellverbands der katholischen deutschen Studentenverbindungen (CV) vom Ende des 1. Weltkriegs bis zur Vernichtung durch den Nationalsozialismus. München 1970.

Stolleis, Michael: Ein Gang ins Stadtarchiv München, in: Kritische Justiz 2014, S. 358–361.

Ders.: Geschichte des öffentlichen Rechts in Deutschland. Band 3. Staats- und Verwaltungsrechtswissenschaft in Republik und Diktatur 1914–1945. München 1999.
Ders.: Geschichte des öffentlichen Rechts in Deutschland. Band 4. Staats- und Verwaltungswissenschaft in West und Ost 1945–1990. München 2012.
Ders.: Theodor Maunz – Ein Staatsrechtslehrerleben, in: Ders.: Recht im Unrecht, Studien zur Rechtsgeschichte des Nationalsozialismus, Frankfurt a. M. 1994, S. 306–317.
Strauss, Franz Josef: Die Erinnerungen. Berlin 1989.
Szöllösi-Janze, Margit: „Lebens-Geschichte", in: Berichte zur Wissenschaftsgeschichte 23 (2000), S. 17–35.
Tilitzky, Christian: Die deutsche Universitätsphilosophie in der Weimarer Republik und im Dritten Reich. Teil 1. Berlin 2002.
Volkert, Wilhelm: Handbuch der bayerischen Ämter, Gemeinden und Gerichte. 1799–1980. München 1983.
Warloski, Ronald: Neudeutschland. German Catholic students 1919–1939. The Hague 1970.
Weber, Max: Politik als Beruf, in: Ders., Gesammelte Schriften. Tübingen 1988, S. 505–560
Weigand, Katharina/Zedler, Jörg/Schuller, Florian (Hrsg.): Die Prinzregentenzeit. Abenddämmerung der bayerischen Monarchie? Regensburg 2013.
Wehle, Gerhard: Erinnerung an Georg Kerschensteiner. Denkanstöße für uns, in: Susanne May, Elisabeth Tworek, Willibald Karl (Hrsg.), Symposium zum 150. Geburtstag des Münchner Reformpädagogen. München 2005. S. 14–38.
Wehler, Hans Ulrich: Fragen an Fragwürdiges, Eine gedämpfte Replik auf Golo Manns „Plädoyer", in: Jürgen Kocka, Thomas Nipperdey (Hrsg.), Theorie und Erzählung in der Geschichte Kocka, Nipperdey, Theorie der Geschichte,
Welch, S.R.: Oberbayern, in: Max Liedtke (Hrsg.), Handbuch der Geschichte des Bayerischen Bildungswesens. Band 2: Geschichte der Schule in Bayern. Von 1800 bis 1918, Bad Heilbrunn 1993, S. 465–477.
Wiggershauser-Müller, Ursula: Nationalsozialismus und Geschichtswissenschaft. Die Geschichte der Historischen Zeitschrift und des Historischen Jahrbuchs 1933–1945. Hamburg 2000.
Wimmer, Walter: Der Staatsstreich vom 20. Juli 1932 gegen die preußische Regierung Braun-Severing und seine Vorgeschichte. Berlin 1962.
Wirbelauer, Eckhard (Hrsg.): Die Freiburger Philosophische Fakultät: 1920–1960; Mitglieder, Strukturen, Vernetzungen. Freiburg, München 2006.
Wirsching, Andreas (Hg.): Das Jahr 1933. Die nationalsozialistische Machteroberung und die deutsche Gesellschaft. Göttingen 2009.
Wolfrum, Edgar: Die Bundesrepublik Deutschland, 1949–1990. Stuttgart 2005.
Woolf, Greg: Rom. Biographie eines Weltreiches. Stuttgart 2015.
Wöhrle, Tobias: Leo Wohleb. Eine politische Biographie. Karlsruhe 2008.
Zacher, Hans F.: Hans Nawiasky, Ein Leben für Bundesstaat, Rechtsstaat und Demokratie, in: Hans Spanner (Hrsg.): Festgabe für Theodor Maunz zum 70. Geburtstag am 1. September 1971. München, S. 477–505.
Zeller, Matthias: Neue Fächer zwischen Rassenkunde und Rundfunkwissenschaft, in: Bernd Martin (Hrsg.), 550 Jahre Albert-Ludwigs-Universität Freiburg im Breisgau. Festschrift. Band. 3. Freiburg, München 2007 S. 431–453.

Ziegler, Walter: Hitlerputsch, 8./9. November 1923, in: Historisches Lexikon Bayerns, <http://www.historisches-lexikon-bayerns.de/Lexikon/Hitlerputsch, 8./9. November 1923> (31.07.2016).

Ders.: Die „Machtergreifung", 9. März 1933, in: Historisches Lexikon Bayerns, http://www.historisches-lexikon-bayerns.de/Lexikon/Die „Machtergreifung", 9. März 1933 (17.11.2017).

Abkürzungsverzeichnis

AStA	Allgemeiner Studentenausschuss
BHE	Block der Heimatvertriebenen und Entrechteten
BLLV	Bayerischer Lehrer- und Lehrerinnenverband
BNSDJ	Bund Nationalsozialistischer Deutscher Juristen
BP	Bayernpartei
BVP	Bayerische Volkspartei
CDU	Christlich Demokratische Union
CSU	Christlich-Soziale Union
CV	Cartellverband der katholischen deutschen Studentenverbindungen
DVU	Deutsche Volksunion
FDP	Freie Demokratische Partei
GB	Gesamtdeutscher Block
LMU	Ludwig-Maximilians Universität München
NSDAP	Nationalsozialistische Deutsche Arbeiterpartei
NSDStB	Nationalsozialistischer Deutscher Studentenbund
NL	Nachlass
RCDS	Ring Christlich-Demokratischer Studenten
SA	Sturmabteilung
SD	Sicherheitsdienst
SPD	Sozialdemokratische Partei Deutschlands
SS	Schutzstaffel

Abkürzungen der besuchten Archive:

ACSP	Archiv für Christlich-Soziale Politik, München
AWG München	Archiv des Wittelsbacher-Gymnasiums, München
BA Berlin	Bundesarchiv Berlin
BSB München	Bayerische Staatsbibliothek München
BZA Regensburg	Bischöfliches Zentralarchiv Regensburg
BayHStA	Bayerisches Hauptstaatsarchiv, München
IfZ-Archiv	Archiv des Instituts für Zeitgeschichte, München

InstPuÖR München	Archiv des Instituts für Politik und Öffentliches Recht, München
LA NRW	Landesarchiv Nordrhein-Westfalen, Duisburg
StaatsA Freiburg	Staatsarchiv München
StaatsA München	Staatsarchiv Freiburg
StdA Dachau	Stadtarchiv Dachau
StdA München	Stadtarchiv München
StdA Freiburg	Stadtarchiv Freiburg
ThULB Jena	Thüringer Universitäts- und Landesbibliothek Jena
UA Freiburg	Universitätsarchiv Freiburg
UA München	Universitätsarchiv München
UA Würzburg	Universitätsarchiv Würzburg
UB München	Universitätsbibliothek München

Münchner Beiträge zur Geschichtswissenschaft

herausgegeben von

Prof. Dr. Hans-Michael Körner und Prof. Dr. Claudia Märtl,
LMU München

Band 10: Ingo Müller: **Theodor Maunz** · Biografie einer Karriere
2023 · 246 Seiten · ISBN 978-3-8316-4993-8

Band 9: Benedikt Hotz: **Litterae apostolicae** · Untersuchungen zu päpstlichen Briefen und einfachen Privilegien im 11. und 12. Jahrhundert
2018 · 280 Seiten · ISBN 978-3-8316-4696-8

Band 8: Tobias Küss: **Die älteren Diepoldinger als Markgrafen in Bayern (1077–1204)** · Adlige Herrschaftsbildung im Hochmittelalter
2013 · 436 Seiten · ISBN 978-3-8316-4261-8

Band 7: Johannes Bernwieser: **Honor civitatis** · Kommunikation, Interaktion und Konfliktbeilegung im hochmittelalterlichen Oberitalien
2012 · 448 Seiten · ISBN 978-3-8316-4124-6

Band 6: Georg Strack, Julia Knödler (Hrsg.): **Rhetorik in Mittelalter und Renaissance** · Konzepte – Praxis – Diversität
2012 · 490 Seiten · ISBN 978-3-8316-0951-2

Band 5: Bernhard Glasauer: **Herzog Heinrich XVI. (1393–1450) der Reiche von Bayern-Landshut** · Territorialpolitik zwischen Dynastie und Reich
2009 · 404 Seiten · ISBN 978-3-8316-0899-7

Band 4: Katharina Weigand, Jörg Zedler (Hrsg.): **Montgelas zwischen Wissenschaft und Politik** · Krisendiagnostik, Modernisierungsbedarf und Reformpolitik in der Ära Montgelas und am Beginn des 21. Jahrhunderts
2009 · 190 Seiten · ISBN 978-3-8316-0897-3

Band 3: Ulla-Britta Vollhardt: **Staatliche Heimatpolitik und Heimatdiskurse in Bayern 1945–1970** · Identitätsstiftung zwischen Tradition und Modernisierung
2008 · 550 Seiten · ISBN 978-3-8316-0815-7

Band 2: Knut Görich, Jan Keupp, Theo Broekmann (Hrsg.): **Herrschaftsräume, Herrschaftspraxis und Kommunikation zur Zeit Kaiser Friedrichs II.** · mit drei Farbtafeln
2008 · 414 Seiten · ISBN 978-3-8316-0756-3

Band 1: Peter Mierau: **Nationalsozialistische Expeditionspolitik** · Deutsche Asien-Expeditionen 1933–1945
2006 · 556 Seiten · ISBN 978-3-8316-0409-8